만주는 한국종교사에서도 중요한 연구 공간

일제하
재만 한인의
종교운동

만주는 한국종교사에서도 중요한 연구 공간

일제하
재만 한인의
종교운동

고병철 지음

국학자료원

■ 책머리에

　일제시기에 만주(滿洲)는 '제2의 조선'으로 조선인들의 경제적 회생, 암울한 현실 도피, 다양한 민족운동 등을 위한 공간이었다. 만주는 천주교, 개신교, 대종교, 원종교, 천도교 등 조선의 종교를 위한 활동 공간이기도 했다. 만주의 한인 사회와 문화를 조금이라도 들여다보면 그 핵심에 종교가 있다는 것을 알 수 있다. 그리고 만주의 한인 사회에는 종교 백화점이나 종교시장 등의 표현이 어울릴 정도로 많은 종교들이 있었고, 이들이 서로 다른 역할을 수행하였다는 것도 알 수 있다. 조선인들이 공산주의와 반종교운동을 생생하게 접한 현장도 만주임을 알 수 있다. 또한 만주국의 정치 이데올로기가 일종의 국교를 지향하였다는 점도 알 수 있다.

　이런 지점들을 통해 필자는 한인 사회와 종교 사이의 관련성에 흥미를 가질 수 있었다. 특히 그 시기가 오래되지 않았기 때문에 만주의 한인 사회와 종교, 만주국의 정치 이데올로기와 종교의 관련성이 다양한 자료를 통해 재구성될 수 있다는 점도 매력이었다. 특정 사회나 국가의 형성 과정과 종교의 관계를 규명할 수 있고, 이 과정에서 종교의 사회적 또는 국가적 기능도 확인할 수 있기 때문이다. 또한 한국종교사에 대한 종합적인 연구와 서술을 위해서도 해외 한인사회와 종교의 관련성에 대한 연구가 필요하다고 판단되었다.

　필자는 재만한인의 종교운동에 대한 양상과 성격, 그리고 그 변화를 검토하기 위해 간도참변(1920)과 만주국 건국(1932)을 시기 구분의 기준으로 설정하였다. 그 이유는 두 사건이 만주에서 전개된 민족운동과 종교운동의 양상과 성격 형성, 그리고 그 변화에 주된 전환점이었기 때문이다. 서술 과정에서 북간도와 서간도의 지역별 차이, 기독교와 신종교의 유사성과 차이점도 고려하였다. 여러 측면에서 북간도와 서간도의 환경이 달랐고, 기독교와 신종교의 사회적·정치적 위상이 달랐기 때문이다.

재만한인들의 제1기 종교운동(Ⅱ장)에서는 종교인들의 만주 이주 동기와 과정, 그리고 종교인들이 전개한 민족운동에 대해 검토하였다. 제2기 종교운동(Ⅲ장)에서는 종교운동과 민족운동을 병행했던 종교인들이 간도참변을 계기로 주력한 종교운동 즉 종교문화의 토착화 과정에 대해 검토하였다. 그리고 간도참변 이후 활성화된 종단 활동에 중요한 변수였던 공산주의자들의 반종교운동에 대해 별도의 장(Ⅳ장)에서 취급하였다. 제3기 종교운동(Ⅴ장)에서는 만주국정부가 왕도주의와 황도주의라는 정치 이데올로기를 창출하는 과정에서 재만한인의 종교가 보였던 반응과 그 원인에 대해 검토하였다.

아직까지 만주의 한인 사회와 종교의 관계에 주목한 종합적인 성과물이 없는 상황에서 필자는 해외 한인사회와 종교의 관련성에 대한 연구의 필요성을 제기한다. 한국종교사의 종합적 연구와 서술을 시도하려면 해외한인의 종교운동을 등한시할 수 없기 때문이다. 이 연구가 재만한인의 종교운동에 대한 종합적인 흐름과 이해, 해외 한인들의 종교운동에 대한 관심 유발, 종교와 국가 이데올로기의 관련성 이해, 나아가 종합적인 한국 종교사 연구 등에 기여할 수 있기를 기대한다.

지금까지 살아오면서 주위 분들에게 많은 도움을 받았다. 출판 기회에 지면을 빌어 감사하고 싶다. 우선, 고등학교 선생님들을 통해 공부라는 단추를 채울 수 있었고, 강남대학교와 한국학중앙연구원 선생님들과 동료들을 통해 학문을 향한 열정을 배울 수 있었다. 이중에서도 심사위원으로 수고해주신 유병호(대련대)·류성민(한신대)·정영훈(한국학중앙연구원) 교수님들, 부족한 아우에게 항상 학문적이고 인간적인 도움과 애정을 준 최봉룡(대련대) 교수님, 스승이면서 가족처럼 관심을 주시는 김철주(강남대) 교수님께 감사한다. 그리고 현재 작고하셨지만 제2의 부모님이셨던 큰누이(고월순)와 자형(이현준)을 비롯한 형제들(고순자, 고예은, 고미숙, 고병숙, 고병길)과 그 가족들, 장모님(손윤자)을 비롯한 처가댁 식구들과 처남(김철관)의 관심과 애정에 감사한다. 특히 처이모(손영미)와 처이모부(최광준)께서는 필자가 학위 논문을 준비할 때도 손수 오셔서 많이 격려해주셨다. 그 고마움을 잊을 수가 없다. 이외에도 주위의 선배들과 동료들을 포함해서 많은 분들에게 감사해야하지만 지면의 한계로 일일이 거론하지 못함을 송구스럽게 생각하며 용서를 구한다.

무엇보다 석사논문부터 박사논문까지 이끌어주신 강돈구 선생님께서는 부족한 제자에게 학문의 의미를 깨닫고 잊지 않도록 몸소 학문에 대한 열정을 보여주셨다. 현재까지도 그 열정에 미치지 못하기에 송구스러울 뿐이다. 선생님께서는 때때로 인생의 상담자 역할도 마다하지 않으셨다. 늘 감사하며, 그 은혜를 글로 표현하기에 필자의 역량이 부족하다는 것을 느낀다. 또한 연구 과정에서 글을 통해 많은 가르침을 주시고, 부족한 연구를 출판할 수 있도록 격려해주신, 현재도 부족한 사람에게 관심을 보여 주시는 수원대 박환 교수님께 감사한다. 그 분의 연구실에 틈이 없을 정도로 쌓여 있는 책들을 보면 학문의 길에 대해 반추하게 된다. 그리고 경제적인 손실의 가능성에도 불구하고 출판을 허락해주신 국학자료원에 계신 분들에게 감사한다.

끝으로 학자의 삶이 대부분 그렇겠지만, 필자는 항상 바쁘다는 이유로 많은 시간을 가족과 함께 떨어져 지내면서 아빠와 남편으로서 마땅한 도리와 역할을 제대로 하지 못했다. 현재도 상황은 마찬가지이다. 그럼에도 불구하고 필자의 곁에는 묵묵히 인내하며 힘을 실어주는 아내(김인숙)와 딸(고은빈)과 아들(고재윤)이 있었다. 아내와 딸, 그리고 아들에게 미안함과 고마움, 그리고 사랑하는 마음을 전한다. '이 세상에 던져져서 한 번 살다가 한 번 죽는 인생이다. 소망하는 것을 해야 세상을 떠날 때 후회가 적지 않을까'라는 생각과 이기적인 삶 때문에 필자는 지금까지 너무 많은 도움을 받으면서 살아온 것 같다. '내가 준 것을 내게 되돌려주지 말고 다른 사람에게 돌려주라'는 은사님의 말씀을 상기하며 앞으로 더욱 연구에 매진할 것을 다짐해본다.

■ 차례

■ 표 차례

■ 그림 차례

■ 국문 초록

　만주는 한국사에서 중요한 연구 공간이다. 일제시기의 민족운동을
종합적으로 연구하려면 재만한인의 활동을 포함시켜야 한다는 역사학
계의 주장들이 이를 반증한다. 마찬가지로 만주는 한국종교사에서도
중요한 연구 공간이다. 일제시기에 수많은 종교인들이 '제2의 조선'으
로 인식되었던 만주로 이주하였고, 그들의 종교운동이 조선과 밀접한
연관 속에서 진행되었기 때문이다. 따라서 한국종교사에서 일제시기의
종교운동을 종합적으로 연구하고 서술하려면 재만한인이 전개했던 종
교운동도 포함해야만 한다. 나아가 한국종교사에서 재만한인의 종교운
동 연구는 해외한인의 종교운동 연구에 대한 공백을 메워준다는 측면
에서도 주목되어야 한다. 해외한인의 종교운동에 대한 연구는 한국종
교사의 종합적인 서술을 가능하게 해주는 중요한 요인이기 때문이다.
　필자는 이러한 맥락에서 간도참변과 만주국 건국을 기준으로 모두 3
기로 구분하여 재만한인이 전개했던 종교운동의 양상과 성격, 그리고
그 변화에 대해 해명하고자 하였다. 본 연구에서 설정된 종교운동의 제
1기는 1900년대부터 간도참변까지, 제2기는 간도참변 이후부터 만주
국 건국 이전까지, 제3기는 만주국 건국 이후부터 광복 이전까지이다.
　재만한인의 종교운동 제1기에 해당되는 Ⅱ장 "조선 종교인의 만주
이주와 민족운동" 부분에서는 조선 종교인들의 만주 이주 배경, 개별
종교인들의 구체적인 이주 과정과 양상, 그리고 개별 종교인들이 서간
도와 북간도에서 전개했던 민족운동에 대해 고찰하였다. 이 과정에

서 종교별·지역별로 이주 동기가 달랐다는 점, '귀화입적'의 수위가 지역별·종교별로 차별성을 보였다는 점, 민족운동의 주체라는 측면에서 종교별로 참여정도가 달랐다는 점 등에 대해 주목하였다. 그리고 제1기의 종교운동이 민족주의적인 성격을 지니고 있었음을 지적하였다.

재만한인의 종교운동 제2기에 해당되는 Ⅲ장 "간도참변과 조선 종단의 만주 정착" 부분에서는 '간도참변' 이후 종교운동의 양상과 성격이 어떻게 달라졌는지를 해명하기 위해 간도출병의 경위와 영향, 재만 종단의 내부 정비 방식과 교육활동, 한인의 종교문화에 대해 고찰하였다. 이 과정에서 간도참변과 종교운동의 관련성, 재만 종단들이 교세 확장 과정에서 보였던 유사성, 한인의 종교문화와 정교분리 원칙의 관련성 등에 대해 언급하였다.

재만한인의 종교운동 제2기에 해당되면서 그 내용이 제3기까지 걸쳐있는 Ⅳ장 "공산주의와 재만 종단의 반공 담론" 부분에서는 공산주의 사상의 만주 유입 과정, 공산주의자들의 종교 인식, 반종교운동의 실천 양상, 재만 종단의 반공 담론에 대해 고찰하였다. 이 과정에서 공산주의자들이 종교를 '반과학적인 미신', '자본주의의 주구', '아편흡연자와 같이 인류에게 해독을 끼치는 존재'라고 인식하게 된 구체적인 배경과 이유, 반종교운동의 실천 양상이 종교 조직에 대한 파괴와 종립학교에 대한 침투로 나타났던 배경과 이유, 그리고 반종교운동에 대한 천도교와 다른 종단의 차별적 반응 양상과 이유 등에 대해 해명하였다.

간도참변 이후 전개된 제2기 종교운동의 전반적인 양상은 종교 조직의 정비, 교육활동 영역의 확대, 종교문화의 형성, 반공 담론의 강화 등으로 나타났다. 그리고 정교분리 원칙의 준수를 표방하고 반공의식을 강화하는 과정에서 종교운동은 대외적으로 탈정치화와 반공의 성격을 지니게 되었다. 이는 다소 민족주의적 성격을 나타냈던 제1기 종교운동과 차별된 변화였다.

마지막으로 재만한인의 종교운동 제3기에 해당되는 Ⅴ장 "만주국의 정치 이데올로기와 재만 종단의 대응 양상" 부분에서는 만주국의 건국 경위, 유교적 왕도낙토론과 신도적 황도낙토론, 만주국의 정치 이데올로기에 대한 재만 종단의 대응 양상에 대해 고찰하였다. 이 과정에서 만주국정부가 유교적 왕도낙토론과 신도적 황도낙토론을 정치 이데올로기로 선택한 배경과 그 창출 과정, 그리고 이에 대한 재만 종단의 차별적 대응 양상에 대해 해명하였다. 본 연구에서는 제3기 종교운동의 전반적인 양상이 만주국정부의 이데올로기 창출과정에서 반공 관련 대회 개최, 종교연합체 구성, 국방헌금의 헌납, 그리고 민족운동의 전개 등으로 나타났고, 종교별로 정치 적응적 성격과 민족주의적인 성격을 보였다는 점을 지적하였다.

본 연구는 한국종교사의 종합적인 연구와 서술에 관한 문제의식 하에 일제시기에 재만한인이 전개한 종교운동의 양상과 성격이 어떠하였는지, 그리고 그 양상과 성격이 어떤 계기로 왜 변화하였는지에 관해 지역별·종교별로 구분하여 해명한 것이다. 좀 더 넓은 의미에서, 이 연구는 한국종교사의 종합적 연구와 서술을 위해 해외한인의 종교운동 연구에 천착할 필요가 있다는 문제의식을 제기한다.

주요 개념들: 재만한인(또는 재만조선인), 종교운동, 민족운동, 종교문화, 반공 담론, 정치적 적응.

Ⅰ. 서론

1. 연구의 목적

일제시기에 조선인에게 만주(滿洲)는 '제2의 조선'이었다. 그 이유는 조선인이 만주를 경제적인 면에서 회생할 수 있는 장소로, 조선에 비해 상대적으로 관리들과 일제의 압박에서 벗어날 수 있는 장소로 인식했기 때문이다. 따라서 만주에는 많은 한인들이 거주하게 되었고, 이로 인해 조선에 비해 한인들의 민족운동이나 공산주의운동이 활발하게 전개될 수 있었다. 최근에 항일무장독립운동의 전공자들이 재만한인의 민족운동 연구에 관심을 보이는 이유도 민족운동사에서 재만한인이 차지하는 위상이 크고, 그들의 활동을 구체적으로 드러내야만 종합적인 연구가 가능하다는 판단 때문이다.

만주는 조선의 종교인에게도 '제2의 조선'이었다. 그 이유는 경제적·정치적 동기 이외에도 종교적 동기에서 찾아볼 수 있다. 조선의 기독교와 신종교는 만주 각지에서 민족운동에 참여하였지만, 무엇보다 끊임없이 조직적인 교세 확장을 시도하였다. 따라서 이에 대한 연구는 한국종교사의 일부분을 규명하는 중요한 작업이다. 그러나 최근까지 재만한인의 종교운동은 종교학계에서 주목받지 못하고 있으며, 이로 인해 한국 종교운동사에 대한 종합적인 연구, 나아가 한국종교사에 대한 종합적인 서술이 이루어지고 있지 않다.[1]

필자는 이러한 문제의식 하에 '일제하 재만한인의 종교운동'에 주목하여 그 전개 양상과 성격을 규명하고자 한다. 일제시기의 만주에는 간도파출소 설치, 간도협약, 만몽조약, 간도참변, 삼시협정(三矢協定), 만주국 건립 등 많은 역사적인 사건들이 발생했고, 이러한 사건들은 한인의 종교운동에도 영향을 미쳤다. 재만한인의 종교운동 연구를 체계적으로 수행하려면 각 사건과 종교운동의 연관성을 구체적으로 파악하는 작업이 중요하다. 본 연구에서는 재만한인이 전개한 종교운동의 양상과 성격을 동시에 드러내기 위해 역사적 사건들 가운데 특히 간도참변(1920)과 만주국 건국(1932)에 주목하였다. 간도참변과 만주국 건국은 민족운동, 공산주의운동, 그리고 종교운동의 양상과 성격 변화에 중요한 전환점이었기 때문이다. 필자는 두 역사적인 사건을 시기구분의 기준으로 삼고 종교운동의 전개 양상과 성격이 각 시기별로 어떻게 달라졌는지, 그 주된 원인이 무엇이었는지를 구체적으로 해명하고자 한다. 단, 이 과정에서 북간도와 서간도의 지역별 차이, 기독교와 신종교의 유사성과 차이점을 염두에 둘 것이다. 일제는 북간도와 서간도에 대해 다른 영향력을 가지고 있었고, 기독교와 신종교에게 각각 '공인종교'와 '유사종교'라는 다른 위상을 부여하고 있었기 때문이다.

---

1) 로버트슨(R. Robertson)에 따르면, 종교운동(religious movement)은 특수한 목적들을 추구하거나 방어하기 위해 개인들과 집단들이 동원되는 것과 관련된 하나의 역동적인 집합이다. '특수한 목적들'에는 내적으로 교리, 조직, 의례와 수행 등의 각종 종교적 실천이 포함하지만, 외적으로 국가, 사회, 문화 등도 포함된다. 이러한 맥락에서 본고에서는 종교운동이 '사회 내에서 모종의 변화를 목적으로 이루어지는 종교인들의 집합적 노력'이라는 의미로 사용되었다. 즉 재만한인의 종교운동은 한인들이 만주에서 국권 회복과 종교 영역 확장 등 당대의 여러 목적들을 달성하기 위해 집합적으로 전개한 모든 노력을 의미한다. R. 로버트슨 저, 이원규 역, 『종교의 사회학적 이해』(서울: 대한기독교출판사, 1990), 114쪽.

조선인의 만주 이주는 주로 경제적 동기에서 비롯된 것으로, 그 시기는 수차례의 천재(天災)와 흉작(凶作)과 함께 지배세력의 수탈(收奪)이 심했던 철종년간(哲宗年間, 1850~1863)이었다.[2] 1900년대 전후에 이주했던 종교인들의 동기도 대개 경제적 차원에서 형성되었다. 이들은 만주에서 경제적인 이익을 도모하여 대개 집단부락을 형성하였고, 귀화를 통해 정착을 시도하기도 하였다.

조선인의 이주 동기에 경제적 차원뿐만 아니라 정치적 차원이 포함된 계기는 을사조약의 체결과 한일합방 사건이었다. 일제의 무단통치를 거부했던 조선인들에게는 민족운동을 전개할 수 있는 새로운 근거지가 필요했고, 그 과정에서 만주가 유력한 근거지로 선택되었다. 당시 일제와 대치했던 중국의 영토이면서 민족운동에 필요한 인적 구성원들이 많았기 때문에 만주가 새로운 근거지로 선택된 것이다.[3] 민족운동의 전개 과정에서 종교는 한인들에게 동질감과 유대감을 형성하게 하는 일종의 효소였고, 실제로 종교인들은 적극적으로 민족운동에 참여하였다.

본 연구의 첫 번째 목적은 1900년대 시기부터 간도참변(間島慘變) 이전까지를 제1기로 설정하여 재만한인이 전개한 종교운동의 양상과 성격을 규명하는 것이다. 제1기는 조선 종교인들이 이주하여 민족운동과 종교운동을 병행한 시기이다. 따라서 제1기 종교운동의 양상과 성격을 분석하려면 종교인들의 이주 배경과 그 과정, 그리고 그들의 민족운동에 대한 지역별·종교별 해명이 이루어져야 할 것이다.

재만한인의 종교운동에 타격을 준 사건은 일본군의 '간도출병' 과정에서 발생한 간도참변이었다. 간도참변 직전, 특히 1919년 3·1운동

---

2) 김해종, 「韓族의 滿洲(특히 間島)移住에 대하여」, 『동아연구』, 제26집, 1992, 149쪽.
3) 뒤바보, 「北墾島(一) 그 過去와 現在」, 『독립신문』, 1920년 1월 1일자.

이후 재만 항일무장단체들의 활동이 활발해진 상황에서 일제는 훈춘사건(琿春事件)을 빌미로 그 이전부터 계획했던 '간도출병'을 시행하였다. 청산리전투 이후, 많은 재만 항일무장단체들이 연해주로 이동하였고, 그 과정에서 '간도출병'은 간도참변으로 이어졌다. 간도참변으로 상당한 양의 종교시설과 교육시설이 파괴되었고 많은 종교인들이 참살되었다. 결과적으로 '간도출병'과 간도참변은 한인의 민족운동과 종교운동에 타격을 준, 그리고 한인에게 일제의 군사력을 재차 확인시킨 사건이었다.

간도참변은 한인의 종교운동에 타격을 주었지만, 동시에 종단 차원에서 조직적인 교세 확장 활동의 계기를 마련해준 사건이었다. '간도출병'으로 재만한인의 민족운동이 약화되었고, 간도참변으로 일제의 군사력을 재차 확인한 조선의 종교인들은 민족운동보다 종단 차원에서 교세 확장 활동에 치중하였다. 당시 조선총독부의 정교분리 정책에 순응하여 정치 영역보다 종교 영역의 확장에 노력하였던 조선의 기독교는 만주에서 활발한 교세 확장 활동을 전개하였다. 신종교는 조선총독부에게 '정치와 종교를 서로 혼동'하는 취체(取締)의 대상으로 간주되었기 때문에[4] 기독교에 비해 상대적으로 교세 확장 활동이 미약하였다. 그러나 신종교도 간도참변 이전보다 활발하게 교세 확장을 시도하였다. 이 과정에서 만주에는 각종 종교기관과 종립학교(宗立學校)[5]가 설립되었고, 한인의 종교문화가 형성되었다.

본 연구의 두 번째 목적은 간도참변(間島慘變) 이후부터 만주국 건국 이전까지를 제2기로 설정하여 재만한인이 전개한 종교운동의 양상과

---

4) 『朝鮮總督府施政年報』(京城: 朝鮮總督府, 1911), 77쪽.
5) 개신교 계통의 학교를 미션스쿨(mission school)이라고 부르기도 하지만 본고에서는 다른 종교 계통의 학교를 모두 포괄하는 개념으로 '종립학교'라는 용어를 사용한다.

성격을 규명하는 것이다. 제2기는 재만한인이 종단 차원에서 교세 확장 활동을 전개한, 그리고 그 과정에서 종교문화를 형성한 시기였다. 따라서 제2기 종교운동의 양상을 분석하려면 먼저 교세 확장 활동 방식을 지역별·종교별로, 그리고 그 성격을 분석하려면 교세 확장 활동이 전개되는 과정에서 형성된 종교문화를 해명해야 할 것이다.

제2기는 종단 차원에서 종교운동이 정비된 시기이면서 동시에 공산주의자들의 반종교운동이 격심했던 시기였다. 공산주의 사상이 1920년대 초반에 만주로 전파된 후, 공산주의자들은 1920년대 중반부터 반종교운동을 전개하였다. 재만 공산주의자들은 세계관의 충돌 정도, 교세 크기의 정도, 교육활동의 활발한 전개 정도 등을 이유로 재만 기독교를 첫 번째 공격 목표로 설정하였다. 공산주의자들은 반종교운동을 전개하면서 교회를 파괴하였고, 종립학교의 교원과 학생들에게 사상 교육을 시도하였다. 이에 대한 반응으로 기독교 내에서는 반공 담론이 형성되었다. 신종교는 공산주의에 대해 종단별로 다른 인식 태도를 보였지만, 대체로 반공 담론에 참여하는 경우가 많았다.

본 연구의 세 번째 목적은 제2기 종교운동의 양상과 성격을 공산주의자들의 반종교운동과 연관지어 규명하는 것이다. 제2기는 이미 언급했듯이 재만한인의 종교운동이 종단 차원에서 새롭게 정비된 시기였다. 그러나 동시에 반종교운동이라는 변수를 접하면서 그 양상과 성격이 변모되기 시작한 시기이기도 했다. 따라서 제2기 종교운동의 전개 양상과 성격을 보다 분명히 드러내기 위해서는 공산주의자들의 반종교운동과 재만 종단의 반공 담론 사이에 어떠한 상관성이 있는지를 분석하는 별도의 작업이 필요하다. 이를 위해 먼저 공산주의 사상의 유입 과정, 공산주의자들의 종교 인식, 반종교운동의 실천 양상, 그리고 재만 종단의 반공 담론을 지역별·종교별로 해명해야 할 것이다.

재만한인의 종교운동에서 그 전개 양상과 성격이 변화한 또다른 계기는 만주국 건국이었다. 당시 관동군 세력의 영향 아래 만주국정부는 서양 국가들과 만주국을 각각 패도(覇道)와 왕도(王道) 개념으로 규정하면서 유교적 정치 이데올로기인 왕도낙토론의 창출을 위해 각종 노력을 기울였다. 만주국정부는 근대 국가였던 일제의 법과 정치제도를 모방하여 정교분리 원칙 하에서 종교 자유를 인정하였다. 이 때문에 재만한인 종단의 교세 확장 활동은 유교적 정치 이데올로기의 창출 과정에서 표면적으로 제약을 받지 않았다. 그러나 만주국정부는 중일전쟁 직전부터 각지에 신사(神社)를 대거 설립하고 매년 신사 관련 모임들을 거행하면서 신도적(神道的) 정치 이데올로기의 창출에 노력하였고, 이 과정에서 재만한인 종단을 이데올로기 창출의 통로로 사용하려고 하였다.

　재만한인 종단은 만주국정부의 정치 이데올로기 창출 과정에서 탈피할 수 없었기 때문에 대체로 만주국의 시책에 부응하였다. 가령 재만한인 종단은 이미 1920년대 중반부터 반공 담론에 참여하고 있었기 때문에 건국초기부터 만주국정부의 반공 시책에 부응할 수 있었다. 각 종단 건물에서는 수시로 반공 강연회가 개최되었다. 나아가 만주국정부는 신도적 정치 이데올로기를 강조하는 과정에서 종교 영역의 이용과 통제를 위해 각 종단들에게 연합체를 구성하도록 주문하였다. 실제로 만주에서 가장 큰 교세를 확보했던 기독교도 이에 부응하여 여러 연합체를 구성하였다. 연합체의 결성식 등 각 모임에는 만주국정부의 관리와 총독부 또는 관동군 관리가 동석하여 축하 연설이나 강연을 하였다. 이 때문에 각 모임은 공식적으로 종교보국론 또는 신앙보국론을 위한 모임이 되었다. 그러나 신종교는 공식적으로 황도화의 길을 선택했던 기독교와 다른 대응 양상을 보였다. 종단별로 차이는 있었지만, 신종교는 종교보국론에 적극 동참했던 기독교와 달리 민족운동에 참여하는 모습도 보였다.

본 연구의 네 번째 목적은 만주국 건국 이후부터 광복 이전까지를 제3기로 설정하여 한인이 전개한 종교운동의 양상과 성격을 규명하는 것이다. 제3기는 만주국이 왕도낙토론과 황도낙토론이라는 정치 이데올로기를 창출하던 시기였고, 재만한인 종단이 그 대응으로 황도화 또는 민족운동의 길을 선택한 시기였다. 따라서 재만한인이 전개한 제3기 종교운동의 양상과 성격을 분석하려면 먼저 만주국의 정치 이데올로기 창출 논리와 방식, 그리고 그에 대한 재만 종단의 대응 방식을 지역별·종교별로 해명해야 할 것이다.

본 연구의 최종 목적은 일제시기에 재만한인이 전개한 종교운동이 간도참변과 만주국 건국을 기준으로 세분된 세 시기에 지역별·종교별로 어떤 차별적인 전개 양상과 성격 변화를 보였는지에 대해 규명하려는 것이다. 그리고 이를 통해 종합적으로 재만한인의 종교운동이 어떤 양상과 성격을 보였고, 어떻게 변화되었는지, 그 각각의 원인이 무엇이었는지를 해명하려는 것이다.

본 연구는 다음과 같은 의의를 지닐 수 있을 것이다. 첫째, 개별 재만한인 종단의 종교운동뿐만 아니라 전체 재만한인 종단의 종교운동에 대한 이해를 제시해줄 수 있을 것이다. 현재까지 만주에서 진행된 종교운동 연구는 개별 종단을 대상으로 이루어져 왔고, 따라서 재만한인의 종교운동 전반에 대한 연구가 부족하였다. 본 연구는 만주에서 일정한 교세를 확보했던 종단들의 활동을 종교운동이라는 범주로 묶고, 동일한 역사적 계기를 변수로 사용하였기 때문에 일제하 재만한인의 종교운동에 대한 전반적인 이해를 가능하게 할 것이다.

둘째, 새로운 자료들의 발굴로 재만한인의 종교운동 연구에 필요한 자료를 새롭게 정리하는 효과를 가져올 수 있을 것이다. 가령 그 동안 등한시되었던 각 종단의 내부 자료, 조선총독부와 만철 자료, 만주국 측 자료, 중국 자료, 그리고 특히 『간도신보(間島新報)』 등은 재만한인의 종교운동 관련 자료를 정리하는 데에 도움이 될 것이다.

셋째, 해외 한인들의 종교운동에 대한 관심을 촉발시킬 수 있을 것이다. 일제시기에 조선의 종교인은 '제2의 조선'이었던 만주에서 종교운동을 전개했지만, 일본을 포함한 다른 지역에서도 종교운동을 전개하였다. 조선인들이 해외에서 전개한 종교운동이 국내와 연관되어 있었기 때문에 한국의 종교운동 연구는 이들에 대한 연구를 포함해야 한다. 가령 현재 조선족, 재일교포, 재미교포 등의 종교운동에 대한 연구도 해외 한인들의 종교운동이라는 범주에서 관심의 대상이 되어야 한다.

넷째, 종교와 세속 이데올로기의 충돌 양상과 대응 방식, 종교와 국가 이데올로기의 관계를 파악하는 데 일조할 수 있을 것이다. 1920년대의 만주는 세속 이데올로기인 공산주의 사상과 각 종단들의 반공 담론이 충돌한 공간이었고, 1930년대의 만주는 정교분리를 표방하였던 만주국의 정치 이데올로기와 종교가 모종의 연관을 맺고 있었던 공간이었다. 이에 대한 연구는 현재에도 정교분리의 원칙 속에서 종교와 이데올로기의 관계 방식을 분석하는 데 도움을 줄 수 있을 것이다.

다섯째, 한국 종교사 연구에 일조할 수 있을 것이다. 일제시기에 만주는 '제2의 조선'이었고, 조선 종단들의 선교지 또는 포교지로서 교세 확장의 실험 공간이었다. 재만한인의 종교운동에 대한 서술의 중요성에도 불구하고 현재까지 한국 종교사의 서술은 한국이라는 공간을 중심으로 서술되고 있다. 이런 맥락에서 본 연구는 한국종교사의 서술 영역을 확장하는 데 도움이 될 것이다. 동시에 본 연구는 중국종교사와 한국종교사의 교차적 연구로서 한국 종교사와 중국종교사의 상관성을 해명하는 데도 도움이 될 수 있을 것이다. 재만한인의 종교운동은 중국종교사와 한국종교사에서 각각 일부분을 차지하고 있기 때문에 그 상관성을 고찰하는 작업이 중요하다.

2. 선행연구사의 검토

재만한인의 종교운동에 대한 연구는 1960년대부터 이루어졌고[6], 1970년대에도 관련 논문이 몇 편 발표되었지만[7], 1980년대부터 학계에서 활기를 띠고 진행되기 시작하였다. 1980년대부터 재만한인의 종교운동 연구에 적극 동참한 학자들은 크게 역사학자들과 기독교 신학자들로 구분되며, 주로 개별 종교를 연구 대상으로 삼고 있다.

현재까지 역사학계든 신학계든 주된 연구 대상은 개별 종교의 활동에 국한되고 있기 때문에 재만한인의 종교운동에 대한 종합적인 연구 성과가 없다. 역사학계의 경우, 주된 연구 대상은 주로 독립운동 또는 민족운동과 관련된 종단에 한정되었다. 역사학자들의 관심이 민족운동에 있기 때문에 민족운동과 관련된다고 판단되는 종교를 연구 대상으로 삼은 것이다. 이에 따라 역사학계의 주된 연구 대상은 대종교였고, 그 가운데에서도 대종교와 독립운동의 관련성이었다. 그리고 연구 시기도 만주에서 독립운동이 활발했던 1919년 3·1운동 직후에 집중되고 있다.

신학계의 경우, 주로 교세 확장의 역사에 관심을 갖고 있기 때문에 만주에서 특정 종교의 교세를 파악하는 연구에 치우쳐있다. 예컨대, 기독

---

6) 이호운, 「감리회의 시베리아 만주선교 소고」, 『기독교사상』, 78호(서울: 대한기독교서회, 1964).
7) 김용국, 「대종교와 독립운동」, 『鷺山 李殷相博士 古稀紀念 論文集』(노산이은상박사고희기념논문집간행위원회, 1973). 박영석, 「대종교의 독립운동에 관한 연구-김교헌 교주 시기를 중심으로」, 『史叢』, 제21·22합집(서울: 고려대 사학회, 1977).

교 신학자들의 연구 초점은 만주에서 기독교가 누구에 의해 언제 어떤 방식으로 진출되었는지, 그리고 얼마 정도의 교세를 지니고 있었는지에 맞추어졌다. 기독교 가운데서도 천주교의 종교활동보다 다양한 교파들이 공존했던 개신교의 교세 확장 활동에 대한 연구가 최근까지 주류를 이루고 있다. 또한 현재까지 개신교 가운데서도 다른 교파에 비해 상대적으로 교세가 강했던 장로교와 감리교 등의 교세 확장 활동을 재구성하는 연구가 주로 수행되고 있다.

1960년대부터 현재까지 재만한인의 종교운동에 관해 다룬 연구들을 주제별로 정리하면 다음과 같다. 첫 번째로 종교와 독립운동 또는 민족운동의 관계를 다룬 연구 성과들이다.[8] 이 성과들은 주로 대종교와 개

---

8) 1) 1970년대: ①김용국, 「대종교와 독립운동」, 『노산 이은상박사 고희기념 논문집』(동 논문집간행위원회, 1973). ②박영석, 「대종교의 독립운동에 관한 연구 – 김교헌 교주 시기를 중심으로」, 『사총』 21 · 22합집(서울: 고려대 사학회, 1977).
  2) 1980년대: ①서굉일, 「북간도 기독교인들의 민족운동연구(II)」, 『신학사상』 34집(오산: 한국신학연구소, 1981.9.). ②서굉일, 「북간도 기독교인들의 민족운동연구(III)」, 『신학사상』 35집(오산: 한국신학연구소, 1981.12.). ③박영석, 『한민족독립운동사연구 – 만주지역을 중심으로』(서울: 일조각, 1982). ④박영석, 『일제하독립운동사연구 – 만주 · 노령지역을 중심으로』(서울: 일조각, 1984). ⑤박영석, 『재만한인독립운동사연구』(서울: 일조각, 1988). ⑥오세창, "재만한인의 항일독립운동사연구: 1910~1920년의 독립운동을 중심으로"(서울: 성균관대 박사논문, 1988). ⑦박영석, 「대종교의 민족의식과 항일민족독립운동: 임오교변을 중심으로」, 『건대사학』 6집(서울: 건국대 사학회, 1982). ⑧박영석, 「대종교의 민족의식과 항일민족독립운동(상)」, 『한국학보』 31집(서울: 일지사, 1983). ⑨천경화, 「대종교의 민족교육운동에 관한 연구: 중국 동북지방(만주)을 중심으로」, 『백산학보』 27호(서울: 백산학회, 1983). ⑩박영석, 「대종교의 민족의식과 항일민족독립운동(하)」, 『한국학보』 32집(서울: 일지사, 1983). ⑪박영석, 「일제하 재만한인 기독교도의 항일민족독립운동 – 1910년대의 서간도지역을 중심으로」, 『한국사연구』 49호(서울: 한국사연구회, 1985). ⑫조성윤, 「일제하의 신흥 종교와 독립 운동 – 만주 지방의 元宗을 중심으로」, 『한국의 종교와 사회 변동』(서울: 문학과 지성사, 1987).
  3) 1990년대: ①윤병석, 『국외 한인사회와 민족운동』(서울: 일조각, 1990). ②이현희, 「대종교의 광복투쟁과 임정주석 이동녕」, 『여산 유병덕박사 화갑기념 한국철학종교사상사』(동기념논문집간행위원회, 1990). ③이종철, 「독립혁명가 김중건의 사회사상에 대한 고찰」, 『논문집』 19 – 1호(서울: 서울여대, 1990). ④박환, 『만주한인민족운동사연구』(서울: 일조각, 1991). ⑤서굉일, 「북간도 기독교 민족운동가 정재면」, 『한민족독립운동사논총』(서울: 수촌박영석교수화갑기념논총간행위원회, 1992). ⑥조항래, 「대종교를 통해 본 대한독립선언서의 이념 연구」, 『숙명한국사론』 1호(서울: 숙명여대 문과대학 한국사학회, 1993). ⑦서굉일, 「일제하 서북간도지역 종교운동에 나타난 민족주의적 성격에 관한 연구」, 『한신

신교를 주된 연구 대상으로 삼고 있다. 역사학계에서는 대종교를 주된 연구 대상으로 삼는 이유는 대종교가 민족운동에 대한 명확한 양상을 드러내고 있다는 판단 때문이고, 신학계에서 개신교를 주된 연구 대상으로 삼는 이유는 민족운동사에서 개신교의 위상을 드러내고자 하기 때문이다. 두 번째로 만주의 종교문제를 일부 종단을 선정하여 취급한 연구 성과들이다.[9] 이 연구 성과들은 여러 종단들을 동시에 다룬다는 장점을 지니고 있지만, 기본적으로 종교와 민족운동의 관련성을 염두에 두고 있다. 세 번째로 재만한인의 종교교육을 다룬 연구 성과들이다.[10] 이 연구 성과들은 주로 개신교의 종교교육에 한정되거나 종교교

논문집』 11권(오산: 한신대, 1994.11.). ⑧조광, 「일제하 무장 독립 투쟁과 조선 천주교회」, 『교회사연구』 11집(서울: 한국교회사연구소, 1996). ⑨윤선자, 「간도 천주교회의 민족운동」, 『한국민족운동사연구』(서울: 우송 조동걸선생 정년기념논총간행위원회, 1997).

4) 2000년대: ①신재홍, 「식민지 시대 천주교의 항일 독립 운동」, 『민족사와 교회사 – 최석우 신부 수품 50주년 기념 논총』 1집(서울: 한국교회사연구소, 2000). ②김동환, 「백산 안희제와 대종교」, 『국학연구』 5집(서울: 국학연구소, 2000). ③윤정란, 「일제시대 청림교의 활동과 성격」, 『한국민족운동사연구』 29집(서울: 한국민족운동사학회, 2001). ④김동환, 「대종교 항일운동의 정신적 배경」, 『국학연구』 6집(서울: 국학연구소, 2001).

9) 1) 1980년대: ①홍종필, 「만주 조선인 종교문제 소고」, 『백산학보』 33호(서울: 백산학회, 1986).
    2) 1990년대: ①최봉룡, 「재만조선인 반일민족운동에서의 종교의 역사적 지위에 대하여: 1910~1920년대를 중심으로」, 『한민족독립운동사연구』(서울: 탐구당, 1992). ②장형진, "일제강점기 재만한인 종교인의 민족정체성과 민족운동의 성격에 관한 연구"(서울: 서울대 대학원 석사논문, 1997).
    3) 2000년대: ①최봉룡, 「일제하 재만한인의 종교운동: 1910–20년대 북간도를 중심으로」, 『종교연구』 31호(서울: 한국종교학회, 2003). ②최봉룡, 「만주국의 종교 정책과 재만 조선인의 종교 활동」, 『민족과 문화』 12집(서울: 한양대 민족학연구소, 2003).
10) 1) 1980년대: ①서굉일, 「1910년대 북간도의 민족주의 교육운동(1)–기독교 학교의 교육을 중심으로」, 『백산학보』 29호(서울: 백산학회, 1984). ②서굉일, 「1910년대 북간도의 민족주의 교육운동(2)–기독교 학교의 교육을 중심으로」, 『백산학보』 30·31호(서울: 백산학회, 1985). ③서굉일, 「북간도 기독교인들의 민족운동연구: 1906~1921」, 『한국기독교와 민족운동』(서울: 보성, 1986).
    2) 1990년대: ①서굉일, 「일제하 서북간도에서의 민족해방을 위한 역사교육」, 『한신논문집』 8권(오산: 한신대, 1991.11.). ②박금해, "북간도 민족교육에 관한 일연구: 1905~1920년대를 중심으로"(서울: 명지대 사학과 석사논문, 1996).
    3) 2000년대: ①박주신, 『간도한인의 민족교육운동사』(서울: 아세아문화사, 2000).

육과 민족운동의 관련성을 염두에 두고 있다. 네 번째로 개별 종교들이 만주에서 교세를 확장해 가는 과정에 대해 연구한 성과들이다.[11] 이러한 연구들은 최근까지 개신교와 천도교 등에 국한되고 있으며, 종교와 민족운동의 관련성을 염두에 두고 있다. 다섯 번째로 만주국의 창출을 다룬 연구 성과들이다.[12] 이러한 연구 성과들은 만주국이 독립국으로서 특정한 전통을 창출했으며, 그 전통 창출에 이용된 것이 유교라는 관점을 지니고 있다. 이 외에도 간도의 역사를 다룬 연구 성과들과 만주에서 활동한 인물을 다룬 연구 성과들이 있다.[13]

이러한 연구 성과들을 살펴볼 때 다음과 같은 문제점을 지적할 수 있다. 첫 번째로 역사학계의 연구는 종교운동보다 독립운동 또는 민족운동에 일차적인 관심을 두고 있고, 대체로 '종교단체=독립운동을 위해 형성된 단체'라는 경향을 띠고 있다. 이에 따라 다른 종교단체들보다

11) 1) 1960년대: ①이호운, 「감리회의 시베리아 만주선교 소고」, 『기독교사상』 78호(서울: 대한기독교서회, 1964).
    2) 1980년대: ①채현석, "일제하 재만한인 기독교회에 관한 연구"(서울: 단국대 사학과 석사논문, 1983). ②김태식, "재만 동아기독교 선교활동에 관한 연구"(대전: 침신대 석사논문, 1986).
    3) 1990년대: ①이만열, 「1880년대 서간도 한인촌 기독교 공동체에 관한 연구」, 『숭실사학』 6호(서울: 숭실대 사학회, 1990). ②김진형, 「한국교회의 만주 선교」, 『기독교사상』 413호(서울: 대한기독교서회, 1993). ③채현석, 「만주지역의 한국인 교회사」, 『한국 기독교와 역사』 3호(서울: 한국기독교역사연구소, 1994). ④서굉일, 「일제하 북간도 기독교인들의 민족교회 형성에 관한 연구(1906 – 1921)」, 『국사관논총』 84집(서울: 국사편찬위원회, 1999).
    4) 2000년대: ①성주현, 「만주 천도교인의 교육운동」, 『문명연지』 3권 3호(서울: 한국문명학회, 2002). ②성주현, 「1930년대 만주지역 천도교와 그 활동」, 『동학연구』 16집(서울: 한국동학학회, 2004.).
12) 1) 1990년대: 한석정, 『만주국 건국의 재해석』(부산: 동아대학교출판부, 1999).
    2) 2000년대: ①한석정 · 임성모, 「쌍방향으로서의 국가와 문화: 만주국판 전통의 창조, 1932 – 1936」, 『한국사회학』 35집 3호(서울: 한국사회학회, 2001). ②한석정, 「동아시아 국가 만들기의 연결 고리: 만주국, 1932~1940」, 『중국사연구』 16권(서울: 중국사학회, 2001).
13) 서굉일 · 동암 편저, 『간도사 신론』(서울: 우리들의 편지사, 1993). 서굉일 · 김재홍, 『圭巖 金躍淵 先生』(서울: 고려글방, 1997).

청산리전투 등 독립운동과 밀접한 관련을 맺고 있는 대종교가 연구 대상으로 선정되었다. 그러나 역사학계의 접근은 일차적으로 종교운동이 아니라 독립운동에 관심을 두고 있기 때문에 종교운동의 다양한 측면을 간과하기 쉽다. '특정 종교 단체=독립운동을 위해 형성된 단체'라는 경향 속에서 종교운동의 다양한 측면들이 간과된다면 많은 연구들이 일종의 목적론의 오류에 빠질 수 있을 것이다. 이런 맥락에서 종교단체의 독립운동에 대한 연구에도 좀 더 복합적인 시각이 필요하다.

두 번째로 신학자들은 주로 종단의 역사, 구체적으로 종단의 교세 확장에 대한 역사를 밝히는 데에 관심을 두고 있기 때문에 호교론적인 서술이라는 위험에 노출되어 있다. 재만한인의 종교운동에 대한 연구는 주로 개신교계 학자들에 의해 이루어져왔고, 그 연구 성과는 현재까지 이 분야에 많은 공헌을 하고 있다. 특히 개신교계 종립학교의 종교교육 분야에 대한 연구는 자료의 발굴과 새로운 영역의 개척이라는 면에서 주목될 만하다. 그럼에도 불구하고 현재까지 신학계통에서 나온 연구는 대체로 개신교 위주의 종단사 차원에서 이루어지고 있다. 이 때문에 대다수 연구가 만주에서 개신교의 세력이 작지 않았음을, 개신교가 재만한인의 삶에 중요한 요소였음을 주장하려는 다소 호교론적인 서술의 위험을 안고 있다.

세 번째로 역사학 계통이나 신학 계통의 연구들이 개별 종단의 활동에 초점을 맞추고 있어, 상대적으로 종교운동 전반에 대한 연구가 없다. 현재까지 진행된 연구는 주로 기독교와 대종교를 대상으로 설정하고 있고, 원종교와 청림교 등이 약간 다루어졌을 뿐이다. 또한 개신교 내에서도 주로 장로교와 감리교 위주로 연구가 진행되면서 침례교, 안식교, 성결교 등이 상대적으로 배제되었다. 대종교·원종교·청림교를 다룬 연구들도 독립운동의 측면을 집중적으로 부각시키는 연구들이 대부분이다. 각 종단에 대한 연구도 중요하고 또 필요하지만, 이러한 연구들은 재만한인의 종교운동에 대한 전체적인 흐름과 연관되어 서술될 필요가 있다. 나아가 한국종교사라는 전체적인 맥락을 염두에 두고 서술될 필요가 있다.

본 연구는 선행 연구들의 내용을 참조하되, 선행 연구들이 지닌 전제들과 호교론의 한계를 지양하면서 종교운동 자체를 중심에 두고 진행될 것이다. 먼저 본 연구는 종교운동에 일차적인 관심을 두고, 독립운동 또는 민족운동의 경우도 종교운동과 관련하여 파악할 것이다. 이러한 작업은 역사학계의 목적론적 전제를 탈피하는 것이면서 동시에 종교운동의 복합적 측면을 드러내는 것이다. 그리고 본 연구는 재만한인의 종교운동에 대해 외부자의 시각에서 접근하면서 내부자의 시각에서 발생할 수 있는 호교론적 한계를 극복할 것이다. 본 연구는 객관성을 유지하면서 각 시기별로 특징적인 주제를 취사선택하여 일제하 재만한인의 종교운동이 지닌 성격과 그 변화에 대해 전반적으로 평가할 것이다.

3. 연구의 범위

본 논문의 연구 대상은 재만한인의 종교운동이고, 연구 공간은 만주이며, 연구 시기는 1900년대부터 광복 이전까지이다. 이 부분에서는 연구 범위와 관련하여 먼저 연구 공간을, 그 후에 연구 시기와 연구 대상을 검토하고자 한다. 만주의 지리적 개념은 역사적 변천을 겪었기 때문에 연구자들 사이에서 혼용되기도 한다. 본 연구에서는 만주 개념의 혼용을 막기 위하여, 동시에 만주 개념의 역사적 변천을 검토하기 위해 먼저 연구 공간을 고찰한다.

첫째, 만주는 <그림1>처럼 통상 봉천(奉天)·길림(吉林)·흑룡강(黑龍江)의 동삼성(東三省)을 의미하던 명칭이었다.[14] 동삼성은 1907년 이전까지 성경(盛京; 봉천) 장군(將軍)의 단일한 총독(總督) 체제로 관리되었다. 그러나 청(淸)이 성제(省制)의 체제를 강화하기 위해 1907년에 정식 지방장관인 순무(巡撫)를 동삼성에 각각 파견하면서 각 성은 독자적인 위치를 차지하게 되었다.[15]

1911년에 발발한 신해혁명 과정에서 군정양권(軍政兩權)을 장악한 원세개(袁世凱)는 선통제(宣統帝)를 퇴위시키고 1912년 3월 북경정부를 발족시킨 후, 수차례 행정조직에 대한 개편을 단행하였다. 그 과정에서 1929년 봉천성을 요녕성(遼

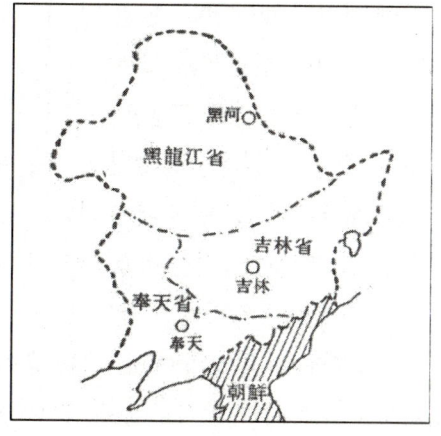

<그림1> 1907년경 동삼성 시기

寧省)으로 개칭하였다. 그리고 1930년 국민정부는 동북정무위원회(東北政務委員會)를 만주의 최고행정기관으로 설치하였고, <그림2>처럼 열하성(熱河省)을 포함한 4개성을 관할하게 하였다.[16] 결국 만주는 1929년부터 요녕·길림·열하·흑룡강성을 의미했지만 영토 경계선은 동삼성 시기와 동일하였다.

독립운동사 연구에서 만주의 민족운동 권역(圈域)은 <그림3>처럼

---

14) 현규환, 『한국유이민사』(서울: 어문각, 1967), 16쪽에서 재인용.
15) 황지영, 「명초 지방통치책의 재편과 순무의 상설과정 − 황제 사적기구에서 관료체제로의 편입−」, 『학림』, 22집(연세대 사학연구회, 2001), 91−2쪽, 126−7쪽. 순무(巡撫)는 명대(明代)에 중앙관리가 황제의 신임을 기반으로 임명되었던 황제의 사적(私的) 기구였으나, 청대(淸代)에는 강력한 정식 지방장관이었다.
16) 위의 책, 16쪽에서 재인용.

동만·남만·북만 지역으로
세분된다.[17] 이러한 구분법을
따른다면 길림성의 연길현(延
吉縣)·화룡현(和龍縣)·왕청
현(汪淸縣)·훈춘현(琿春縣)이
동만 지역에 해당된다. 동만 지
역을 제외한 길림성의 일부 지
방과 봉천·흥경을 포함한 요
녕성, 즉 압록강 대안 일대인 동
변도(東邊道)가 남만 지역에 해

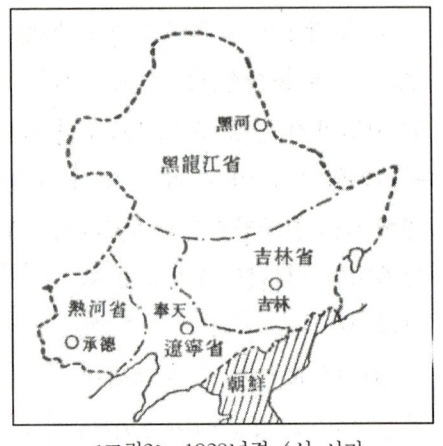

<그림2> 1929년경 4성 시기

당된다. 그리고 길림성 북부 지역과 길림·신경·하얼빈을 포함한 흑
룡강성이 북만 지역에 해당된다.

<그림4>처럼 간도(間島)라는 용어를 사용하여 만주를 서간도와 북
간도로 구분하는 방식도 있다. 간도는 길림성 동남부에 해당되는 지역
이지만, 명확한 구획(區劃)을 가리키는 엄격한 의미의 지명이 아니었
다. 그러나 종래 주로 조선인과 일본인이 연변(延邊) 일대를 통칭하는
용어로 널리 사용하였다.[18] 이러한 구분법을 따른다면, 장백산(長白山)
서남쪽의 압록강 대안 일대에 위치한 안도현·장백현에서 통화현·집
안현(輯安縣), 그리고 통화지구까지 포함된 지역, 주로 남만 지역이 서
간도에 해당된다. 그리고 장백산 동북쪽의 두만강 대안에 위치한 길림
성의 화룡현·연길현·왕청현·훈춘현, 즉 오늘날의 연변조선족자치
주 지역이 북간도에 해당된다.[19]

---

17) 박주신, 『간도한인의 민족교육운동사』(서울: 아세아문화사, 2000), 3－4쪽.
18) 위의 책, 4쪽(<그림3>은 같은 책, 605쪽에서 재인용).
19) 일제시기의 조선인들에게 간도는 통상 북간도를 의미했다. 현재 한국의 역사학계에서도
   간도와 북간도는 혼용되기도 하지만, 북간도는 주로 서간도와 대비되는 지리적 개념으로

1930년대에 만주
국이 건국되면서 만
주의 지리적 개념은
행정상으로 변화되
었다.[20] 만주국정부
는 건국 초기에 만주
를 봉천성·길림성
·흑룡강성, 신경(新
京)·하얼빈[哈爾
濱]의 두 특별시, 그
리고 북만특별구로
구획하였다. 만주국
에서 특별시는 성과
대등한 행정구역으
로 취급되었다. 1933
년 5월 3일 열하성이
지방 행정에 포함되

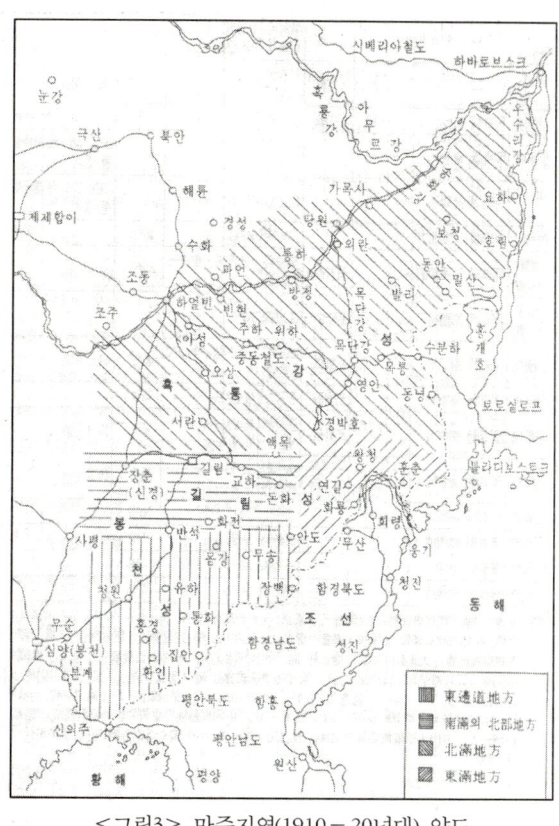

<그림3> 만주지역(1910 – 20년대) 약도

었고, 동년 6월 21일 북만특별구의 명칭이 동성(東省)특별구로 변경되었
다. 이로써 만주는 4개 성과 2개 특별시, 그리고 1개 특별구로 구획되었다.

만주국정부는 원활한 중앙집권적 통치를 위해 <그림5>처럼 1934
년 12월 1일 지방행정제도를 기존의 4성제에서 14성제로 개편하였
다.[21] 이 개편으로 만주는 길림성·용강성(龍江省)·흑하성(黑河省)

사용된다. 본 고에서도 북간도는 서간도와 대비될 때에 한정하여 사용한다.
20) 滿洲國史編纂委員會編, 『滿洲國史 Ⅰ』(東京 : 謙光社, 1973), 10 – 1面.
21) 현규환, 앞의 책, 17쪽에서 재인용.

· 삼강성(三江省) · 빈강
성(濱江省) · 간도성(間島
省) · 안동성(安東省) · 봉
천성 · 금주성(錦州省) ·
열하성(熱河省)과 흥안(興
安)의 동서남북 4개 성, 그
리고 2개 특별시와 1개 특
별구가 되었다. 1937년에
는 몽정부(蒙政府)를 흥안
국(興安局)으로 개칭하고

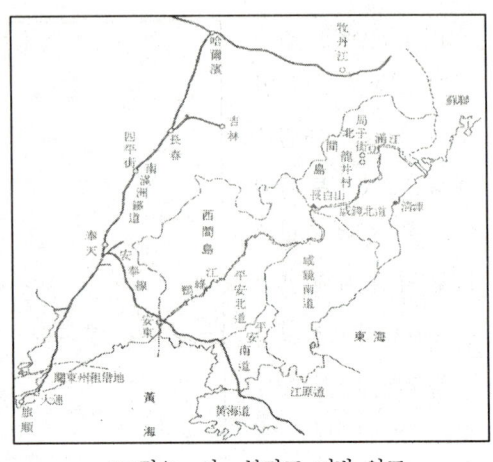

<그림4> 서·북간도 지방 약도

<그림5> 1934년 14성 시기

하얼빈특별시를 성장(省長)
의 관할을 받는 보통시(普
通市)로 변경하였다. 따라
서 만주는 다시 14개성과 1
특별시와 1특별구로 구획
되었다.

만주국정부는 1938년에
통화성(通化省)과 목단강성
(牧丹江省)의 2성을 신설하
여 만주를 16성제로, 1939
년에 동안성(東安省)과 북
안성(北安省)의 2성을 증설
하여 18성제로 재편하였다.

1941년 7월에는 남만의 곡창지대에 사평성(四平省)을 신설하여 <그림
6>처럼 19성제로 재편하였다.[22] 그 결과 1943년 4월의 기구 개혁 당

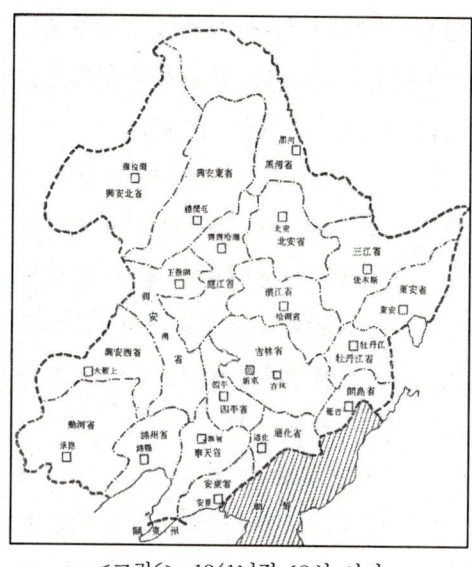

<그림6> 1941년경 19성 시기

시에 만주는 1특별시(新京)와 19성으로 구성되었다.[23]

필자는 제1기와 제2기의 종교운동을 서술할 때 서간도와 북간도를 구분할 것이고, 제3기의 종교운동을 서술할 때 만주국의 행정 구획에 따를 것이다. 이러한 서술 방식을 선택한 것은 서간도와 북간도의 지역별 차이를 드러내면서 동시에 가능한 한 각 시기의 상황을 드러내기 위해서이다.

둘째, 본 연구 시기는 1900년대부터 광복 이전까지이다. 연구 시기를 한정한 이유는 조선의 종교인이 1900년대부터 광복 이전까지 종교운동과 민족운동을 전개하였기 때문이다. 그리고 간도참변과 만주국 건국을 계기로 재만한인이 전개한 종교운동의 양상과 성격이 달라졌기 때문에 다시 총 3시기로 구분하였다. 연구 시기의 세분화는 만주에서 한인이 전개한 종교운동의 양상과 성격, 그리고 그 변화를 추출하는 데에 도움이 되기 때문이다.

셋째, 연구 대상은 주로 기독교(천주교·개신교)와 신종교(시천교·천도교·대종교·원종교)로 한정되었지만, 만주에서 활동하였던 다

---

22) 위의 책, 17쪽에서 재인용.
23) 滿洲國史編纂委員會編, 앞의 책, 10面. 만주국정부는 1943년 9월에 국방상의 이유로 각 성을 통할하기 위하여 동만총성(東滿總省)과 흥안총성(興安總省)을 설치하였다.

른 종교들도 필요에 따라 연구 대상에 포함시켰다. 기독교와 신종교를 구분한 이유는 조선 국내에서 공인종교로 취급되었던 기독교와 비공인 종교로 취급되었던 신종교의 차이를 감안하기 위한 것이다.

일제시기에 만주에서 활동한 일제 관련 종단에는 신도와 불교와 기독교가 있었다. 신도에는 금광교(金光敎)·천리교(天理敎)·어악교(御嶽敎) 등, 불교에는 진종(眞宗)·정토(淨土)·일련(日蓮)·조계(曹溪)·진언(眞言) 등, 기독교에는 일본기독교회와 성공회 등이 있었다. 이 종단들은 대련, 여순, 철도연선의 각 지에 별원(別院) 또는 포교소를 설치하여 활동하였다.24) 그리고 조선 관련 종단에는 개신교·천주교·시천교·천도교·대종교·원종교·청림교 등이 있었다. 이러한 종단들은 북간도를 중심으로 만주 전역에서 활동하였다. 이외에도 중국 관련 종교로 재리교·도교 등이 있었다. 그러나 본 연구의 주제는 재만한인의 종교운동이기 때문에 조선과 관련된 종단을 주로 취급하였고, 필요에 따라 일본 관련 종교와 중국 관련 종교도 연구 내용에 포함시켰다. 예컨대, 만주국 건국 이후, '황도낙토론'을 규명할 때는 신도를 중점적으로 연구 내용에 포함시켰다.

만주에서 활동한 조선 관련 종교는 편의상 조선의 경우처럼 공인종교와 비공인종교로 구분할 수 있다.25) 공인종교에는 개신교·천주교·불교·신도 등, 비공인종교에는 시천교·천도교·대종교·원종교·공교회 등이 포함될 수 있다. 본 연구에서는 재만한인 사회에 영향력을 행사했던 종단들을 연구 대상으로 설정하면서, 그 특성을 살리기 위

---

24) 友枝英三郎, 『東亞之新勢力』(京城: 朝鮮通信社, 1913), 304–5쪽.
25) 재래종교와 신종교의 구분법도 있지만, 재래종교도 만주에서는 신종교와 마찬가지 상황이었다는 점, 그리고 신도의 포함 여부를 고려한다면 공인종교와 비공인종교의 구분법이 만주의 종교 상황을 이해하는 데에 도움이 된다. 공인종교와 비공인종교에 속한 종단들을 모두 다루지 않고 몇 개의 종단만을 대상으로 삼은 것은 만주에서 교세와 활동의 정도를 고려한 것이다.

해 각 종단들의 명칭을 그대로 사용하였다. 다만 연구 진행의 효율성을 고려하여 크게 기독교와 신종교의 영역으로 구분하였다. 기독교의 경우는 주로 개신교와 천주교를 다루었고, 개신교의 경우에 장로교·감리교·안식교·성결교·침례교 등 교파를 구분하여 서술하였다. 개신교의 각 교파를 구분하여 서술한 것은 비록 상호간에 약간의 협력도 있었지만, 각 교파들이 실질적으로 서로 다른 조직과 경로를 통해 종교운동을 전개하였기 때문이다. 신종교의 경우에는 주로 시천교·천도교·대종교·원종교를 별도로 서술하였다.

4. 연구 내용과 방법

본 연구는 서론과 결론 부분을 제외하면 4장으로 구성된다. 재만한인의 제1기 종교운동에 해당되는 II장 "조선 종교인의 만주 이주와 민족운동" 부분에서는 조선 종교인들이 만주로 이주하여 어떠한 종교운동과 민족운동을 전개하였는지를 해명한다. 이를 위해 첫째, 종교인을 포함한 조선인들이 만주로 이주했던 배경을 검토한다. 둘째, 기독교인과 신종교인의 만주 이주 과정과 그 양상을 구체적으로 밝힌다. 그리고 마지막으로 만주 이주 후에 기독교인과 신종교인이 서간도와 북간도에서 전개했던 종교운동과 민족운동의 연관성을 해명하면서 제1기 종교운동의 성격을 규명한다.

재만한인의 제2기 종교운동에 해당되는 III장 "간도참변과 조선 종단의 만주 정착" 부분에서는 '간도참변'의 영향으로 종교운동의 양상과 성격이 어떻게 달라졌는지를 해명한다. 이를 위해 첫째, 간도출병의 경위와 영향을 서술하고 간도참변이 한인의 종교운동에 미친 영향을 고찰한다. 이 부분에서는 간도참변 이후 재만 종교인이 조선의 각 종단과 밀접한 연계 속에서 민족운동보다 종교운동 자체에 관심을 두게 되었다는 점이 강조된다. 둘째, 간도참변 이후 조선의 각 종단들이 한인에 대한 선교 또는 포교 활동에 주력하는 과정에서 종단의 조직을 어떤 식으로 정비하고 확대하였는지를 고찰한다. 셋째, 재만 종단이 종교교육 활동을 어떤 식으로, 그리고 어느 정도까지 전개하였는지를 살핀다. 마지막으로 간도참변 이후 조선 종단이 만주에 정착하는 과정에서 각각 형성한 종교문화의 양상을 살펴본 후, 제2기 종교운동의 성격을 규명한다.

재만한인의 제2기 종교운동에 해당되면서 그 내용이 제3기까지 걸쳐있는 Ⅳ장 "공산주의와 재만 종단의 반공 담론" 부분에서는 간도참변 이후에 재만 종단의 조직이 정비되고 종교교육이 활성화되는 과정에서 공산주의자들의 반종교운동이 제공한 충격과 그로 인한 효과를 해명한다. 이를 위해 첫째, 공산주의 사상이 만주에 유입된 과정과 공산주의자들의 종교 인식에 대해 다룬다. 둘째, 공산주의자들의 반종교운동이 어떤 실천 양상을 지녔는지를 검토한다. 반종교운동의 실천 양상은 교회 파괴와 사립학교 접수의 두 측면을 통해서 분석될 것이다. 그리고 마지막으로 반종교운동에 대한 반응으로 재만 종단 내에서 반공 담론이 형성되는 과정과 그 효과를 검토한 후 제2기 종교운동의 성격을 규명한다.

마지막으로 재만한인의 제3기 종교운동에 해당되는 Ⅴ장 "만주국의 정치 이데올로기와 재만 종단의 대응 양상" 부분에서는 만주국 건국 이후에 만주국정부가 유교와 신도의 세계관을 토대로 정치 이데올로기를 창출했던 과정과 방식, 그리고 그에 대한 재만 종단의 대응 양상을 분석한다. 이를 위해 첫째, 만주국의 건국 경위를 검토한 후 유교적 왕도낙토론의 내용과 그 창출 과정을 고찰한다. 둘째, 중일전쟁 직전부터 만주국정부가 일만일여(日滿一如)를 강조하며 내세운 황도낙토론의 내용과 그 창출 과정을 검토한다. 특히 주로 만주국정부가 활용한 여러 가지 의례적 활동을 지적하고 의례가 국가 이데올로기의 창출 과정에서 지니는 효과를 파악한다. 그리고 마지막으로 정치 이데올로기 창출 과정에서 재만 종단의 대응 양상을 민족운동과 종교보국론의 두 측면으로 구분하여 검토한 후, 제3기 종교운동의 성격을 규명한다.

전반적인 서술 과정에서 본 연구는 서간도와 북간도의 지역별 차이를 염두에 두고, 기독교와 신종교의 유사성과 차이점을 드러낼 것이다. 예컨대, 차별성 부분에는 반종교운동에 대한 기독교와 천도교의 대응 양상, 만주국의 정치 이데올로기 창출 과정에서 기독교와 신종교의 대응 양상 등이 포함된다. 연구 대상이 과거에 지녔던 유사성과 차이점을 밝히는 작업은 곧 연구 대상의 현재와 미래를 점검하게 해주기 때문에 유용성을 지닌다.

본 연구에서는 역사학의 방법을 이용한 종교사학적 방법이 사용될 것이다. 종교사학적 방법이란 특정 시기를 구분하여 그 이전과 이후가 어떻게, 왜 유사성과 차이점을 보이는지를 규명하는 작업을 의미한다. 이에 따라 재만한인의 종교운동이 제1기부터 제3기에 이르기까지 각각 어떤 양상과 성격 변화를 나타냈고, 그 이유가 무엇이었는지가 해명될 것이다.

본 연구를 수행하는 과정에서 이용된 자료들은 크게 네 가지 부류이다. 첫 번째는 일제시기에 조선의 각 종단 내부에서 발행한 자료들이다. 두 번째는 일제시기에 발행된 일반 신문 자료들이다. 세 번째는 조선총독부에서 발행한 각종 자료와 만철 자료들이다. 그리고 네 번째는 만주에서 발행된 각종 자료와 만주국에서 발행한 자료들이다.

II. 조선 종교인의 만주 이주와 민족운동

이 장에서는 조선 종교인들이 만주에서 시작한 종교운동의 양상을 고찰하고, 종교인들과 민족운동의 관련성에 대해 고찰한다. 이를 위해 조선인들의 만주 이주 배경을 먼저 검토한 후, 조선 종교인의 이주 과정과 양상, 그리고 종교인들의 민족운동에 대해 고찰한다. 그리고 이를 통해 제1기 종교운동의 전반적인 양상과 성격을 규명하고자 한다.

1. 조선인의 이주 배경

조선인들의 만주 이주는 조선시대 이후 일제시기에도 꾸준히 지속되었다. 1910년경까지 100만이 넘는 이주 한인 가운데 북간도에서는 한인이 현지 인구의 80% 이상을 차지했고 경작토지에서도 2분의 1이상을 실질적으로 점유하고 있었다. 또한 서간도 지방에서도 수십만의 한인이 이주하여 황무지를 개척하면서 생활의 터전을 닦고 있었다.[1]

---

1) 윤병석, 「국외 항일민족운동 연구의 제문제」, 『아시아문화』 13집(강원: 한림대 아시아문화연구소, 1997), 10쪽.

1910년부터 1920년까지 북간도로 이주한 조선인의 수는 약 84,286명, 서간도로 이주한 조선인의 수는 약 98,649명이었고[2], 1941년까지 만주로 이주하여 정착한 조선인의 전체 수는 1,056,000여명이었다.[3] 만주신경안내소의 통계 자료에 따르면, 1941년 당시 이들 한인의 대다수는 농업과 상업에 종사하는 생활을 하고 있었다.[4] 조선인의 만주 이주 경로는 간도와 시베리아로 이주하기 위해 두만강을 건너는 것과 통화(通化)를 중심으로 동변도에 거주하기 위해 압록강을 건너는 것이었다.[5]

일제시기에 조선인의 이주 동기는 주로 경제적인 측면에서 찾아볼 수 있다. 1931년 재만한인 가운데 201호를 대상으로 표본 조사한 자료에 의하면, 만주 이주 배경은 '생활고(生活苦)로'(35.8%), '집에 돈이 없으므로'(16.4%), '본국(本國)에서 경제곤란으로 인하여'(14.9%), '본국에서 사업실패로'(12%), '만주에서 농업을 하기 위하여'(9%), '만주에서 돈을 모으기 위하여'(5.5%), '본국 정치적인 이유로'(3.4%), '여행의 결과로'(1%), '의식(衣食)의 곤란으로(1%)', '사업의 성공을 위하여'(0.5%), 그리고 '친족을 따라서'(0.5%) 등으로 나타났다.[6] 이 통계 자료에 의하면 이주 조선인 가운데 대략 85% 이상이 경제적인 동기에서 만주로 이주하였음을 확인할 수 있다.

만주 이주 동기를 북간도와 서간도로 구분하여 살펴보면, 북간도 이주 배경으로는 지리적인 인접성, 토지가 비옥하고 토지 가격이 저렴했

---

2) 朝鮮總督府內務局社會課, 『滿洲及西比利亞地方に於ける朝鮮人事情』(경성: 朝鮮總督府, 1927), 14-8面.

3) 宮川善造 著, 『(人口統計より見たる)滿洲國の緣族複合狀態』(新京: 滿洲事情案內所, 1941), 13面.

4) 위의 책, 33面. 1941년 당시 재만한인의 호수별 통계에 따르면, 농업 78%, 상업 7%, 공무자유업 3%, 공업 0.4%, 일용직 및 기타 10%, 그리고 무직 1.6%였다.

5) 河村巖, 『在滿基督敎現勢槪況』(新京: 民生部厚生司, 1940), 368面.

6) 李勳求, 『滿洲と朝鮮人』(京城: 朝鮮總督府, 1931), 106쪽.

던 점, 간도협약 이후 거주자유와 귀화인의 토지소유권이 인정되었던 점, 조선에 비해 안정된 생활을 할 수 있었다는 점, 그리고 정치적인 이동 등을 들 수 있다. 서간도로 이주한 배경으로는 조선에서 일제의 토지정책으로 종전과 같은 수입을 얻을 수 없었다는 점, 조선 관헌의 가렴주구가 극심하였다는 점, 토지의 가격이 저렴했던 점, 그리고 한일합방에 불만을 가지고 일본관헌의 간섭을 피하려고 했던 점 등을 들 수 있다.[7] 이런 정황을 종합해볼 때 만주 이주 동기는 크게 경제적 차원과 정치적 차원으로 구분된다. 그러나 그 이주 양상은 토지소유권 인정 여부에 따라 북간도와 서간도에서 차이를 보였다.

경제적 이주 동기를 지녔던 조선 농민들은 서간도 이주보다 북간도 이주를 선호하였다. 북간도는 조선인들이 용정 평야, 국자가 평야, 두도구 평야에서 거대한 농산물을 생산할 수 있었던[8], 나아가 1909년 간도협약 이후 중국측으로부터 토지소유권을 공식적으로 보장받을 수 있었던 지역이었기 때문이다. 일제는 러일전쟁 과정에서 체결된 포츠머스조약(Treaty of Portsmouth)으로 여순·대련의 조차권, 장춘·여순간의 철도권익, 사할린 남부의 할양 등을 인정받은 후, 그 연장선에서 조사단을 간도에 파견하였고, 1907년 8월 용정에 통감부임시간도파출소(이하 간도파출소)를 설치하였다. 그 설치 명분은 "조선 사람의 생명과 재산을 지킨다"는 것이었고, 이에 따라 청국에 "간도는 조선 사람의 일부이다. 청 나라가 부당한 요구로 나올 때는 무력 행사도 사양하지 않겠다"는 경고를 통보하기도 하였다.[9] 간도파출소는 용정촌을 포함한 14개 지역에 헌병분견소를 배치하면서 세력을 과시하였고, '간도가 조선

---

7) 현규환, 앞의 책, 157쪽.
8) 김기림, 「間島紀行(1930)」, 『間島流浪40년』(서울: 조선일보출판국, 1989), 114쪽.
9) 東洋拓殖株式會社京城支店 編, 『間島事情』(京城: 東洋拓殖株式會社京城支店, 1918), 33-4面.

의 영토이고 조선인이 청국의 재판에 굴복할 필요가 없으며 청국 관헌이 징수하는 조세와 발표하는 법령을 인정하지 않는다'는 근본 방침을 세우고 있었다.[10] 그러나 이러한 방침은 일제가 청일전쟁과 러일전쟁에서 승리한 후 조선인 보호를 구실로 간도를 만주 침략의 기지(基地)를 확보하려는 의도에서 나온 것이었다.[11] 이는 일제가 1909년 9월 '간도의 영유권을 포기하는 대신, 안동과 봉천 사이의 철도 시설과 운영권, 즉 안·봉 철도의 개척권과 무순 탄광의 운영권을 얻는다'는 간도협약의 부대조건을 통해 간도파출소의 기존 방침을 전환하였다는 점에서 확인할 수 있다.

일제는 간도협약을 통해 간도의 영유권을 포기하였고, 한인을 중국의 법권에 복종하게 한다는 것에 동의하였다. 이에 따라 일제는 1909년 11월에 간도파출소를 폐쇄하고 용정촌에서 천주교 신자들에게 구입한 기지에 일본총영사관을 설치하였다.[12] 청국은 간도협약의 제3조와 제4조와 제5조를 통해 도문강(圖們江) 북쪽인 북간도에서 종래처럼 한인의 거주를 승인하였고, 한인이 청국의 법률을 준수하는 한 청국인들처럼 토지와 가옥의 소유를 인정해주겠다는 태도를 취하였다.[13] 간도협약 이후 1910~20년대에는 한인이 귀화 조선인의 명의를 빌려 토지를 구입하는 전민제(佃民制)가 일반화되었다.[14] 결과적으로 간도협약으

---

10) 박석윤, 「間島의 印象(1928)」, 『間島流浪40년』(서울: 조선일보출판국, 1989), 101쪽. 박석윤은 동경대학교 법과 대학을 졸업한 후 1930년 2월에 매일신보의 부사장으로 임명되었고, 1934년 12월에는 만주국 외교부(外交部)에 근무하다가 1937년 8월에 외교부 조사 처장을 역임한 인물이다(같은 책, 95쪽 참조).

11) 홍종필, 「만주(동북지방) 조선인 이민의 전개과정 소고」, 『명지사론』, 5집(서울: 명지사학회, 1993), 88쪽.

12) 韓興烈, 「間島天主敎會 社會的 貢獻 ─ 四十週年記念講演」, 『가톨릭靑年』, 41호(1936.10), 69쪽.

13) 東洋拓殖株式會社京城支店 編, 앞의 책, 33-4面. 간도협약 제4조를 통해 청국은 인명(人命)에 관한 경우를 제외하고, 북간도의 한인이 청국의 법률을 준수할 것과 청국관헌이 한인의 관할 재판을 가진다는 입장을 밝혔다.

로 북간도에서 재산권을 공식적으로 보장받을 수 있었던 상황은 조선인들에게 서간도보다 북간도로 이주할 수 있는 동기 부여를 해주었던 것이다.

북간도와 달리, 서간도에서는 조선인들의 토지소유권이 인정되지 않았다. 봉천성 동변도(東邊道) 관할 하에 있었던 서간도는 1866년 청국의 봉금정책이 해제된 후 산동성 사람들이 집중적으로 이주했던, 그리고 조선인들도 1875년 통화일대에서 벼농사 시작(試作)에 성공한 후 수전(水田)을 확대해가던 지역이었다.[15] 조선정부도 서간도의 조선인들을 보호하고자 1897년 집안(輯安)의 대안인 고산진(高山鎭)에 서변계관리사(西邊界管理司)를 설치하였고, 1901년 자치조직인 향약을 설치하였다. 그러나 조선정부는 한인 비율에서 북간도와 서간도가 큰 차이를 보였기 때문에 북간도에 비해 상대적으로 서간도의 한인에 대한 정책에 적극성을 띠지 않았다.[16] 예컨대, 1925년 당시 북간도의 한인 비율이 약 80%였지만 서간도의 한인 비율은 약 17% 정도에 불과하였다.[17] 북간도에 한인이, 서간도에 중국인이 주류인 상황에서 조선정부는 북간도에 대한 정책에 더 민감했던 것이다.

---

14) 김영, 『근대 만주 벼농사 발달과 이주 조선인』(서울: 국학자료원, 2004), 131쪽. 중국지방관청은 비귀화인들의 토지소유권을 인정하지 않았지만, 1910년대 초까지만 해도 전민제를 통한 간접적인 토지소유를 묵인하였다.

15) 위의 책, 29쪽, 34-6쪽. 1881년 통화, 환인, 흥경(신빈)의 조선인은 이미 8,700여호 37,000여 명에 달하였다. 당시 청정부도 표면상 조선인의 월경을 금지하였지만 치발역복(薙髮易服)을 하면 거주를 허락하는 상황이었다.

16) 이성환, 「서간도 독립운동 기지 형성의 정치역학」, 『일본어문학』 20권(서울: 일본어문학회, 2003), 435-7쪽. 1712년에 세워진 백두산 정계비의 '서위압록 동위토문'(西爲鴨綠 東爲土門)에 대한 해석에서 조선은 '토문'을 백두산에서 발원한 송화강의 지류로, 중국은 토문과 두만으로 해석하여 서로 간도에 대한 영유권을 주장하였다. 그러나 양국은 압록강 경계선, 즉 서간도에 대해서는 이론을 제기하지 않았다. 만약 조선이 압록강 경계선을 부정하게 되면, 조선 스스로 백두산 정계비의 내용을 부정하게 되어 정계비를 간도 영유권의 유력한 근거로 삼고 있던 주장의 정당성을 상실하게 될 위험에 놓이게 된다. 서간도에 설치된 향약이 1907년 폐지된 것도 같은 맥락이다.

17) 위의 글, 433-5쪽.

일제는 조선정부에 비해 서간도, 즉 남만주에 대한 정책에 적극성을 보였다. 우선 일제는 러일전쟁 이후 미국의 경제진출을 막기 위해 1907년 북만주를 러시아의 세력범위로, 남만주를 일본의 세력범위로 하는 '세력범위협정'을 러시아와 체결하였다.[18] 그리고 제1차 세계대전이 발발한 1914년에 산동에 출병한 후, 남만주와 동부 내몽고에서 경제적 기반을 다지고 정치적인 입지를 굳히기 위해 1915년 5월 25일 중국측과 '남만주 및 동부내몽고에 관한 조약'(이하 만몽조약)을 체결하였다.[19] 만몽조약에서 조선인 이주와 관련하여 중요했던 조항은 '일본국 신민이 남만주에서 각종 상공업을 위한 건물을 건설하거나 농업경영에 필요한 토지를 상조(商租)할 수 있다'는 제2항, '일본국신민이 남만주에서 자유롭게 거주하고 내왕(來往)할 수 있다'는 제3항, 그리고, '일본국신민이 민사와 형사 소송에서 피고가 되었을 때 일본국영사관에서 심판한다'는 제5항이었다.[20] 일제가 '일본국신민'의 범위에 조선인을 포함시켰고, 조선인에게도 상조권(商租權)이라는 이점이 있었기 때문이다.[21] 일제는 만몽조약 직후에 『매일신보』등의 지면을 통해 조선인들에게 몽고와 남만주의 풍부한 자원에 대해 선전하면서 몽고와 만주 이주를 유도(誘導)하였고[22], 실제로 만몽조약 체결 후 안동에서 중국인

---

18) 永井勝三 編, 『會寧及間島事情』(會寧: 會寧印刷所, 1923), 73쪽.
19) 東洋拓植株式會社京城支店 編, 『間島事情』(京城: 東洋拓植株式會社京城支店, 1918), 36쪽. 일제측에서는 이 조약을 '일지신조약'(日支新條約)으로 명명하기도 한다. 일제시기에 사용되던 '몽고'의 현재 명칭은 '몽골'(Mongolia)이다. 그러나 본 연구에서는 당대의 맥락을 고려하여 '몽고'라고 표기하였다.
20) 유광렬, 『間島小史』(京城: 太華書館, 1933), 71-3쪽.
21) 홍종필, 앞의 글, 90쪽. 상조권이란 토지를 30년간 사용한 뒤 무조건 토지 사용 계약을 갱신하여 영구적으로 사용할 수 있는 토지 조차권(租借權)을 의미한다.
22) 당시 『매일신보』를 통해 조선인들에게 홍보된 몽고 관련 기사는 「東蒙古의 富源」(1915.6.2.), 「東蒙眞相」(1915.6.3.; 6.4.; 6.5.; 6.6.), 「東蒙과 土地權」(1915.7.3.), 「東蒙開發計劃」(1915.11.6.) 등이었고, 남만주 관련 기사는 「南滿의 朝鮮人」(1915.11.27.; 11.28.; 11.30.; 12.1.; 12.2.), 「南滿拓殖團起」(1915.6.9.) 등이었다. 이 기사들은 모두 몽고와 남만주의 경제적인 이점에 대해 언급하고 있다.

에게 토지를 대여하여 수전을 개간하는 조선인이 더 많아지기도 하였
다.23)

그러나 일제의 적극적인 선전과 달리, 중국측은 1915년 9월 중순경
에 태도를 바꾸어 연길현의 권학소(勸學所)와 강연장에서 배일적(排日
的)인 '애국연설회' 등을 개최하는 한편, 상조권 이행을 회피하였다.24)
1919년 5·4운동으로 중국 내의 배일 움직임이 가시화되는 상황에서
서간도의 잡거(雜居)지대에 거주했던 한인은 만주족이나 한족(漢族)과
달리 토지소유권을 인정받지 못했고, 토지소유권과 관련된 간도협약에
서도 제외되었기 때문에 만주족과 한족의 밑에서 소작인으로 가난하게
살아가야만 했다.25) 청나라가 한일합방을 전후하여 미개간지를 정부
의 공유지로 하는 등 서간도에 대한 지배권을 강화면서 조선인의 자유
로운 토지 개간이 금지되고 중국인에게만 토지소유권이 인정되었다.
그 결과 서간도에는 '중국인=지주, 조선인=소작인'이라는 농업경영
구조가 형성되었다.26) 일제는 귀화 조선인을 포함하여 만주 각지에 분
포된 조선인을 일본제국의 '신민'으로 간주하고 그들을 보호한다는 명
분으로 만철부속지 밖의 지역에도 일본영사관, 영사관경찰, 관동군을
파견하였다. 그렇지만 이 때문에 중국측은 오히려 한인을 일본이 중국
에 간섭하게 하는 존재로까지 인식하게 되었다.27)

한편 1905년 을사조약과 1910년 한일합방 상황에서 조선인들은 민
족운동의 새로운 근거지 마련이라는 정치적인 동기를 가지고 만주로
이주하였다. "倭奴가 强制手腕으로 合倂條約을 告成한 後로 光復의 大

---

23) 김영, 앞의 책, 120쪽.
24) 東洋拓植株式會社京城支店 編, 앞의 책, 36-8쪽.
25) 홍종필, 앞의 글, 70쪽.
26) 이성환, 앞의 글, 438-9쪽.
27) 김영, 앞의 책, 117-20쪽.

志를 抱하고 泣血渡江한 人士의 多數는 勿論이오 그 武斷政治下에 壓迫을 堪치 못하야 또는 臣僕되기를 羞恥로하여 移住하는 者"가 매년 증가하였다.[28] 이 과정에서 1907년 간도파출소 설립으로 독립운동에 제약을 받았던 북간도에 비해, 일제의 영향력이 적었던 서간도가 독립운동의 유력한 근거지로 부상되었다.[29]

서간도를 독립운동의 근거지로 설정한 단체는 대한자강회(大韓自強會)와 함께 조선에서 애국계몽운동단체와 비밀결사조직의 두 측면을 지녔던 전국 규모의 신민회(新民會)였다.[30] 신민회는 의병운동이 퇴조기(退潮期)에 들어서기 시작한 1909년 3월경에 국외에 독립군기지를 만들고 무관학교를 설립하기로 결정하였다. 그리고 안창호, 이동녕, 유동설, 이종호(李鍾浩), 김명준(金明濬) 등 신민회 간부들이 1909년 10월 16일 안중근의 이등박문 총살사건 관련 혐의로 헌병대에 구속되었다가 1910년 2월 말에 석방되면서, 신민회는 1910년 3월 간부회의를 통해 서간도의 백두산 부근에 독립군기지를 구축한다는 구체적인 방침을 세웠다.[31] 신민회는 독립군기지를 선정하기 위하여 1909년 10월부터 동년 12월까지 서간도의 환인현・집안현・안동현 등에 다섯 차례에 걸쳐 시찰조(視察組)를 파견하였고, 1911년 1월 선발대의 차원에서 이

---

28) 뒤바보, 「北間島(一) 그 過去와 現在」, 『독립신문』, 1920년 1월 1일자.
29) 이성환, 앞의 글, 440-1쪽.
30) 윤경로, 「신민회에 대한 일제의 인식」, 『한국기독교사연구회소식』 5집(서울: 한국기독교역사연구소, 1985), 10-13쪽. 신민회는 안창호와 공립협회(共立協會)의 회원들이 미국 캘리포니아주(州) 로스엔젤레스시(市) 리버사이드(Riverside)에서 1907년 초에 창립되었고, 동년 4월 양기탁(梁起鐸)의 주재로 이동휘(李東輝), 전덕기(全德基), 이동녕(李東寧), 이갑(李甲), 유동설(柳東說), 안창호(安昌浩) 등 7명이 모여 서울에서 전국규모의 단체로 창립되었다. 신민회는 일제에게 애국계몽단체와 비밀결사로서 인식되었는데, 비밀결사로서 신민회의 목적은 서간도에 무관학교를 세우고 청년을 양성하여 국권을 회복하는 것이었다.
31) 신용하, 「신민회의 독립군기지 창건운동」, 『한국문화』 4집(서울: 서울대 한국문화연구소, 1983), 91쪽.

동녕, 이회영(李會榮) 5형제, 주진수(朱鎭洙)의 가족 등을 봉천성 유하현 삼원보(柳河縣 三源保)로 이주하게 하였다.[32]

조선에서 신민회는 여러 사건으로 인해 1911년 9월경부터 실질적인 해체상태에 들어갔다. 신민회는 1910년 12월 안명근(安明根)이 만주에서 의병을 모집할 계획으로 군자금을 모으다가 검거되면서 황해도지회 회원들이 대거 체포된 '안악사건'(安岳事件), 1911년 1월 집단 이주를 통해 서간도에 신한민촌(新韓民村)을 조성하려 한다는 이유로 경성에서 양기탁 등 33명이 체포된 '양기탁등보안법위반사건'을 경험해야 했다. 그 뿐 아니라 1911년 9월 사내정의(寺內正毅)의 암살 기도라는 혐의로 평안남북도를 중심으로 전국에서 600~700여명이 체포된 '사내총독암살음모사건', 그리고 1912년 9월 '사내총독암살음모사건'의 혐의자 가운데 신민회 회원으로 자백한 105명에 대해 실형(實刑)이 언도된 '105인사건' 등으로 타격을 받아 국내에서 활동 자체가 불가능한 상태가 되었다.[33] 조선에서 신민회의 붕괴는 서간도 독립운동기지 건설에 필요한 국내 지원체제가 붕괴되었음을 의미하는 것이었다.

조선에서 신민회가 붕괴된 이후, 조선인들은 항일독립운동을 위해 북간도로 이주하는 경우가 많아졌다. 북간도에는 서간도와 같은 독립운동 기지 건설 구상이 없었지만, 토지소유권이 보장되어 있었고, 간민회(墾民會)와 간민교육회 등을 중심으로 항일운동의 기반도 조성되어 있었기 때문이다.[34] 그러나 신민회 붕괴 이전에 이미 서간도로 이주한 신민회 회원들도 신한민촌을 건설하고 농업경영을 위해 경학사(耕學社)를 조직하고, 사관(士官) 양성기관으로 신흥강습소 등을 설립하는

---

32) 위의 글, 95 – 7쪽.
33) 위의 글, 103 – 4쪽.
34) 이성환, 앞의 글, 444쪽.

등 나름대로 활동을 전개하면서 민족운동에 동참하였다. 만주에서 민족운동은 신민회 붕괴 이후에 북간도와 서간도에서 동시에 진행되었던 셈이다.

만주 이주의 다양한 원인에도 불구하고, 조선인들의 입장을 염두에 둘 때 그 이주 배경은 전반적으로 경제적 차원과 정치적 차원으로 정리될 수 있다. 그러나 경제적 배경과 정치적 배경 이외에도, 조선인들의 만주 이주 배경으로 종교적인 배경을 지적할 수 있다. 특히 조선 종교인에게 중요한 세 번째 이주 배경은 종단의 활동이었다. 예컨대, 천도교와 시천교가 분립되기 이전의 동학도(東學徒)들은 일본군에 대한 지원 과정에서 만주 이주를 시도하였다. 대종교도 단군교와 분립된 이후에 종단 차원에서 총본사를 만주로 이전하였다. 또한 원종교도 종단 차원에서 총사를 만주에 건립하였다. 대종교와 원종교는 본부를 만주에 두었고 만주를 종단 차원의 활동 근거지로 설정하였던 것이다. 세 번째의 이주 배경에 대해서는 다음 장에서 구체적으로 언급될 것이다.

2. 조선 종교인의 이주 과정

1) 기독교인의 만주 이주

⑴ 천주교인의 이주

로마 교황청은 중국 선교를 1696년에 창설된 북경교구(北京敎區)에 일임하였다가, 1838년에 북경교구에서 만주교구를 분립하여 만주와 몽고의 일부 지역을 관할하게 하였다. 당시 만주교구는 파리외방전교회에서 관할하였다. 파리외방전교회는 봉천 등의 남만 지역을 중심으로 선교활동에 전념하다가 점차 북만 지역으로 선교 영역을 확대하였고, 그 과정에서 신경(新京) 부근에 위치한 소팔가자(小八家子) 지역의 토지를 구입하여 성당을 건축하기도 하였다. 이 지역에는 이미 산동(山東) 등지에서 이주한 신자들의 신자촌이 있었다. 만주교구와 몽골교구가 분립된 1840년경에 만주 교구의 신자수는 3,619명으로 각각 요동(遼東) 지방에 1,949명, 소팔가자 등지에 1,670명이었다.[35]

만주교구는 1842년에 북만지역으로 포교여행을 떠났던 보(寶, Maxiwe de la Brunniere) 신부 이외에 8명의 신부들이 순교를 당하는 등 선교 과정에서 수난을 당하기도 했지만, 조고회수녀회(照顧會修女會, Soeurs de la Providence)를 초빙하여 사회구제사업과 자선사업을 전개하는 등 적극적으로 선교활동을 전개하였다.[36] 이 결과 만주교구는 1898년에 북만교구와 남만교구로 확장·분립될 수 있었다. 당시 북만교구의 신자수는 길림성과 흑룡성을 합하여 6,556명이었고, 프랑스선교사가 8명, 만주선교사가 3명이었다.[37]

조선의 천주교 신자들이 만주에서 활동을 시작한 시기는 만주교구가 북만교구와 남만교구로 분립되기 직전인 1897년이었다. 이 해에 동만 지역인 간도에 조선인들의 교회가 설립되었다. 그 과정을 살펴보면 다음과 같다. 1895년 5월 17일에 김영렬(金英烈)은 스승 김이기(金以器)의 사후에, 원산 본당 신부인 베르모렐(Vermorel, Joseph, 張: 1860~1937)에게 세례를 받고 다시 고향인 화룡현 서학대(捿鶴台)로 돌아가 동학(同學)들에게 전도를 시작하였다.[38] 이 결과 1896년에 친지인 최규어(崔規

---

35) 河村巖, 앞의 책, 39-40面.
36) 위의 책, 40-1面.
37) 위의 책, 41面.
38) 곽도산, 「間島英岩村敎會」, 『카톨릭靑年』, 제20호(1935.1), 48-9쪽에는 김영렬이 본래

汝)와 유패용(劉覇龍)이 김영렬과 함께 원산에서 베르모렐 신부에게 세
례를 받게 되었다. 김영렬은 다시 고향으로 돌아와 친지들 네 가구와 함
께 원산으로 향했고, 이 가운데 박연삼(朴連三)·김성준(金成俊)·조
여천(趙汝天) 등 친지 12명이 당시 원산 본당의 주임 신부인 브레(Bret,
Aloysius, 白類斯: 1882~1908)에게 세례를 받았다.39) 북간도의 한인에
게 천주교가 전파된 것은 김영렬과 그 친지들의 전교에서 비롯된 것이
었다.

　1897년 9월경 간도의 천주교는 110여 명의 예비자수를 기록하는
등 교세가 확장된 상태였고40), 만주교구가 아니라 원산교구의 관할
을 받았다. 조선교구장이었던 뮈텔(Gustave Charles Mütel, 閔德孝,
1854~1933) 주교는 브레 신부에게 간도를 관할하게 하였다.41) 간도의
천주교는 위치상 만주교구 소속이었지만, 만주교구의 위임을 받아 조
선교구에서 관할하였던 것이다. 간도의 천주교 신자들은 청국인과 비
신자들의 공격 등에 대비하여 용정의 불동(佛洞, 부처골; 大敎洞)에 20
여 호수로 구성된 교우촌을, 그리고 교우촌 내에 공소를 설립하였다. 교
우촌 신자들은 비록 청국인의 습격을 받기도 하였으나, 1900년에 농작
지를 대량으로 구입하면서 정착의 토대를 마련하였다.42)

　1900년에 발생한 의화단사건(義和團事件)은 반외세와 반기독교의

　　간도 화룡현 지신사(智新社) 삼원봉(三圓峰)에 거주했으며, 당시 천도교인이었던 그는
　　1895년에 경성으로 향했고, 도중에 원산에서 백 신부를 만난 후 간도로 돌아왔다고
　　서술하고 있다.
39) 韓興烈, 「延吉區敎 天主敎會略史」, 『가톨릭靑年』, 41호(1936.10), 2-5쪽.
40) 윤선자, 『일제의 종교정책과 천주교회』(서울: 경인문화사, 2002), 147-9쪽. 韓允勝,
　　「間島天主敎傳來史 延吉敎區의 嚆導 金以器와 그 弟子」, 『가톨릭靑年』, 41호(1936.10) 참
　　조.
41) 韓興烈, 앞의 글, 7쪽. 뮈텔 주교가 1897년 12월에 간도를 방문한다는 소식을 접한 간도
　　천주교 신자들은 뮈텔 주교를 맞기 위해 조선의 회령(會寧) 공소에 성당으로 사용할
　　관사(官舍)를 구입하는 등의 열성을 보였다.
42) 위의 책, 8쪽.

특성을 지니고 있었기 때문에 재만 천주교를 관할했던 북만교구와 남만교구에게 심각한 피해를 안겨주었다. 남만교구[봉천]에서는 주교[司敎]와 6명의 선교사들과 2명의 프랑스 수녀들을 포함한 많은 신자들, 그리고 북만교구[길림]에서는 4명의 선교사를 포함한 많은 신자들이 순교를 당하였다. 또한 대부분의 건물들과 교회들이 파괴되었다. 그러나 선교사들은 흑룡강 해륜현(海倫縣)의 해북진(海北鎭)에 신자촌을 세우는 등 선교활동을 지속하였다.43)

동만 지역으로 이주한 조선의 천주교 신자들은 의화단사건에 큰 영향을 받지 않고 신자촌을 설립하면서 종교생활을 영위하였다. 1903년에는 연길 팔도구 조양하(朝陽河)에 12호로 이루어진 신자촌이 형성되었고, 동시에 대오두구(大五道溝)와 토산자(土山子)에도 신자촌이 형성되었다.44) 신자촌이 형성되면서 대교동과 팔도구 등지에는 교우 묘지가 생겼고, 이를 관리하는 향도회(鄕徒會)도 조직되었다.45) 신자촌은 한인 신자들이 낯선 공간인 동만 지역에서 생존 조건을 확보하기 위해 공동으로 설립한 것인데, 이 신자촌을 중심으로 동만 지역에 천주교의 문화가 형성되었던 것이다.

조선교구는 북간도를 청국의 영토로 간주하여 만주교구에 간도의 교우촌 관할을 요청한 적이 있었다.46) 간도 천주교회가 성립된 1897년경에 만주는 만주교구의 관할이었기 때문이다. 당시 만주교구가 북만교구와 남만교구로 분립·확대되는 분위기가 있었지만 간도 천주교회를 관할한 교구는 조선교구였다. 조선교구가 간도 천주교회를 관할한 이유는 세 가지였다.47) 첫째, 1900년에 러시아가 간도를 점령하자 조선에

<hr />

43) 河村巖, 앞의 책, 41面.
44) 韓興烈, 앞의 책, 8-9쪽.
45) 위의 책, 14쪽, 19쪽.
46) 「1903년도 보고서」, 『서울교구연보 Ⅰ』(서울: 천주교명동교회, 1984), 319쪽.

서 1902년에 이범윤(李範允)을 북변간도관리(北邊間島官吏)로 임명하여 간도의 소유권을 주장한 간도귀속의 갈등상황을 알고 있었기 때문이다.[48] 즉 조선교구의 입장에서는 간도의 소유권이 분명하지 않은 이상, 간도를 공식적인 청국의 영토로 간주할 수가 없었던 것이다. 둘째, 만주교구에는 조선어에 능통한 신부들이 거의 없었기 때문이다. 간도의 교우촌 신자들이 조선인으로 구성되었기 때문에 이들을 관할할 교구의 신부들은 의사소통이 가능할 정도의 조선어를 구사할 수 있어야 했다. 셋째, 만주를 관할하였던 선교회와 조선교구를 관할하던 선교회가 동일한 파리외방전교회였고, 따라서 상호 협조가 가능했기 때문이다.[49]

간도 천주교회를 관할하게 된 원산교구는 간도 천주교회의 확장에 주력하였다. 1906년에 원산 본당의 브레 신부는 북간도 신자촌을 방문하면서 334명에 달하는 성인 영세자를 얻었다.[50] 1907년에 뮈텔 주교는 원산교구를 파리외방전교회의 신부인 라리보(Larribeau, Adrien Joseph, 元, 1883~1974)가 담당하도록 하였다. 그리고 원산교구를 담당했던 브레 신부를 간도로 파견하였다. 브레 신부는 동년 11월에 원산

---

47) 윤선자, 앞의 책, 149쪽. 만주교구는 1898년 5월에 봉천(奉天)을 중심으로 한 남만대목구(南滿代牧區)와 길림(吉林)을 중심으로 한 북만대목구(北滿代牧區)로 분리되었고, 남만대목구는 1924년 12월 3일에 봉천(奉天) 대목구로 개칭되었다. 『뮈텔주교일기』 5(서울: 한국교회사연구소, 1998), 402쪽.

48) 「1903년도 보고서」, 앞의 책, 319쪽. 조선 정부가 이범윤을 통해 간도의 소유권을 주장한 일은 1905년의 러일전쟁이 일본의 승리로 끝나고 을사보호조약이 체결되면서 유명무실하게 되었다. 그 결과 간도는 일본과 청국의 외교 문제가 되었고, 1909년(융희 3)에는 간도협약의 체결로 청국으로 귀속되었다.

49) 윤선자, 앞의 책, 149쪽. 1921년 5월 1일 원산교구장으로 임명된 베네딕투스회 소속인 사우에르 주교의 승품식 직후에 진행된 조선호텔의 오후 만찬에는 사이또 총독 등 총독부의 고관들이 참석한 것을 보면 천주교와 일제는 1920년대 초반까지도 갈등관계가 아니었다. 『경향잡지』, 제15권 468호, 1921.4.30; 제15권 470호, 1921.5.31. 「1921년도 보고서」, 『서울교구연보Ⅱ』(서울: 천주교명동교회, 1987), 159-61쪽.

50) 「1907년도 보고서」, 『서울교구연보Ⅱ』(서울: 천주교명동교회, 1987), 45쪽.

에서 간도 용정으로 거처를 옮겼다.[51] 1907년 당시 간도 천주교회는 "가족과 직업을 버려두고 보수의 희망도 없이 한달 동안 예비자들의 마을을 찾아가서 교리를 가르치는 일을 수락한 순회 전교회장들"의 노력으로 괄목할 만한 발전을 보이고 있었다. 따라서 간도에 정착하면서 이들을 담당할 신부가 필요했던 것이다.[52]

재만 천주교회는 용정, 연길, 화룡 등지에서 시작되었지만 점차 훈춘 지역으로 확장되었다. 훈춘의 팔지(八池) 고장에 정착한 조선인들은 용정 등지를 왕래하면서 '믿으면 중국관장들의 압박을 피한다'는 소문을 듣고 천주교에 입교하였다. 이로 인해 1907년에는 훈춘 지역에 100명 이상의 영세 지원자가 생겨났다.[53] 점차 훈춘지역에도 신자촌이 형성되었다. 팔지 고장 중앙의 저지대에도 100호 남짓한 신자들이 있었다.[54] 공식적으로 간도의 첫 번째 개척 전교사인 브레 신부는 1908년에 265명의 성인 영세자를 얻었지만, 동년 10월에 질병으로 일본인 의사의 간호를 받던 도중에 사망하였다.[55] 브레 신부의 사망 당시인 1908년 10월에 간도의 한인 천주교 신자 총수는 1,750명이었다.[56]

브레 신부의 사망 직후에 간도 천주교회의 재치권을 가진 라루이에 (Lalouyer) 주교는 1909년 1월에 간도 교회 사목을 위해 선교자가 필요하다는 판단을 하게 되었다. 라루이에 주교는 곧바로 원산교구를 담당했던 라리보 신부와 함께 퀴를리에(Curlier, 南, 1889~1935) 신부를 간도로 파견하였다. 라리보 신부의 보고에 의하면 당시 간도의 한인 천주

---

51) 한국교회사연구소 역편, 『함경도 선교사 서한집 Ⅰ』(서울: 한국교회사연구소, 1995), 472 -3쪽.
52) 「1907년도 보고서」, 앞의 책, 45-6쪽.
53) 韓興烈, 앞의 글, 9-10쪽.
54) 「1907년도 보고서」, 앞의 책, 45-6쪽.
55) 「1908년도 보고서」, 위의 책, 58-9쪽.
56) 韓興烈, 앞의 글, 10쪽.

교 신자 수는 2,362명이었다.[57] 1909년에 라리보 신부는 삼원봉 영암촌에 본당(本堂)을 설립하고 훈춘과 연길의 동쪽 지역, 쿼를리에 신부는 용정에 본당을 설립하고 화룡과 연길의 서쪽 지역을 담당하였다.[58] 1910년에는 연길 팔도구(八道溝) 조양하(朝陽河)에 세 번째의 본당이 설립되었고, 조선인인 최문식(崔文植) 신부가 본당 신부로 파견되었다.[59] 당시 조양하에 본당이 설립된 이유는 그 근방인 수북촌(水北村), 서상리(西上里), 무봉촌(舞鳳村), 횡도자(橫道子), 서학동(捿鶴洞) 등에 공소가 있었을 정도로 천주교 신자들이 많았기 때문이다.[60]

1910년까지 간도에는 공소를 제외하고 영암촌 본당, 용정 본당, 조양하 본당 등 3개의 본당이 설립되었다. 당시 간도의 천주교 본당 설립과 이후의 선교활동에는 초기 천주교 신자들의 영향력이 강했다. 간도에서 첫 영세자인 김영렬은 최문식(崔文植, 1877~1950) 신부에게 하동 회장으로 임명을 받아 활동하였다.[61] 박연삼은 전(全)간도 총회장으로 임명되었으며, 김성준은 화룡현 삼원봉 영암촌(英岩村) 교회의 기지를 제공한 후 회장 자격으로 전교 활동을 벌였다.[62] 1910년까지 천주교 신자 수는 2,800명, 예비 교우 수가 700명이었다. 조양하 본당이 설립된 1910년에도 300명의 성인 영세자가 있었다.[63]

---

57) 「1908년도 보고서」, 앞의 책, 69쪽. 한국교회사연구소 역편, 앞의 책, 497쪽.

58) 윤선자, 앞의 책, 150-1쪽.

59) 한국교회사연구소 역편, 앞의 책, 476쪽. 조양하는 1903년에 용정의 천주교 신자 10여 호가 이주하면서 공소가 형성된 곳이었다. 조양하 초대 본당 신부는 조선인 최문식(崔文植) 베드로 신부였다.

60) 韓興烈, 앞의 글, 10-1쪽. 특히 1913년에 팔도구에 시장(市場)이 들어서면서 인구가 계속 증가하였고, 1930년대 중반까지 '천주교읍'이라고 불렸을 정도로 교세가 꾸준히 확산되었다.

61) 『뮈텔주교일기』5, 1912.10.24. 최문식은 1910년 9월에 사제로 서품된 뒤 조양하(朝陽河, 八道溝) 본당을 중심으로 간도의 북쪽 지역에서 활동하고 있었다.

62) 韓興烈, 앞의 글, 5-6쪽.

63) 「1908년도 보고서」, 앞의 책, 81-2쪽.

1910년부터 만주의 전 지역에 페스트병이 유행하기 시작하여 1911 년까지 지속되었다. 페스트병 때문에 많은 천주교 선교사들과 신자들 이 희생되었다.[64] 그러나 1911년은 한인 신자들에게 중요한 해였다. 간 도 교회의 관할 교구가 처음으로 달라진 해였기 때문이다. 1911년 4월 에 조선교구가 경성교구와 대구교구로 분립된 후, 함경도와 간도는 경 성교구의 관할이 되었다. 경성교구장이었던 뮈텔 주교는 1911년 봄에 화재로 소실된 용정 본당이 1912년에 벽돌양옥으로 재건되자, 동년 10 월 30일에 용정 본당에서 직접 강복식을 거행하는 등의 성의를 보였다. 또한 1912년 10월부터 11월까지 훈춘의 공소와 조양하 본당, 용정 본 당 등을 방문하는 동안, 김영렬을 만나고, 직접 미사(Missa)를 집전하고 영세 신자들에게 견진성사(堅振聖事)를 주는 등 적극적인 관심을 표명 하였다.[65] 이러한 관심은 경성교구에서 간도를 중요한 선교지로 인식 하고 있었음을 의미한다. 1912년과 1916년에 각각 달라자(達羅子) 영 암촌과 팔도구(八道溝)에 성당이 설립된 사실은 이를 뒷받침해준다.[66]

페스트병의 유행으로 중국교구에 속한 4명의 수사들이 사망한 1920 년은 간도의 한인 신자들에게 두 번째로 중요한 해였다. 간도 교회의 관 할 교구와 관할 수도회가 달라졌기 때문이다. 1920년 8월에 함경도와 간도는 경성교구에서 분리되어 원산교구가 관할하게 되었다.[67] 그리 고 원산교구는 경성교구장 뮈텔 대주교의 요청으로 1908년에 조선에 진출한 독일의 베네딕투스회(Benedictine Order, 분도회)가 담당하게

64) 河村嚴, 앞의 책, 41面.
65) 『뮈텔주교일기』5, 1912.10.17.−11.20. 1912년 10월 당시 간도에는 삼한리(三韓里) 공소 가 있었고, 소영자(小營子) 공소가 1913년에 조직될 예정이었다.
66) 韓興烈, 앞의 글, 11−2쪽.
67) 『뮈텔주교일기』5, 1920.8.4; 1920.10.10; 1920.12.18. 뮈텔 주교가 함경도와 간도를 베네 딕투스회 선교사들에게 양도한다는 '포교성성의 편지'(1920년 10월 25일자)를 받은 것은 1920년 12월 18일이었다.

되었다. 원산교구의 초대 교구장에는 베네딕투스 대수도원장인 사우에르(Sauer, Bonifatius; 辛, 1877~1950) 주교가 임명되었다.[68] 간도가 파리외방전교회의 관할이 아니라 베네딕투스회의 관할이 되었다는 것은 한인 신자들의 선교활동에 새로운 계기가 마련되었음을 의미한다.

간도의 천주교 신자 수는 1910년에 2,723명, 1912년에 3,768명, 1916년에 5,891명, 1920년에 7,500명, 1921년에 8,087명, 그리고 1928년에 12,257명으로 한일합방 이후 매년 증가하는 추세를 보였다.[69] 간도에서 천주교는 1920년대 중반까지 개신교의 네 교파를 합한 것보다도 더 많은 교세를 확보하였다. 이러한 사실은 1925년 6월경부터 종교 실태 조사를 시작하여 1927년에 발표된 <표1>의 내용에서 확인할 수 있다.[70]

<표1> 북간도 조선인 종교 상황 일람표(1925년 6월말)

| | | 교회사원수 | 신도수 | | | | | | | | | | | | 합계 | | |
| | | | 연길현 | | | 화룡현 | | | 왕청현 | | | 훈춘현 | | | | | |
			남	여	계	남	여	계	남	여	계	남	여	계	남	여	계
야소교	加奈院長老派	61	1940	1642	3582	677	594	1271	239	210	449	544	417	961	3400	2860	6263
	南監	14	531	424	955				159	130	289	140	129	269	830	683	1513

---

68) 『경향잡지』 제62권 9호, 1970.9.1. 1908년에 독일의 오틸리엔 수도원을 방문했던 뮈텔 대주교는 조선의 교사(교회 학교) 양성을 위한 학교 설립을 오틸리엔 수도자들이 맡아 주기를 요청하였고, 이 요청을 받아들인 수도원에서는 사우에르 신부를 서울에 파견하였다. 최석우, 「韓國芬道會의 초기수도생활과 교육사업」, 『史學研究』 36호(서울: 한국사학회, 1983).

69) 韓興烈, 앞의 글, 12쪽. 윤선자, 앞의 책, 157쪽.

70) 朝鮮總督府內務局社會課, 『滿洲及西比利亞地方に於ける朝鮮人事情』(경성: 朝鮮總督府, 1927), 90-1面.

理派																	
東亞基督教派		7	108	80	188							45	55	100	153	135	288
安息教派		2	51	63	114	20	30	50							71	93	146
天主公教派		32	4056	3410	6466	385	275	660				642	552	1194	5083	4237	9320
	계	116	6686	5619	12305	1082	899	1981	196	340	738	1371	1153	2524	9537	8011	17548
天道敎		11	1697	1423	3120	57	52	109	245	212	457				1999	1687	3686
大倧敎		3	10	8	18	55	15	70	1268	753	2021				1333	776	2109
青林敎		1	20	10	30										20	10	30
元宗敎		5	252	20	272										252	20	272
侍天敎		9	1665	1444	3109										1663	1444	3109
濟愚敎		1	32	19	50										32	19	50
유교	大成儒敎	2	65	17	86										69	17	86
	孔子會	3	1053		1053	18		18				68		68	1139		1139
	계	5	1122	17	1139	18		18				68		68	1208	17	1225
佛敎		3				25	18	43							25	16	43
총계		154	2484	8560	29044	1237	?	2221	1911	1305	3216	1439	1153	2592	25071	12002	37073

(2) 개신교인의 이주

개신교의 경우 남만주의 선교는 주로 평북지역의 장로교회, 특히 평
북노회와 미국 북장로회 선교회가 담당하였다. 동만주의 선교는 주로
함경도지역의 장로교회, 특히 함북노회와 캐나다장로회 선교부가 담당
하였다. 그리고 북만주 선교는 주로 미감리회 선교부와 조선연회가 담
당하였다.[71] 여기에 남감리회 선교부와 조선연회는 주로 시베리아·

동만주에서 선교활동을 벌였다.[72] 만주에서 개신교의 선교활동을 각 종파별로 살펴보면 다음과 같다.

① 장로교

개신교 가운데 만주에서 최초로 선교활동을 벌인 종파는 장로교였다. 장로교의 만주 선교는 존 로스(John Ross, 1842~1915)의 활동에서 시작되었다. 로스는 스코틀랜드 연합장로교회(The United Presbyterian Church of Scotland)의 파견을 받아 부인과 함께 일본을 거쳐 1872년 8월에 중국 산동성의 지부(芝罘, Chefoo)에 도착하였다. 지부에는 같은 선교회에서 파송을 받았던 스코틀랜드 성서공회 총무인 윌리암슨 선교사, 그리고 같은 선교회 소속인 매킨타이어(J. MacIntyre, 馬勤泰)가 있었다.[73] 로스가 도착했을 당시의 지부에서는 순회전도를 위한 도로 사용이 허용되고 있었다.[74] 로스는 자신이 바울의 모방자임을 자처하면서 노방설교를 위주로 선교활동을 벌였다. 또한 가장 강력한 선교 방법이 공중 예배당(public chapel)을 이용하는 것이라고 판단하고 지부의 우장(牛莊)에 예배당을 마련하였다.[75] 로스는 공중 예배당을 이용한 선교활동이 효과를 거두자 우장을 중심으로 반경 40마일 이내에 상당수의 공중 예배당을 마련하는 등 공공 도로변 예배당의 제도를 확대하였다.[76] 로스가 우장에서 활동한 것은 "우장의 동쪽 지방을 자세히 알고, 그곳에서 한국에 관해 배울 수 있는 것들을 조사하려는 두 가지 욕구"

---

71) 대한예수교장로회총회역사연구회 편,『대한예수교장로교회사(상)』(서울: 한국장로교출판사, 2003), 331쪽.
72) 한국기독교역사연구소,『한국 기독교의 역사 Ⅱ』(서울: 기독교문사, 1990), 113-4쪽.
73) 김수진,『중국 개신교회사』(서울: 홍성사, 1999), 295-6쪽.
74) 최성일 편역,『존 로스의 중국선교방법론』(오산: 한신대학교출판부, 2003), 122쪽.
75) 위의 책, 126-7쪽.
76) 위의 책, 130쪽.

때문이었다.[77]

로스는 스코틀랜드 연합장로교회에서 파송을 받았기 때문에 초기에 중국 동북부 지역인 산동성에서 선교활동을 벌였다.[78] 그러나 로스는 큰 도시를 선교 중심지로 삼기 위해 당시 40만 인구가 있었던 남만 지역의 심양(봉천)에 머물렀다.[79] 로스는 널리 알려진 상점을 공중 예배당으로 활용하면서 중국 현지인들을 전도 요원(a native agent)으로 육성하면서 선교활동을 벌였다.[80] 그러나 "소박하고 무시된 사람에게 쓰라린 마음을 남겨" 놓을 뿐만 아니라 "구원의 길을 더욱 분명하게 제시하지 못"한다는 판단 아래 현지 전도 요원에게는 당시 서구에서 활용되었던 성서비평에 관련된 내용을 의도적으로 교육시키지 않았다.[81] 로스는 지적 차원보다 신앙적 차원의 선교 활동을 벌였던 것이다.

로스는 선교 과정에서 권서 활동에 주력하였다. 권서 활동을 위해 조사인 이응찬과 서상륜의 도움을 받아 심양에서 1882년에 누가복음과 요한복음을 최초의 한글 성서로 발행하였다. 1883년에는 교정된 누가복음과 요한복음과 사도행전, 1884년에는 마가복음과 마태복음을 발행하였다. 1885년에는 로마서, 고린도전·후서, 갈라디아서, 에베소서를 발행하였다. 그리고 1887년에는 '로스 번역'으로 알려진 『예수 성교전서』라는 신약 전체를 간행하였다.[82]

---

77) 위의 책, 103쪽.
78) 김수진, 앞의 책, 297쪽. 당시 아일랜드 장로교회에서는 만주의 서남부 지역을 담당하였다.
79) 위의 책, 131쪽.
80) 위의 책, 152-3쪽.
81) 위의 책, 158-9쪽, 174쪽. 이들에게는 주로 구약성서주석, 변증론, 조직신학, 목회신학, 신약성서주석, 교회사, 생리학, 화학, 비교종교학(유교, 불교, 도교) 등의 과목을 교육하였다.
82) 김양선, 『한국기독교사』(서울: 교문사, 1978), 53쪽. 조선에서 중인계급에 속했던 이응찬은 장사를 하기 위해 1874년에 압록강을 건너다가 풍랑을 만나 배가 전복된 것을 계기로 로스 선교사의 도움을 받게 되었다. 이후 로스의 조사로 일하던 가운데 고향

스코틀랜드 연합장로교회에 소속된 로스는 아일랜드 선교부와 함께 각자의 모교회(Home church)와 기존관계를 유지하되, 선교현장의 중복을 방지하기 위해 만주장로교회(The Presbyterian Church)를 형성해야 한다는 내용에 합의하였다. 그리고 1891년에 심양에서 현지교회의 교회 의회(The Church Court)의 역할을 수행할 노회를 창립하였다.[83] 당시 두 선교부에서는 교회의 자립(self-reliance)을 강조하였다. "자립은 로마 교회에서 용인될 수 없는 한 가지 커다란 적"이지만, 외국인 선교사가 떠나야 하는 상황이 닥쳐도 현지인의 교회가 지속될 수 있는 방법이라고 판단했기 때문이다.[84]

만주 한인촌의 신앙공동체는 1881년 남만 지역인 길림성 집안현(輯安縣)에서 온 매약상 김청송(金靑松)이 로스에게 식자공(植字工)으로 채용되면서부터 시작되었다. 김청송은 누가복음의 조판 과정에서 세례를 받을 결심을 했고, 누가복음의 인쇄가 완료되던 1882년 봄에 세례를 받았다. 그러나 식자공으로서 재주가 없었던 김청송은 세례를 받은 직후에 한국어 복음서를 들고 전도인겸 권서인의 자격으로 고향인 집안현으로 돌아갔다. 6개월 후 김청송은 심양의 로스를 찾아와 세례를 받기를 원하는 한인이 많이 있다고 보고 하였고, 집안현에 정착한 사람들도 로스를 찾아가 세례를 요구하거나 성서 지식을 얻고자 하였다. 결국

인 의주에 가서 1875년에 이성하, 백홍준, 김진기, 이익세 등을 중국에 데려와 로스에게 소개하였고, 1878년에 중국을 드나들며 홍삼 장사를 하던 의주 청년 서상륜도 로스에게 소개하였다. 그리고 1879년에 백홍준과 이응찬을 비롯한 조선인 4명이 로스와 같은 선교부 소속이었던 매킨타이어로부터 세례를 받게 되었다. 김수진, 앞의 책, 297-301쪽.

83) 최성일 편역, 앞의 책, 194-5쪽. 노회의 첫 번째 회의는 외국인 선교사들만으로 구성되어 영어로 진행되었지만, 두 번째 회의부터 중국어로 진행할 것을 결의하였다. 이는 만주장로교회가 조선인들을 대상으로 한 노회이기 보다는 중국인들을 대상으로 한 노회였음을 의미한다.

84) 위의 책, 259쪽. 이는 개신교에서 자립을 강조하는 것이 당시에 천주교와 차별성을 획득하는 한 가지 방식이었음을 말해준다.

로스는 1884년 12월에 김청송의 보고내용을 확인하기 위해 동료선교
사인 엡스터(James Webster) 목사와 함께 집안현을 방문하여 75명의
남자에게 세례를 베풀었다.[85] 그 이후 1898년에 집안현에는 이성삼, 임
득현 등의 전도활동으로 한인의 첫 장로교회인 이양자(裡楊子)교회가
설립되었다.[86] 이양자 교회는 1900년의 의화단사건의 영향으로 파괴
되었지만, 평북 선천지역에 있던 선교사 휘트모어(N. C. Whittemore,
魏大模)와 그의 조사였던 안승원이 가서 교회를 재건하였다.[87]

　1900년부터 미국 북장로회가 스코틀랜드 장로교회를 대신하여 이곳
의 한인선교를 담당하였다. 스코틀랜드장로교회 선교부가 미국 북장로
회 한국선교부에게 만주의 한인선교를 맡아달라고 요청했기 때문이다.
북장로회 선교부는 1901년에 유상도, 1903년에 김상년을 전도인으로
파송하였다.[88] 당시 남만 지역의 선교는 미국 북장로회에서 파송한 선
교사 휘트모어(N. C. Whittemore, 魏大模)가 1898년에 평안북도 선천
읍에 선교 거주지를 정하면서 선천 선교기지(station)에서 주관하였고,
재정도 1900년 선천 선교기지에서 결성된 평북전도회가 지원했다.[89]

　동만 지역의 선교는 간도 선교를 위해 함경북도 성진에 주재했던 캐
나다장로회 소속 선교사 그리어슨(R. G. Grierson, 구례선)과 그의 조사
인 홍순국(洪淳國)이 시작하였다. 이들은 선교회의 지시에 따라 1902

---

85) 위의 책, 43-5쪽.
86) 차재명, 차재명, 『조선예수교장로회사기』(신문내교회, 1928), 55쪽. 대한예수교장로회
　　총회역사위원회 편, 앞의 책, 331쪽. 김수진, 앞의 책, 312-3쪽. 김정현, 『한국의 첫 선
　　교사』(대구: 계명대학교출판부, 1982), 23쪽. 김청송의 보고내용을 확인하기 위해 집안
　　현 한인촌을 방문했던 로스에 의하면, 당시 김청송이 전도한 사람들은 임오군란 때
　　변경으로 좌천되어 집안현 한인촌으로 망명한 고급 군인들이었다.
87) 차재명, 위의 책, 55-9쪽.
88) Korean Presbyterian Mission Report of SyenChun Station 1901-1902, Sep., 1902, p.12. 한국기독교역
　　사연구소, 『한국 기독교의 역사 Ⅰ』(서울: 기독교문사, 1997), 114-5쪽에서 재인용.
89) 차재명, 앞의 책, 74-5쪽.

년 시베리아와 동만 지역으로 시찰을 떠났다. 비록 시찰 과정에서 신자를 얻지 못했지만, 캐나다장로회 선교부는 다시 안순영(安順永)을 간도로 파견하여 1906년에 양무정자(楊武亭子), 광제암(廣濟岩) 교회를 설립하게 하였다.[90] 또한 1906년 용정에는 구춘선(具春先)·이보련(李輔璉) 등을 중심으로 용정장로교회가 설립되었다.[91]

개신교의 각 종파들은 "가장 빈번한 마찰의 요인이 되고 있는 [사업의] 중첩을 피하고 돈과 시간과 힘의 낭비를 줄이기 위하여"[92] 1892년부터 1909년까지 조선에서 대략 8차례에 걸친 선교지역 분할협정인 이른 바 교계예양(敎界禮讓)을 진행시켰다.[93] 그러나 당시까지 만주에는 선교지 분할 협정이 요청되지 않는 상황이었다. 남만 지역을 제외하면, 개신교의 교세와 선교활동이 미약했기 때문이다. 그러나 1907년에 조선 장로교가 노회와 대리회(代理會), 그리고 1912년에 총회와 노회의 체제를 갖추면서 종단 차원의 재만 선교활동이 시작되었다.

1907년은 장로교의 해외 선교활동의 역사에서 중요한 해였다. 1907년 9월 17일에 이미 배출된 일곱 명의 조선인 장로교 목사를 토대로 평양 장대현교회에서 창립 노회가 개최되었다.[94] 창립 노회에서는 전국

---

90) 『간도로회 뎨一, 뎨二회 회록』(1922), 1쪽. 위의 책, 171쪽.

91) 차재명, 앞의 책, 171쪽.

92) 한국기독교역사연구소, 앞의 책(1997), 213쪽.

93) 위의 책, 213-8쪽. 1892년 6월에는 서울에서 북장로회와 미감리회 사이에, 1893년에는 북장로회와 남장로회 사이에, 1898년에는 북장로회와 캐나다장로회 사이에, 1901년경에는 미감리회와 남감리회 사이에, 1905년에는 북장로회와 미감리회 사이에, 1909년에는 북장로회와 오스트레일리아장로회, 북장로회와 미감리회, 그리고 남감리회와 캐나다장로회 사이에 선교지역 분할협정이라는 교계예양(敎界禮讓)이 있었다. 장로교 선교회들간의 선교지역 분할 협정은 장로교연합선교공의회를 통해 이루어졌다.

94) 『조선예수교장로회 사기』上(조선예수교장로회총회, 1928), 181-2쪽. 장로교의 경우, 안수를 받은 목사는 노회에 적을 두어야 한다. 당시 조선에는 당시 노회가 없었으므로 선교사들은 조선인 목사의 적을 선교 본국 노회에 두든지, 또는 조선에서 노회를 창립하든지 결정을 내려야 했다. 이에 미국 남·북 장로교회와 캐나다 장로교회, 그리고 호주 장로교회 선교부는 조선에 노회를 설립할 것을 합의하고 본국 교회의 허

을 일곱 개의 대리회(평남·평북·함경·황해·경기/충청·전라·경상)로 구분하였다. 그리고 "선교 없는 교회는 교회가 아니다"[95]라는 인식 하에 전도부를 설립하여 제주도, 블라디보스톡, 일본 등지에 선교사를 파견하였고[96], 만주 선교에 관심을 두기 시작하였다.

1908년에는 캐나다장로회 소속의 그리어슨이 김문삼을 간도로 파송하면서 간도 선교에 관심을 기울였다.[97] 또한 조선 장로교 노회에서는 1909년에 시작된 100만명 구령운동의 일환으로 김영제(金永濟) 목사를 북간도에 파송하였다.[98] 남만 지역의 선교는 평북대리회가 주도적으로 전개하였다. 평북대리회는 1909년에 한경희를 유하현(柳河縣)에 파송하여 세 개의 교회를 세우도록 하였다.[99] 그리고 1910년에 김진근(金振瑾)을 전도목사로 통화현에 파송하는 등 한인의 선교활동에 관심을 쏟기 시작하였다.[100]

조선 장로교의 만주 선교에서 두 번째로 중요한 해는 1912년이었다. 조선 장로회는 105인 사건이 발생한 1911년 9월에 대구 남문한교회에서 제5차 장로회 노회를 개최하여 7대리회를 7노회로 승격시키고, 명년에 총회를 조직할 것을 결의하였다. 이에 동년 10월부터 1912년 2월

락을 받아 노회 설립을 추진하였다. 조선 장로교 노회는 마펫(S. A. Moffett) 선교사를 노회장으로 그 산하에 7인의 목사(부회장: 방기창), 53인의 장로, 989개의 교회, 19,000인의 세례교인, 70,000인의 전체 교인으로 구성되었다. 김인수,『한국기독교회사』(서울: 한국장로교출판사, 1997), 189-90쪽.

95) S. A. Moffett, The Christians in Korea(New York: Friendship Press, 1962), p.346. 김인수, 위의 책, 191쪽에서 재인용.

96) The Annual Report, Presbyterian Church, North, for 1910, p.61. S. A. Moffett, The Christians in Korea(New York: Friendship Press, 1962), p.185. 김인수, 위의 책, 191쪽. 현규환, 앞의 책, 523쪽.

97) 『간도로회 뎨一, 뎨二회 회록』(1922), 1쪽. 위의 책, 171쪽.

98) 김인수, 앞의 책, 191쪽.

99) 최석숭 외 2인,『평북노회사』(서울: 기독교문사, 1979), 74쪽. 한경희는 1914년에 평북노회에서 목사안수를 받고, 그 해 8월에 전도목사로 파송받았다.

100) 김인수, 앞의 책, 191쪽.

까지 7노회(전라·경충·황해·경상·남평안·북평안·함경)가 순차적으로 조직되었다. 그리고 1912년 9월 1일부터 4일까지 평양신학교 강당에서 목사 96명, 장로 125명 등 총 221명이 모여 총회장에 언더우드(H. G. Underwood) 목사, 부회장에 길선주 목사를 선임하면서 조선예수교장로회 총회를 창립하였다.[101] 주목할 점은 총회창립 이후 재만 선교활동이 이전보다 활기를 띠게 되었다는 것이다. 총회 창립 해인 1912년에 그리어슨을 중심으로 캐나다장로회 선교부는 용정에 선교기지를 설치하였다.[102] 그리고 남만 지역의 선교를 주도한 평북노회는 1913년에 김덕선 목사를 봉천, 1914년에 최봉석과 최성주 목사를 서간도, 한경희 목사를 길림 지역에 파송하여 전도활동을 벌이게 하였다.[103] 1917년에는 차형준 목사를 안동현에, 양준식과 박봉철을 관전현에 파송하였다.[104] 1918년에는 이지은, 김강집 목사, 백봉수 목사가 북간도로 건너가서 전도활동을 벌였다.[105]

② 감리교

미국 남감리회가 재만 선교활동을 시작한 시기는 1907년경이었고, 활동 지역은 간도였다. 1906년에 용정(龍井)의 중국인 신자 단금(單金, 중국명 싼진)이 간도의 한인 전도를 위해 원산에 와서 기독교 서적을 구입해 갔다. 이 사실이 알려지면서 남감리회에서는 재만한인의 전도를

---

101) 한국기독교역사연구소, 앞의 책(1997), 284-6쪽.
102) 『대한민국독립운동공훈사』, 한국민족운동연구소, 1971, 1068-1070쪽. 캐나다장로회 선교부는 1909년부터 동만지역 선교를 전담해왔다. 캐나다장로회 선교부는 용정에 선교기지를 설치한 후, 차례로 제동병원과 명신여학교를 설립하였다. 그리고 이곳에서 바커(D. A. Barker, 朴傑)·로스(A. R. Ross) 등의 선교사들이 선교활동을 벌였다. 1925년 이후에는 캐나다연합교회 선교부로 명칭이 바뀌었다.
103) 평북노회사 편찬위원회, 『평북노회사』(서울: 대한예수교장로회 평북노회, 1996), 125쪽.
104) 최석숭 외 2인, 앞의 책, 72-95쪽.
105) 평북노회사 편찬위원회, 앞의 책, 125쪽.

위해 1907년에 이화춘(李和春)과 이응현(李應賢)을 간도 용정에 파견하였다. 이화춘은 민족주의자인 박무림(朴茂林)의 도움을 받아 1907년에 와룡동교회, 이응현은 1908년에 모아산(帽兒山)교회를 설립하였다.106) 남감리교회는 1년 후인 1909년에 캐나다장로회와 선교지역 협정을 맺고 강원도 지역 내의 캐나다장로회 구역을 이양받는 조건으로 간도 선교를 캐나다장로회에게 전적으로 이양하였다.107) 선교지역 협정으로 1909년부터 간도 전역의 선교를 캐나다장로회가 모두 관할하게 된 것이었다.

남감리회에서 다시 만주・시베리아 지역의 선교를 재개한 것은 1920년이었다. 1919년 3・1운동 이후 만주・시베리아 지역에 한인들의 이주가 급증하면서 남감리회 조선 매년회는 1920년 9월에 선교 재개를 결의하였고, 동년 10월에 크램(W. G. Cram), 정재덕, 양주삼을 시베리아로 파송하였다. 이들은 1921년에 시베리아 선교회를 조직하였고, 선교에 착수한 지 10개월만인 1921년 7월에 30교회, 교인 수 1,261명, 주일 학생 630명, 한인 목회자 12명의 성장률을 기록하였다.108)

③ 침례교

캐나다인 펜윅(Malcolm C. Fenwick, 1863~1935)이 1889년 말부터 시작한 대한기독교회(현 한국침례교)는 1896년에 함경도 원산에서 본격적인 선교활동을 벌였다. 서양 문명에 대해 회의를 가졌던 펜윅은 선교의 초점을 토착민의 훈련에 두었고109), 훈련받은 토착민들에 의해 간

---

106) 김약연, 「동만선교30년약사」, 『십자군』, 1권 5호.
107) 위의 글 참조. R. A. Hardie, "Report of Wonsan District, Wonsan and Yong - Dong Circuits and Kando Mission", MAMK, 1909, p.40.
108) 김폴린, 『한국기독교 교육의 역사』(서울: 대한기독교서회, 1992), 252쪽.
109) M. C. Fenwick, Church of Christ in Corea(New York: Hodder & Stoughton), pp.49-51. 말콤 펜윅 저, 이길상 역, 『한국에 뿌려진 복음의 씨앗』(서울: 예영커뮤니케이션, 2004). 한국침

도 선교가 진행되었다. 침례교의 간도 선교는 대한기독교회(1906~20)라는 교단명이 시작된 1906년 제1회 대화회에서 시작되었고, 그 주역은 간도로 파송된 한태영 외 4인이었다.[110] 그러나 침례교에서 선교를 위해 정식으로 간도구역을 설정한 것은 1909년 제4회 대화회(大和會)[111]이후였다. 특히 펜윅이 1908년 2월 간도를 순회할 때 신자가 된 최성업은 간도에서 활발한 선교활동을 벌였다.[112] 결과적으로 침례교의 간도 선교는 1906년 제1회 대화회부터 시작되었지만, 1909년 제4회 대화회부터 조직화 되었다.[113]

침례교(당시 대한기독교회)가 선교 초기부터 만주에 관심을 둔 이유는 1890년 이후 장·감 양 교파의 선교지역 예양협정으로 국내 선교지역의 기득권을 잃었다고 판단했기 때문이다. 당시 침례교는 조선에서도 주로 함경도 오지(奧地)에서 선교활동을 벌였는데, 이 역시 다른 교단과 마찰을 피하려는 판단 때문이었다.[114] 펜윅도 '기존선거지역에서

레교는 캐나다인 펜윅이 1889년 말부터 시작한 조선 선교의 연장선에서 형성되었다. 펜윅은 1893년에 다시 미국으로 건너가서 한국순회전도단(The Corean Itinerant Mission)과 친구들로 구성된 후원회를 조직한 후, 그 대표 자격으로 1896년에 함경도 원산에 정착하여 선교활동을 벌였다. 서양 문명에 대해 회의를 가졌던 펜윅은 선교의 초점을 토착민의 훈련에 두었다.

110) 한국침례교는 1906~20년에 대한기독교회, 1921~32년에 동아기독교회, 1933~40년에 동아기독대, 1940~49에 동아기독교, 1949~68년에 대한기독교침례회, 1952~59년에 대한기독교침례회연맹이라는 교단명을 가졌다. 1959년에 교단분열이 시작되면서 한국기독교침례회(포항측)와 기독교한국침례회(대전측)이라는 두 개의 교단명이 생겼고, 1968년에 합동총회를 개최하면서 교단명을 한국침례회연맹으로 통일하였다.

111) 기독교한국침례회 총회 역사편찬위원회 편저, 『한국침례교회사』(대전: 침례회출판사, 1990), 55−7쪽. 화목(고후 5:19~21)의 의미를 담고 있는 대화회는 해방 이후의 시기를 제외하고 1906~40년(35회)에 걸쳐 소집되었으며, 회기는 일주일이었다. 처음 5일간은 감목이 주재하여 사경회와 부흥집회로 진행되었고, 나머지 2일간은 사무처리를 위한 회의로 진행되었다. 회무진행은 의결안건의 처리, 심판(징계), 보고, 혼례·침례, 특별사무, 당원(평교인)천거, 폐회 순이었다.

112) 위의 책, 66−7쪽.

113) 위의 책, 72−3쪽.

114) 강돈구, 「침례교의 특징과 전개」, 『한국 개신교 주요교파 연구(Ⅰ)』(성남: 한국정신

제외된 지역 전도'(The Religions Beyond) 방침을 주장했기 때문에[115]
침례교는 국내보다 오히려 만주 선교에 관심을 둘 수 있었다. 재만 침례
교인들도 선교 재정 지원을 받지 못한 채 캐나다의 독립선교사 자격으
로 선교에만 열정을 쏟았던 펜윅을 모델로 삼아 선교 초기에 민족운동
등에 관여하지 않고 선교활동에 주력하였다.[116]

④ 성결교

성결교회의 만주 선교는 동양선교회(Oriental Missionary Society:
OMS) 외국선교부에 의한 것이 아니라, 복음전도관 시절인 1915년경에
북간도 용정으로 이주한 경주교회 박장환(朴章煥)과 한치국(韓致國)에
의해서, 그리고 1919년 2월 24일에 이주한 부여(扶餘)의 규암(窺岩)교
회 박기래(朴機來, 집사)에 의해서 시작되었다.[117] 성결교회가 교단 차
원에서 해외 선교를 고려한 것은 조선에서 복음전도관이 창립된 지 15
년 이후인 1922년이었다. 이는 1922년에 열린 제2회 간담회(懇談會)에
서 "내국과 외국에 순복음을 전하자는 목적"으로 전도국(傳道局)을 설
치한 사실에서 확인할 수 있다.[118] 실질적으로 성결교회가 만주 선교에
주목한 것은 북간도 용정에 이주했던 박기래, 박장환, 한치국 등이 교역
자회에 교회 설립을 청원하였기 때문이다.

성결교회는 북간도 용정에서 교회 설립의 가부를 판단하기 위해

문화연구원, 1998), 214-5쪽.
115) 기독교한국침례회 총회 역사편찬위원회 편저, 앞의 책, 72쪽.
116) 위의 책, 73쪽.
117) K・S生, 「崔錫模牧師의 間島敎會視察談을듯고」, 『활천』, 22호(경성: 활천사, 1924), 47
   쪽. 박기래(朴機來)과 박장환(朴章煥)의 이름은 朴禨來, 朴張煥으로 표기됨. 성결교회
   의 명칭은 1909년 복음전도관에서 1921년 9월에 조선야소교 동양선교회 성결교회로
   개칭되었다.
118) 이명직, 『朝鮮耶蘇教 東洋宣教會 聖潔教會 略史』(京城: 朝鮮耶蘇教 東洋宣教會 聖潔教會
   理事會, 1929), 26쪽.

1924년 제1회 교역자회에서 최석모 목사를 시찰원으로 파송하였다.[119] 최석모의 주요 시찰 목적은 "宗敎, 특히 基督敎의 布敎狀況及우리敎會의 情形을 알녀함"이었다.[120] 동년 7월 5일에 출발한 최석모는 7월 15일에 용정에 도착한 후 용정교회의 임시 예배당인 한치국의 집에서 3일 동안 특별집회를 인도하고, 끝날 주일 저녁 예배는 옛 동역자였던 이하영 목사가 시무하는 용정감리교회에서 200여 명의 신자들과 함께 예배를 드렸다.[121] 1924년 당시 용정성결교회에는 일곱 사람의 가족 구성원으로 총31명이 모여 예배를 드렸으며, 12월 25일에 축하회가 거행되기도 하였다.[122] 최석모는 귀환하여 "日本과 中國의 二重政治밋헤서 苦的生活을 繼續하는 可憐한 同胞를 爲하야 漸次 混暗黑裏에 在한 間島의 靈界를 爲하야……基督主義인 純福音이나 宣傳"해야 한다는 시찰담을 발표하여 해외 선교의 분위기를 조성하였다.[123]

⑤ 안식교

제칠일 안식일 예수 재림교회(이하 안식교)는 손흥조와 임기반 등의 초청으로 구니야 히데(國谷秀) 전도사가 1904년 8월, 그리고 구니야 전도사의 보고를 받은 일본 선교부 책임자인 필드(F. W. Field) 목사가 동년 9월에 조선에 도착한 후, 평안남도 용강군, 강서군, 중화군 등 4곳에 교회가 조직되면서 시작되었다.[124] 필드 목사는 조선의 상황을 대총회에 보고하였고, 대총회에서는 1905년에 스미스(W. R. Smith) 목사 가

---

119) 위의 책, 28쪽. 교역자회는 간담회가 확대된 것으로 '연회에 대한 준비'라는 의미를 지닌다.
120) K・S生, 앞의 글, 『활천』, 22호(경성: 활천사, 1924), 47쪽.
121) 「북간도 시찰원 동정」, 『활천』, 21호(경성: 활천사, 1924.8.), 56쪽.
122) 「북간도 용정에 성결교회 예배회」, 『활천』, 15호(경성: 활천사, 1924.2.), 55쪽.
123) K・S生, 앞의 글, 『활천』, 제2권 10호(경성: 활천사, 1924), 48쪽.
124) 이영린, 『한국재림교회사』(서울: 시조사, 1965), 12-21쪽.

족을 선교사로 조선에 파송하였다. 안식교는 1906년 여름에 선교본부를 진남포에서 순안(順安)으로 옮긴 후, 1907년 12월에 순안 석박산에서 교역자 양성학교를 개교하고, 1908년 9월 대총회의 노설(Riley Russell) 의사 파송과 함께 의료선교사업을 시작하였다.[125] 1908년 11월에 대총회에서 조선에 파송된 에벤스(I. H. Evans) 목사는 10일간 체류하면서 전시열 목사를 총책임자, 스미스 목사를 서기겸 회계로 임명하여 당시까지 일본 선교지였던 조선을 조선 선교회(The Korean Mission)로 재조직하였다.[126] 안식교는 교세 확장을 위해 1910년 8월에 경성에서 개최된 장막 총회에서 월간 잡지 간행을 결의하였고, 조선을 네 개의 전도구역으로 나누어 각 책임자를 선출하였다.[127] 그리고 권서 활동을 위해 동년 10월에『세 천사의 긔별』을 창간하였다.[128]

안식교는 조선에서 내부 조직을 정비한 후 만주 선교에 관심을 돌렸다. 선교의 직접적인 계기는 신자 최영식과 그 가족이 1910년 8월경에 간도로 이주한 이후에 마련되었다. 최영식과 그 가족의 노력으로 간도에는 주한명을 비롯하여 여러 신자들이 생겼고, 조선 선교회에서는 1912년 여름 기양 장막 연회 후 안창모를 간도로 파송하여 이들을 돕게하였다.[129] 1915년 4월에 이근억(李根憶)과 정문국(鄭文國)이 조선인

---

125) 위의 책, 23 – 6쪽.
126) 위의 책, 27쪽.
127) 위의 책, 29 – 30쪽.
128) 오만규,『재림교회사』(서울: 시조사, 1997), 325쪽. '세천사의 기별'에서 세천사란 요한계시록 14장에 등장하는 세 명의 천사를 의미한다.『세텬ᄉ의긔별』은 1916년 10월호(제4권 10호 통권 73호)까지 발행되었고, 1916년 11월호부터는 제호를『時兆月報』로, 그리고 1923년 9월호부터는『時兆』로 발행되었다.『시조』는 1941년 4월호를 끝으로 폐간되었으나, 안식교측은 1941년 6월부터『健康生活』을『시조』와의 연속성을 살리기 위하여 통권 제31권 5호로 발행하였다. 제칠일안식일예수재림교단이 1943년 12월 28일에 해산되고 시조사는 1944년 여름에 매일신보사에 임대 계약으로 넘어갔으며,『건강생활』은 1944년 6월호(통권 34권 3호)로 폐간되었다. 한편 1916년 7월부터 교회기관지인 월간『교회지남』을 발행하기 시작하였다.
129) 이영린, 앞의 책, 314쪽.

최초로 목사 안수를 받은 후, 1917년 2월에 조선 선교회가 합회 (Conference)로 승격되면서 동년 4월에 경성에서 선일만(鮮日滿)연합회가 조직되었다.[130]

안창모가 사역을 그만둔 후, 합회에서는 김예준 목사와 박윤수 전도사를 파송하기로 결정하였고, 1919년 10월 말에 합회장인 전시열 목사가 직접 이들과 동행하여 박윤수와 김예준을 각각 간도의 삼도구(三道溝)와 두도구(頭道溝)에 주재시켰다. 당시 삼도구에는 예배당이 건축되고 있었고, 박윤수는 최영식 등 13명의 신자와 25명의 안식일학교 학생으로 삼도구교회를 조직하였다. 두도구에서는 김예준이 동년 11월에 사경회를 열어 27명의 신자를 확보한 후 두도구교회를 조직하였다.[131] 1922년에는 최태현 목사가 입만하여 노두구(老頭溝)에서 선교활동을 벌였으나 별다른 효과가 없었고, 1924년에 소수의 신자를 얻을 수 있었다. 용정에서는 1925년 10월에 주재하기 시작한 정동심 전도사가 1926년 9월 16일부터 10월 2일까지 천막 전도회를 통해 신자를 확보하고 임시예배당을 마련하였다.[132]

안식교는 재만 선교 활동과 함께 교육활동에도 관심을 두었다. 1920년에는 두도구교회가 소학교를 설립하면서 교육활동을 시작하였다. 삼도구교회에서도 1921년에 소학교를 시작하였다. 1922년 2월 당시에 간도 전역에는 안식교인 70여명, 안식일학교 학생 130여명이 있었다.[133]

---

130) 오만규, 앞의 책, 325쪽.
131) 이영린, 앞의 책, 314쪽.
132) 「북션선교디보고」, 『敎會指南』, 제12권 7호(경성: 시조사, 1927), 27쪽.
133) 이영린, 앞의 책, 315쪽. 안식일학교와 교회는 서로 다른 개념이지만, 동일한 공간에서 순차적으로 진행되는 모임이다. 안식일학교는 특별순서(해외 선교지소식, 간증, 각 종 활동보고, 각 가정 소개, 특별찬양, 성극 등), 생일축하, 손님(초신자)소개, 교과 공부(매 분기마다 다른 성경주제를 가지고 소그룹으로 나누어서 성경 연구) 등으로 진행된다. 또한 가정안식일학교란 목회자와 교회가 없을 때 가정집을 정해서 안식

2) 신종교인의 만주 이주

(1) 천도교인의 이주

김이기(金以器)가 용정의 호천포(湖泉浦)에서 제자들과 1890년대 중반까지 동학을 연구했다는 기록으로 볼 때[134], 천도교는 이미 1880년대 초반부터 재만한인에게 알려져 있었다. 그러나 천도교가 만주에서 대거 활동한 것은 1904년 8월 20일에 유신회에서 개명한 원일진회가 동년 12월 2일에 이용구가 이끌었던 동학의 진보회와 결합하여 반정부와 더불어 친일을 표방하는 일진회로 재구성된 일과 관련된다.[135] 함경남·북도의 천도교 신자들과 일진회 회원들 총 6,300여명은 러일전쟁 당시에 청진(淸津)에서 북진군수송대(北進軍輸送隊)를 조직하여 1905년 음력 6월 8일부터 동년 10월 4일까지 일본군의 수송과 관련된 여러 역할을 담당하였고, 그 일부는 일진회의 간도 지부를 토대로 군사(軍事)와 관련된 첩보 활동을 벌였던 것이다.[136] 이러한 기록은 천도교 신자들이 러일 전쟁 시기에 간도에서 종교인으로서 활동하였음을 시사한다.

이용구는 1905년 12월 1일 동학이 천도교로 개명되는 과정에서 출교를 당한 후, 1906년에 경성 견지동에서 시천교를 창립하였다. 이로써

일학교에서 진행하는 순서들을 진행하는 예배소를 말한다

134) 곽도산, 앞의 글,『카톨릭靑年』, 제20호(1935.1), 48 - 9쪽.

135) 강창일,「일진회의 '합방' 운동과 흑룡회」,『역사비평』(서울: 역사문제연구소, 2000.8). 227쪽, 229쪽. 1904년 8월 18일에 윤병길의 주창으로 조직된 유신회가 이틀 후에 원일진회로 개명되었는데, 독립협회 회원 윤시병이 회장으로 있었지만, 이 회를 실질적으로 조직한 인물은 러일전쟁 발발시 주한일본군 사령부의 통역 자격으로 귀국한 송병준이었다. 진보회는 이용구에 의해 1904년 봄에 조직된 대동회가 동년 7월에 중립회로 개명한 후 다시 개명한 모임으로, 원일진회와 달리 서울을 제외한 전국 각처에 조직을 갖고 있었다. 원일진회와 진보회가 결합할 때 진보회 계통의 회원이 117,735명, 원일진회 계통의 회원이 3,670명으로 당시 최대의 정치단체였다.

136) 東洋拓植株式會社京城支店 編, 앞의 책, 853面.

조선에서 동학은 천도교와 시천교로 분립되었다. 조선에서 천도교와
시천교의 분립사건은 간도의 동학교도들에게까지 영향을 미쳤다. 간도
의 동학교도들은 자신들의 의지와 무관하게 천도교와 시천교로 분립해
야 했다.[137]

천도교는 1906년 2월 경성에 중앙총부(中央總部), 지방에 교구(敎區)
를 조직하는 과정에서 연길현 후동(厚洞)에 정계완(鄭桂玩)을 교구장으
로 한 북간도교구를 설립하였다.[138] 1910년 10월경에는 서간도 집안현
(輯安縣) 충화보(沖和堡)에 서변계(西邊界)교구와 서변상계(西邊(上界)
교구가 설립되었다.[139] 천도교는 청국인들의 입교를 허용하면서 간도
에서 입지를 굳혀 나갔다.[140] 만주에서 교구설립운동은 계속 되었다.
1911년 7월경에 화룡현 월신사(月新社)에 전자천(全子天)을 교구장으
로 한 화룡현교구[141], 1913년 9월경에 백락섭(白樂燮)을 교구장으로
한 연길교구가 신설되었다.[142] 1913년 말경에는 서간도의 임강현(臨江
縣)교구[143], 1914년 2월경에는 국자가교구[144], 그리고 1916년 10월경
에는 박기윤(朴基潤)을 교구장으로 한 장백현교구가 설립되었다.[145]

천도교와 시천교의 분립 이후에 간도의 천도교를 이끈 인물은 김득
운(金得雲)과 황희룡(黃熙龍)이었다. 이들은 1906년 2월 용정에 전교실
(傳敎室)을 마련하면서 성미(誠米)를 매년 중앙총부에 송부하여 계속해

137) 위의 책, 871面.
138) 성주현, "일제 강점기 만주지역 천도교인의 민족운동 연구"(수원: 경기대 대학원 석
    사논문, 2002), 14쪽.
139) 「중앙총부휘보」, 『천도교회월보』, 3호(1910.10.), 48쪽, 50쪽.
140) 『만세보』, 1907.3.10; 4.11. 「중앙총부휘보」, 『천도교회월보』, 8호(1911.3.), 50쪽.
141) 「중앙총부휘보」, 『천도교회월보』 13호(1911.8.), 71쪽; 15호(1911.10.), 67-8쪽.
142) 「중앙총부휘보」, 『천도교회월보』 38호(1913.9.), 37쪽; 39호(1913.10.), 32쪽; 41호(1913.12.),
    34쪽.
143) 「중앙총부휘보」, 『천도교회월보』, 47호(1914.6.), 34쪽.
144) 「중앙총부휘보」, 『천도교회월보』 43호(1914.2.), 36-8쪽.
145) 「중앙총부휘보」, 『천도교회월보』, 75호(1916.10.), 40쪽.

서 중앙총부와 긴밀한 연락관계를 유지하였다.[146] 그리고 1913년 8월
에는 함경남도 영흥군(永興郡)에서 천도교를 신앙했던 백사원(白士元)
과 고상률(高尚律)이 용정으로 이주하여 교당을 건립하고 교세 확장을
추진하였다. 그러나 당시에는 많은 교세를 확보하지 못하였다.[147] 용정
교구는 다른 교구의 설립 시기보다 약간 늦은 1916년 8월경에 설립되
었다.[148]

천도교의 교구 설립 움직임은 1910년대에 일단락되었다. 당시 북간
도에는 4개의 교구가, 서간도에는 4개의 교구 조직되었다. 1915년 당시
일제가 파악한 재만 천도교 교세를 살펴보면 <표2>의 내용과 같
다.[149]

<표2> 천도교의 교세 현황(1915년)

嬌名	教會堂 或는 布教所 所在地	戶數	人口	摘要
天道教	龍井村	6	30	每月 誠米 代金을 徵收해서 京城本部로 送付한다고 云함
	局子街 西溝	28	140	
	一兩溝	10	50	
	三浦社 傑滿洞 北洞	11	55	
	同修心浦	21	105	
	鍾島(종성간도) 霽霞社 岐豐峴	23	115	
	穩島(온성간도) 月郎社 馬牌	9	45	
	計	108	540	

---

146) 東洋拓植株式會社京城支店 編, 앞의 책, 871面. 조규태, 「중국 동북지역 천도교인과 민족운동(상)」, 『신인간』 551호(서울: 신인간사, 1996.6.), 4쪽.
147) 東洋拓植株式會社京城支店 編, 위의 책, 871面.
148) 「중앙총부휘보」, 『천도교회월보』 74호(1916.9.), 38쪽; 75호(1916.10.), 40쪽.
149) 朝鮮總督府, 「國境地方視察復命書(其一)」, 『白山學報』, 9號(서울: 백산학회, 1970.12.), 226
－7쪽. 천주교·개신교(장로회)·대종교·천도교의 교회당과 신도분포 자료에서 천
도교 부분만 인용하였음.

1916년 3월에 함경남도 이원군 대교구장 정성암(鄭渻庵, 본명 桂瑾)은 간도의 천도교 교세를 확장할 목적으로 정일섭(鄭日燮)과 서광훈(徐光勳)을 간도에 파견하였다. 정일섭은 동년 9월에 다시 이원군으로 돌아와 동년 10월 초에 정계모(鄭桂謨)와 정중섭(鄭重燮)을 데리고 간도로 향했다.[150] 천도교측의 자료에 의하면 1910년대 북간도와 서간도에 총 9개의 교구가 있었지만, 일제의 자료에 의하면 1918년에 3개의 교구가 있었으며, 모두 함경남도 이원군(利原郡) 대교구(大敎區)의 감독을 받았다.[151] 1916년 당시 천도교의 교세는 화룡현에 29가구, 용정촌에 12가구로 총 41가구였다. 1917년 9월 당시에는 연길현 용정촌과 광제촌, 그리고 화룡현 수심포(修心浦)에 각각 포교소가 있었다.[152] 천도교 내부 자료와 일제의 자료는 상이하지만, 공통점은 1920년대 직전까지 재만 천도교의 교세가 강하지 않았다는 것이다.

(2) 시천교인의 이주

이용구(李容九, 1868~1912)는 손병희의 일본 망명 시기까지 동학·천도교에서 활발하게 활동했던 인물이다. 그러나 1905년 12월 천도교와 결별한 후 1906년에 천도교의 대도주(大道主)로 있던 김연국(金演局, 1857~1944)을 중심으로 경성 견지동에서 시천교를 창립하였다.[153] 시천교가 종단 차원에서 만주에 정착한 시기는 간도 용정에 통감부임시간도파출소가 설립되던 1907년경이었다. 당시 일진회 간도지부장이었던 윤갑병(尹甲炳)은 간도에서 대대적으로 회원을 모집하

---

150) 東洋拓植株式會社京城支店 編, 앞의 책, 872面.
151) 위의 책, 871面.
152) 위의 책, 873-4面.
153) 시천교라는 명칭은 천도교의 주문 중 '시천주조화정 영세불망만사지'(侍天主造化定 永世不忘萬事知)에서 따온 것이다.

였다. 그리고 윤갑병이 함경북도 관찰사로 임명된 후 경성의 일진회본부에서 그 후임으로 파견된 이희덕(李熙悳)도 대대적으로 회원을 모집하였다.154) 이 과정에서 이희덕은『동경대전』·『가사(歌詞)』·『시천교종(侍天敎宗)』,『시천교종지(侍天敎宗旨)』등을 통해 권서활동을 벌였고155), 이 과정에서 1908년 10월에 용정촌에 시천교 교당이 설립될 수 있었다.156)

시천교는 간도 각 지방 헌병분견소(憲兵分遣所) 소재지 부근에 일진회 지회와 함께 교당을 설립하여 10,000여명 정도의 교세를 확보하였다. 그리고 13개의 사립학교를 경영하면서 교육 방면에서도 활발한 활동을 전개하였다.157) 통감부는 손병희가 천도교를 설립할 수 있었던 이유를 일진회의 노력과 일제의 협력으로 동학이 해금되었기 때문이라고 판단하였다. 그렇지만 천도교와 시천교의 분립이 손병희의 친러주의(親露主義)와 친일주의(親日主義)에서 비롯된 것이라고 판단하면서 천도교보다 시천교를 아군(我軍)으로 인식하였다.158) 일제와 시천교의 관련성은 시천교의 핵심이었던 이용구가 친일 내각조직의 총리대신이었던 이완용과 친밀한 관계였고159), 조선 통감과 일본의 육군대장도 이용구와 송병준을 경유해서 이완용의 부탁을 들을 정도였다는 점에서 확인할 수 있다.160) 시천교와 일제가 밀접한 관계를 가지고 있는 상황에서 간도에 전파된 시천교는 통감부의 비호를 받으며 만주에 정착할

---

154) 위의 책, 853面.
155) 위의 책, 853面.
156)『統監府臨時間島派出所紀要』, (東京 : 統監府臨時間島派出所殘務整理所, 1910), 209 - 10面.
157) 東洋拓植株式會社京城支店 編, 앞의 책, 853面. 조선총독부의「國境地方視察復命書」에 의하면 통감부 시기에 시천교는 7,500여명의 신자를 보유했다고 한다. 朝鮮總督府,「國境地方視察復命書(其一)」, 앞의 책, 225쪽.
158) 渡邊彰,『天道敎と侍天敎』(京城 : 大阪屋號書店, 1919), 43面.
159)『대한매일신보』, 1907.11.8. 2면.
160)『대한매일신보』, 1907.11.23. 2면.

수 있었다.

이용구와 송병준은 한일합방 이후에 100만 일진회원들을 만주에 이주시키려고 계획하였고, 이에 찬동했던 가츠라[桂] 수상에게 200만원이나 300만원 정도의 보조금 지원을 약속 받았다. 만주는 시천교에게 교세 확장을 위한 새로운 공간으로 인식되었다.[161] 국내에서 친일파로 지목받던 일진회의 회원 모두가 만주로 이주한다면 시천교는 새로운 전환기를 맞이할 수 있었기 때문이다. 그러나 한일병합 직후인 1910년 9월에 일진회는 해산되었고, 따라서 일진회의 만주 이주 계획도 사라졌다. 이용구는 일진회의 만주 이주비가 아니라 해산비로 15만원을 받았을 뿐이었고, 그 해산비도 일진회 회원 1인당 15전(錢)씩 배분되었다.[162] 그러나 이는 "던토와 가산을 다 풀아"[163] 헌신했던 회원들에게 원망만을 줄 뿐이었다. 이러한 일련의 상황들은 조선에서 시천교 교세가 약화되는 계기가 되었다.[164] 특히 간도협약 이후 만주의 통감부파출소와 헌병분견소가 철수되고 청국 관헌의 견제와 한인의 비판을 받는 상황에서 재만 시천교의 교세도 쇠퇴하기 시작하였고, 1911년 5월에는 용정촌의 대화재로 용정 교당이 소실되기도 하였다.[165]

시천교의 종찰사(宗札師)였던 이용구가 일진회 해산 비용에서 1,393원을 간도의 시천교 유지비로 기부하여 소실된 용정 교당을 동년 6월에 재건하고 각종 진흥책을 마련하기 위해 노력하였으나 간도에서 교세는 점점 쇠퇴하였다.[166] 간도의 시천교 배후에 조선총독부 경시(警視)인

161) 內田良平, 『日本の亞細亞』(東京: 黑龍會出版部, 1932), 316-7面.
162) 위의 책, 316-7面. 이용구는 병을 얻어 1912년 봄에 전지요양(轉地療養) 차 일본의 스마(須磨)로 떠났으나, 그 곳에서 머물다가 사망하였다.
163) 『대한매일신보』, 1907.7.2. 2면.
164) 강창일, 앞의 글, 243쪽.
165) 東洋拓植株式會社京城支店 編, 앞의 책, 854面.
166) 위의 책, 854面.

최기남(崔基南)이 있었지만, 시천교 신자의 수는 1915년경에 1,300명으로 감소하였고, 회합도 없었을 정도로 유명무실한 상태였다.167) 또한 1915년의 조사에 의하면, 이미 압록강 대안지방의 시천교 교세도 약화된 상태였다.168)

재만 시천교 신자들은 조선의 시천교에게 많은 도움을 받을 수 없는 상황이었기 때문에 독자적인 생존 전략을 모색해야만 했다.169) 생존 전략의 모색은 시천교가 1910년대 중반에도 만주에서 교세를 유지하고 있었기 때문에 가능한 발상이었다. 1917년의 조사에 의하면, 재만 시천교의 선교소(宣敎所)는 연길현에 7곳, 화룡현에 2곳, 그리고 왕청현에 1곳이 있었고, 이곳에서 일요일마다 집회가 개최되었다. 또한 신자 수도 연길현에는 362호에 1,887명, 화룡현에는 616호에 2,989명, 그리고 왕청현에 63호수에 108명이었다.170) 이 통계는 불완전하다고 판단되지만, 그럼에도 불구하고 시천교 신자들이 1910년 중반에도 만주에서 교세를 유지하고 있었음을 보여준다.

(3) 대종교인의 이주

대종교는 다른 종단과 달리 본부 자체를 만주로 이전한 경우에 해당된다. 대종교는 1909년 1월 15일(음)에 나인영(羅寅永), 오기호(吳基

---

167) 朝鮮總督府,「國境地方視察復命書(其一)」, 앞의 책, 225쪽.

168) 위의 책, 224쪽.

169) 시천교의 교세가 약해진 것은 1912년 이용구의 사망 직후에 내부 분열 때문인 것으로 보인다. 1913년에 김연국이 시천교에서 출교당한 권병덕과 더불어 경성 가회동에 제화교(濟化敎)를 창립했다가 다시 시천교로 개명하면서, 시천교는 견지동 시천교와 가회동 시천교로 나누어졌다. 가회동의 시천교는 1920년에 충남 계룡산 신도 안으로 교당본부를 옮기면서 상제교(上帝敎 : 뒤의 天眞敎)라 개명되었으나 교세가 미미하였고, 송병준을 교주로 한 견지동의 시천교도 교세가 약화되었기 때문에 만주에까지 영향력을 행사할 수 없었던 것으로 보인다.

170) 東洋拓植株式會社京城支店 編, 앞의 책, 855-6面.

鎬), 강우, 이기(李沂), 유근(柳瑾), 최전(崔顓) 등 사대부층(士大夫層)에
속한 인물들이 단군교라는 명칭으로 중광(重光)한 종교단체이다. 이들
은 13명이 서명한 '단군교포명서'를 통해 부여족(扶餘族)이 단군의 후
예임, 고구려, 백제, 신라, 고려, 조선이 불교와 유교의 숭배로 인하여 멸
망했음, 그리고 백봉신형대종사(白峰神兄大宗師)에게 구세(救世)할 중
임(重任)이 맡겨졌음을 주장하면서 단군교가 단군 이래로 내려온 고유
의 종교임을 강조하였다.[171]

　　단군교는 창립한 해에 각사(覺辭)와 밀계(密誡), 단단조(檀檀調)와 단
군가(檀君歌)를 발표하였다.[172] 그리고 대제(大祭; 개천절과 어천절)·
중제(中祭, 四仲月中旬)[173]·소제(小祭, 每月1日과 15日)를 정하며 의
례를 마련하였다.[174] 그리고 동년 12월에 실천강령으로 오대종지(五大
宗旨)를 발표하였다.[175] 또한 동년 12월에 교직(敎職)과 교임(敎任)을
공포하여 나인영이 도사교(都司敎)로 추대되었고, 우애록(友愛錄)이라
는 신자의 명부(名簿)가 만들어졌다.[176] 단군교는 재정의 곤란으로 중
광된 해에 4차례나 총사(總司)를 이전해야 했다. 1910년 7월경에는 교

---

171) 大倧敎倧經倧史編修委員會, 『大倧敎重光六十年史』(서울: 大倧敎總本司, 1970), 80-92쪽.
　　 백봉신형이 백두산에서 수도에 정진하면서 문도(門徒)인 백전(伯佺) 두일백(杜一伯)
　　 에게 신서(神書)를 전승할 사람을 찾게 했다는 내용을 고려할 때 '백봉'(白峰)은 백두
　　 산의 의미를 담고 있는 것으로 보인다.
172) 위의 책, 150-2쪽. '神靈在上 天視天聽 生我活我 万万世降衷'[세 검 한 몸이신 우리 한
　　 배검이시여 가마히 위에 계시사 한으로 듣고 보시며 낳아 살리시고 늘 나려주소서]'
　　 라는 각사는 현재까지 지속되는 일종의 독송(讀誦) 수행법이다. 단군조는 백두산이
　　 단군 유업(遺業)이며, 잃은 강토(疆土)를 찾고 죽은 인민(人民)을 살리려면 단군 후예
　　 (後裔)들이 단합해야 한다는 내용이며, 단군가는 대황조(大黃祖)가 베푼 신교(神敎),
　　 즉 대종교를 발전시키자는 내용이다.
173) 사중월은 사중삭(四仲朔)으로, 각 계절의 가운데 달인 음력 2월, 5월, 8월, 11월을 의미
　　 한다.
174) 위의 책, 1,066쪽.
175) 위의 책, 152쪽. 오대종지는 '敬奉天神, 誠修靈性, 愛合種族, 靜求利福, 勤務産業'이다.
176) 위의 책, 152-3쪽, 1,066쪽. 교직은 司敎·參敎·贊敎로, 교임은 施敎師·巡敎員로 구성
　　 되었다. 도사교로 추대될 때 나인영은 본명을 개명(改名)하여 나철(羅喆)이 되었다.

명(敎名)을 대종교로 변경하였다. 그리고 포교에 주력하기 위해 동년 8월에 경성에 남부지사(南部支司, 吳基鎬 담당)와 북부지사(北部支司, 鄭薰謨 담당)를 설치하였다.[177] 동년 9월에는 중제·소제를 단순한 일요경배식(日曜敬拜式制)으로 대체하면서[178], 의식규례(儀式規例)를 공포하여 대종교의 체제를 정비하였다.[179]

경성의 북부지사를 담당했던 사교(司敎) 정훈모 세력과 나철 세력의 대립으로 1910년 10월 10일에 단군교와 대종교는 분립되었다.[180] 분립 이후, 대종교는 동년 10월 25일에 백두산 부근의 북간도 화룡현(和龍縣) 평강상리사(平崗上里社) 삼도구(三道溝)에 지사(支司)를 설립하였다.[181] 대종교는 만주에서 교세 확장과 교리 정비를 위해 각종 서적을 출판하였다. 1911년 1월에는『신리대전(神理大全)』, 1912년 3월에는『삼일신고』를 발행하였다. 그리고 1914년 1월에는 당시 참교(參敎)였던 김교헌(金敎獻)이『신단실기』(神檀實記)를 발행하였다.[182]

---

177) 위의 책, 154-9쪽.
178) 위의 책, 1,066쪽.
179) 위의 책, 160-5쪽. 의식규례는 대종교의 정체성 형성과 관련된 많은 일들이 이루어 졌다는 점에서 주목할 만하다. 의식규례에서 확정된 몇 가지 내용을 예시하면 ①대종교의 종(倧)을 천신단군(天神檀君)으로 규정한 점, ②개천절과 어천절의 의미를 규정한 점, ③천조(天祖)가 삼신일체이며, 환인·환웅·환검이 천조단군 일위(一位)의 신(神)을 분칭(分稱)한다는 점, ④천궁(天宮; 天祖를 경배하는 곳)과 천진전(天眞殿; 御眞을 봉안하는 곳)의 상징적 의미를 규정한 점, ⑤경하식·경배식·시교식·영계식을 정한 점, ⑥일요일을 경일(敬日)로 정하고 각사를 국문(國文)으로 번역하고, 교기(敎旗)를 지정한 점 등이다.
180) 현재까지 학계에서는 대종교와 단군교의 분리 현상을 두고 일반적으로 대종교 중심으로 서술하고 있으나, 1921년 일본의 자료에 의하면 대종교가 단군교에서 분립된 것으로 간주하는 시각도 있었다. 細井肇,『鮮滿の經營-朝鮮問題の根本解決』下(東京: 自由討究社, 1921), 125面.
181) 大倧敎倧經倧史編修委員會, 앞의 책, 165-6쪽, 254쪽. 대종교측과 다른 입장을 보이는 일제의 자료에 의하면, 대종교는 1911년에 경성의 대종교인 이정완(李貞完)이 간도 학성촌(鶴城村)에 이주하여 포교를 개시하였고, 1912년 3월에 나철이 삼도구(三道溝)에 본거지를 두고 포교를 시작하였다. 東洋拓植株式會社京城支店 編, 앞의 책, 878面.
182) 위의 책, 1,066쪽.『신리대전』은『삼일신고』의 '신훈' 부분을 토대로 한 것이다. 김교헌은『신단실기』외에도『신단민사』(1914년)를 간행하였다.

대종교의 활동이 만주에서 본격화된 것은 총본사를 북간도 화룡현 청파호(靑坡湖) 부근으로 이전한 1914년 5월부터였다. 대종교는 1914년 5월에 화룡현 청파호로 총본사를 이전하고 옛 경전을 보관하기 위한 고경각(古經閣)을 설치하였다. 그리고 교구를 동도(東道)・서도(西道)・남도(南道)・북도(北道) 교구, 그리고 외도(外道)교구로 정비하여 공포하였다.[183] 동도본사는 북간도 왕청현의 독립군기지에 두고 서일(徐一)에게, 서도본사는 중국 상해에 두고 신규식(申圭植)과 이동녕(李東寧)에게, 북도본사는 노령에 두고 이상설(李相卨)에게, 그리고 남도본사는 경성에 두고 강우(姜虞)에게 각각 도사교위리(都司教委理) 형식으로 주관하게 하였다.[184]

대종교의 포교활동이 만주에서 순조롭게 진행된 것은 아니었다. 1914년 11월에는 화룡현 지사(知事)로부터 대종교의 해산령이 내려져 포교 활동에 제재를 받게 되었다.[185] 1915년에는 조선총독부에서 나철이 신청한 종교단체 등록도 좌절되었다. 1916년 8월에는 나철이 구월산(九月山)에서 조천(朝天)하는 상황이 발생하였다.[186]

일제는 재만 대종교를 경성에서 분파된 종교단체로 파악하였다. 일제가 1915년에 파악한 대종교의 교세는 연길현을 중심으로 조사된 <표3>의 내용과 같다.[187]

---

183) 위의 책, 166쪽.
184) 위의 책, 184-5쪽, 356쪽. 동・서・북도 본사는 먼저 해체되었고, 남도본사만 1930년에 해체되었다. 신규식이 1922년 8월에 상해에서 자결한 후 대종교에서는 대종교의 종례(宗禮) 절차에 따라 喪禮式을 거행하였다.
185) 일본측 자료에 의하면, 대종교는 만주에서 단군교라는 명칭을 가지고 있었으나 1914년에 화룡현 지사(知事)가 단군교의 해산을 명령한 이후로 대종교라는 명칭을 사용했다고 한다. 東洋拓植株式會社京城支店 編, 앞의 책, 878面.
186) 大倧敎倧經倧史編修委員會, 앞의 책, 186-93쪽.
187) 朝鮮總督府,「國境地方視察復命書(其一)」, 앞의 책, 226-7쪽. 천주교・개신교(장로회)・대종교・천도교의 교회당과 신도분포 자료에서 대종교 부분만 인용하였음.

<표3> 대종교의 교세 현황(1915년)

嬌名	敎會堂 或는 布敎所 所在地	戶數	人口	摘要
大倧敎	延吉 平崗上里社 三道溝	23	115	都司敎 羅喆 京城으로부터 分派되어 當間 島에서 布敎함
	延吉 龍井村	7	35	
	延吉 大門樓溝 福林洞	11	55	
	延吉 會島 永化社內	52	260	
	延吉 會島 文化社內	72	360	
	計	165	825	

1916년 홍암의 조천 이후, 동년 9월에 경성 남도본사에서 무원종사 (茂園宗師) 김교헌이 제2세 도사교(都司敎)로 취임하였다. 김교헌은 조 선에서 포교활동의 어려움을 당하자 1917년 봄에 동만 화룡현의 총본 사로 자리를 옮겼고, 동삼성(東三省)과 연해주(沿海州)의 중(中)·아 (俄) 양령(兩領)을 중심으로 교세확장에 착수하였다. 김교헌은 대종교 의 내부 정비를 위해 1917년 어천절(3.15)에 최고(最高) 의결기관인 교 의회(敎義會)를 최초로 소집하여 홍범(弘範) 17조항을 전문(全文) 23항 으로 개정하였고, 직제(識制)와 교도들의 준수할 종문규약(倧門規約) 등 58개 조항을 67조 규제(規制)로 개정 발포하였다.[188] 홍범에는 경일 (敬日)과 경절(慶節)에 관련된 제8항과 제9항이 신설되었고, 규제에는 총본사규제, 도본사규제, 지사규제, 시교당규제 등이 포함되었다.[189] 교무행정의 확립과 관련된 이 일련의 조치들은 김교헌이 내부적으로

---

188) 大倧敎倧經倧史編修委員會, 앞의 책, 304쪽.
189) 위의 책, 305-21쪽. 대종교 홍범에 신설된 조항의 내용은 '8. 敬日. 경일은 한배께 경 배하는 日이니 每 星期에 1일식 例行하나니라. 9. 慶節. (4대) 경절은 倧門의 大 紀念日 이니라. 開天節(天祖 降世) 음 10. 3. 御天節(天祖 返神) 음 3. 15. 重光節(大敎 再闢) 음 정월 15일. 嘉慶節(神兄 朝天) 음 8.15.'이었다. 규제에 의하면, 총본사의 부서는 종리부(宗理 部)를 담당하는 전리실(典理室), 종범부(宗範部)를 담당하는 전범실(典範室), 그리고 종 강부(宗講部)를 담당하는 전강실(典講室)로, 도본사의 부서는 선전부·선범부·선강 부를 모두 관할하는 전리실(典理室)로 구성되었다.

대종교의 체제를 정비하려는 목적을 지니고 있었음을 시사한다.[190] 김교헌이 제2세 도사교로 취임할 당시인 1917년 9월에 대종교는 연길현에 403호 1,061명, 왕청현에 47호 85명으로 총 253호 1,146명의 교세를 확보한 상태였고, 화룡현 본부를 제외하면 왕청현에 3곳의 포교소를 가지고 있었다.[191]

김교헌은 최초의 교의회에서 도본사규제의 제2조와 제3조를 통해 지사(支司)와 시교당(施敎堂)을 관할하는 교구를 분할하고 정비하였다. 당시 대종교의 교구는 백두산(天山)을 중심으로 동·서·남·북의 사도(四道)로 정해졌고, 도본사(道本司)의 칭호는 각기 일도(一道)·이도(二道)의 순서로 정해졌다.[192] 이에 따라 대종교는 동도본사를 동일도본사와 동이도본사, 서도본사를 서일도본사와 서이도본사로 분할하였다. 그리고 남도본사의 명칭을 남일도본사, 북도본사의 명칭을 북일도본사로 변경하였다. 당시 동일도본사와 동이도본사에는 서일(徐一), 서일도본사에는 윤세복(尹世復), 서이도본사에는 신규식(申圭植), 남일도본사에는 강우도(姜宇道)가 책임자인 전리(典理)로 임명되었다.[193]

(4) 원종교인의 이주

원종교(元宗敎)는 유교와 신학문, 그리고 천도교의 영향을 받으며 성장했던 김중건(金中建, 호: 笑來, 1889~1933)이 1913년 1월 1일을 건원(建元) 원년으로 선포하면서 창건한 종교이다.[194] 특히 독실한 동학

---

190) 위의 책, 304쪽.
191) 東洋拓植株式會社京城支店 編, 앞의 책, 870面, 872面. 두 가지 표를 합산한 것임.
192) 大倧敎倧經倧史編修委員會, 앞의 책, 311쪽.
193) 위의 책, 312쪽, 318쪽. 현규환, 앞의 책, 569-70쪽. 도본사에는 상교(尙敎) 이상의 전리(典理), 지교(知敎) 이상의 선리(宣理)·선범(宣範)·선강(宣講) 등이 있었고, 총 책임자는 전리(典理)였다.
194) 김지용, 「김중건의 생애와 업적」, 『나라사랑』, 제24집(서울: 외솔회, 1976), 119-28쪽.

신자였던 부친의 영향 등으로 김중건은 21세(1910년)에 경성에서 천도교 신자가 되었다. 그러나 천도교 간부들이 민중을 착취하고 있다고 판단하면서 "不正大한 것을 反逆하려 하는 同時에 또한 '人乃天'說 弓乙圖案 等 學說을 否認"하게 되었다.[195] 이와 더불어 모든 종교에 회의를 갖기 시작한 김중건은 22세(1911년) 겨울에 『천기대경(天機大經)』의 초안을 작성하면서 대공화무국(大共和無國)을 창론(創論)하기 시작하였다.[196] 또한 천도교를 개혁하기 위해 23세(1912년)에 영흥에서 천도교 청년의 혁명훈련을 위해 이일결의단(二一結義團)을 조직하고 다시 경성에서 천도교강학회(天道敎講學會)에 영향력을 행사하려고 하였다. 그러나 천도교 간부측은 공금환롱(公金幻弄)이라는 죄목으로 출교(黜敎)를 선언하였다.[197] 출교 선언에도 불구하고, 김중건은 고향인 함남 영흥군 고령면 연동리(蓮洞里)에서 『대종원부경(大宗元符經)』을 저술하면서 천도교신인회(天道敎新人會)를 조직하려는 움직임을 보였다. 그러나 이 일이 실패로 끝나면서 1913년 1월 25세의 나이로 고향인 연동리에서 법회(法會)를 열고 원종교를 창시하였다.[198]

양자(養子) 생활을 했던 김중건은 7,8세 때부터 서당에서 글을 배웠고, 20세 때 『대한매일신보』를 읽으면서 신학문에 관심을 가졌으며, 원종교를 창건하기 전까지 천도교를 신앙하였다.

195) 「나의 四十年」, 『笑來의 哲學과 思想』上(서울: 笑來先生記念事業會. 1968), 84-5쪽.

196) 위의 글, 85쪽. 무국은 김중건이 제창한 'ABC운동'의 귀결점이다. ABC운동은 원종교의 활동이 순차적으로 소공화(小共和)를 의미하는 조선혁명[A], 대공화(大共和)를 의미하는 세계혁명[B], 그리고 무국[C]의 순서로 진행된다는 것을 의미한다. 「笑來 金中建先生 抗日鬪爭 略史」, 『笑來의 哲學과 思想』上(서울: 笑來先生記念事業會, 1968), 53쪽.

197) 위의 글, 86쪽.

198) 위의 글, 86-7쪽. 한편 김중건이 모든 종교를 부인했고, 원종을 '새 주의' 또는 '새 사상'이라고 말하면서 전도나 포교 등보다 전법(傳法)이라는 용어를 사용했다는 점을 들어 원종교를 종교로 보지 않는 견해도 있다. '원종주의를 종교의 이름으로 위장하여 관헌의 눈을 속이려고 하였다'는 것이다. 그러나 당시 원종교는 조선인이나 일제에게 종교 범주에서 이해되었다는 점을 고려할 필요가 있다. 이상은, 「소래 김중건의 혁명 정신」, 『나라사랑』, 제24집(서울: 외솔회, 1976), 27쪽. 이종철, 「독립운동지사 김중건의 원종사상에 있어서의 종교성에 관한 고찰」, 『개혁의 이론과 독립운동(1)』

원종교의 활동은 조선보다 만주에서 전개되었다.[199] 김중건은 원종교의 창립 당시에 "極元哲學을 体하여 世界에 大共和한 집을 形成하려는－ 마지막으로 無國까지 實現하려는"[200] 목표를 가지고 있었으나, 총독부의 감시를 받게 되면서 "農村主義의 깃발 아래에서 無資本主義로 일 할 것을 決策"[201]하고 1914년 봄에 동만 지역으로 향했다.[202] 길림성 연길현 국자가에서 동지들을 구하려고 덕운, 룽천, 대륙도구, 훈춘 등지로 동분서주하다가 다시 훈춘현 새풍학교에 머물렀던 김중건은 1915년에 안도현 도전동(道田洞)으로 정착지를 옮겼다. 그리고 그곳에서 독립운동과 농촌주의운동을 시도했지만 뜻대로 되지 않자, 1916년 봄에 북간도에서 법회총사(法會總司)를 개최하여 조직을 정비하려고 하였다. 그러나 중국 관헌에게 검거된 김중건은 그 이후 장백현 왕가동(王哥洞)을 거쳐 덕수(德水) 지방으로 거처를 옮겼으며 그 곳에서 대진단(大震團)을 창설하였다.[203]

김중건은 1916년에 덕수 지방에서 원종촌 설립을 계획하였고, 건원중학교(建元中學校)를 설립하였다.[204] 그러나 덕수 지방에 설립하려던

(서울: 태성, 1994).

199) 吳知泳, 『東學史』(서울: 아세아문화사, 1973), 239쪽. 오지영은 이 책에서 '元宗教派니 本派는 天道教徒 金中建의 設立으로서 그 *行온 漢文 글字를 많이 새로 만드러 가지고 사람을 가리치며 滿洲 間島地方에 가서 異常한 行事를 많이 하였다'고 밝히고 있다.

200) 「나의 四十年」, 앞의 책, 88쪽. 이상은, 「소래 김중건의 혁명 정신」, 『나라사랑』, 제24집(서울: 외솔회, 1976), 28－35쪽. 극원철학과 대공화무국은 원종교의 핵심적인 교리, 우주관과 정치·사회 사상을 의미한다. 극원철학은 최초의 존재인 영자(靈子) 또는 극신(極神)이 진화법칙의 일종인 극리(極理)에 따라 진화하여 세계가 형성된 것이며, 극신과 극리의 상승적(相乘積)이 극원이라는 주장이다. 극원은 주렴계의 태극도설에서 말하는 태극과, 그리고 극신과 극리의 구별은 정주(程朱) 계통의 이기론과 유사하기 때문에 천도교의 영향과 더불어 주렴계와 정주학의 영향을 받은 것으로 인식된다. 대공화무국은 공산주의·무정부주의 이론, 대동사상 등의 영향을 받은 것으로 인식된다. 그러나 공산주의가 조선에 유입된 시기를 고려한다면 김중건이 공산주의 이론에 영향을 받았다는 주장은 재고의 여지가 있다.

201) 위의 글, 89쪽.

202) 위의 글, 91쪽.

203) 「笑來 金中建先生 抗日鬪爭 略史」, 앞의 책, 50－1쪽.

원종촌 계획이 실패로 끝나면서 건원중학교도 1회 졸업생만을 배출할 수 있었다.[205] 1918년에 다시 덕수 지방에서 도전(道田)학원, 왕가(旺哥)학원, 복구(福溝)학원 등을 설립하였고, 1920년에 동만 장인강(長仁岡)에서 총사를 열고 활동을 재개하였지만, 간도참변으로 총사 건물이 소실되면서 원종교는 1921년에 총사를 안도현으로 이전하였다.[206]

3. 재만조선 종교인의 민족운동

만주로 이주했던 조선인들은 대다수 이미 조선에서 경제적인 곤란에 처해있던 사람들이었기 때문에 그 생활이 곤란하였다. 1915년 4월 압록강과 두만강의 대안지방(對岸地方), 즉 서간도와 북간도를 현지 조사한 다음 보고서는 1910년대 한인의 경제적 어려움을 보여준다.

> 移住韓人은 누구나 鄕土의 瘠薄하고 耕地가 많지 않음에 反하여 間島의 地味沃饒하고 넓으며 地價의 低廉함을 듣고 近親 知己가 相携하여 漫然히 移住를 企圖하나 財産으로서는 단지 牛車 1臺를 가짐에 지나지 않은 고로 耕하기에는 土地없고 먹기에는 食이 없어 대개는 中國人의 小作人으로서 荒蕪地의 開墾에 從事함에 지나지 못하고 가끔 自力에 依해 良好의 耕地를 占하는 者가 있으나 往往 奸惡한 中國人의 官吏와 結託하는 者를 만나 까닭없이 그 땅을 빼앗기는 것과 같은 境遇가 있어 그 結果 韓人은 山間谿谷에 그 居를 移하고, 中國人은 平坦한 沃野를 占하는 形勢를 馴致한 것과 같다.[207]

---

204) 『개혁의 이론과 독립운동』, 제5집, 28쪽. '순국선열 笑來 金中建 선생 年譜' 참조.
205) 김지용, 앞의 글, 129쪽.
206) 「笑來 金中建先生 抗日鬪爭 略史」, 앞의 책, 51쪽.
207) 朝鮮總督府, 「國境地方視察復命書(其三)」, 『白山學報』, 11號(서울: 백산학회, 1971), 212쪽.

1910년대 이전의 귀화 한인들은 중국 관헌에게 토지소유권을 공인
받고 부유한 생활을 영위하기도 하였다. 그러나 1910년대에 이주한 한
인들은 "耕地를 購入할 資力이 없을 뿐 아니라 所有權도 完全히 認定되
지 않아 不得已 小作을 하여 生計가 자못 困憊를 極"한 상황에 있었
다.[208] 또한 한인은 중국인 지주의 압박 이외에도 조선과 다른 기후와
풍토로 인해 수토병(水土病) 등을 비롯한 각종 질병에 시달려 생명의 위
협까지 느껴야 했다.[209] 1919년 이후에는 "雜色軍 等의 兵亂으로"
1930년대에 이르기까지 수난을 겪어야 했다.[210] 이런 상황에서 재만한
인에게 시급한 것은 정착 문제의 해결이었다.

한인이 만주 정착 문제를 해결하는 방식은 종교인을 염두에 둘 때, 주
로 두 가지로 구분될 수 있다. 첫째, 한인은 가구별로 집단 이주를 하는
경우가 많았기 때문에 주로 집단촌을 조성하면서 만주에 정착하는 것
이었다. 『간도노회록』에 의하면, 1930년대까지 개신교 신자들의 집단
촌은 약 50여 곳이었고, 집단촌 내에는 종교 시설이 설치되었다. 예컨
대 1911년에 함북 성진군(城津郡) 학중면(鶴中面)에서 화룡현 이도구
이남에 이주했던 양진섭(梁鎭燮)과 양형식(梁亨植) 가족은 정착지의 지
명을 장은평(藏恩平)으로 명명하면서 주택과 함께 교회당을 건축하였
다.[211] 또한 1913년에 함북 성진군 학서면(鶴西面)에서 20여 가구를 인
솔하여 화룡현 삼도구에 집단 이주를 했던 개신교 신자 이종직(李鍾植)
과 이권수(李權洙) 등도 정착지에 교회당을 건축하고 정착지의 지명을

---

208) 위의 책, 212-3쪽.
209) 김성진, 「滿洲벌을 向해(1935)」, 『間島流浪40년』(서울: 조선일보출판국, 1989), 228쪽.
   경성제국대학 의학부는 1933년부터 재만동포위문순회진료반을 조직하여 조선인들
   이 집단 거주하고 있는 지역을 대상으로 매년 순회진료를 시행하였다. 제1회에는 훈
   춘과 간도에서 2,944명에게, 제2회에는 간도와 돈화 지역에서 2,270명에게 진료를 시
   행할 정도로 한인은 질병에 시달리고 있었다.
210) 박문익, 「圖們聖潔敎會開拓報」, 『활천』, 제15권 10호(경성: 활천사, 1937.9), 46쪽.
211) 차재명, 앞의 책, 310쪽.

구세동(救世洞)이라고 명명하였다.[212] 신민회 회원들이 중심이 된 신한민촌의 경우에서 확인할 수 있듯이 서간도에서도 집단촌 문화가 형성되었다. 대부분 농민들이었던 한인에게 농업을 위해서도 집단촌 문화가 필요했던 것이다.

둘째, 중국측에 귀화하여 중국국적을 취득하는 것이었다. 중국의 지방정부는 1909년 9월의 간도협약, 1915년 5월의 만몽조약, 그리고 1925년 6월의 삼시협정이 체결되는 과정에서 '조선인귀화정책'과 '조선인귀화촉진운동'을 전개하였다.[213] 서간도의 집안현에서도 1910년 6월 10일 '관리한민장정'(管理韓民章程)을 공포하여 한인의 관리 체제를 강화하면서 귀화를 권장하였다.[214] 그렇지만 일제가 통감부임시간도파출소 설치 이후부터 한인의 귀화권을 인정하지 않았고, 만몽조약 이후 간도가 간도협약이 아니라 신조약인 만몽조약의 적용을 받는다고 주장하였기 때문에 귀화한 한인은 본의 아니게 이중 국적자로 전락하게 되었다.[215] 그럼에도 불구하고 만주에서 일제의 세력이 한정되어 있었기 때문에 '귀화'는 한인의 재원 확보 및 생존 조건에 도움이 되는 것이었다. 또한 간민교육회(墾民教育會) 등의 단체들도 귀화의 이점 때문에 한인 사이에서 '귀화촉진운동'을 전개하였다.[216]

조선 종교인들은 서·북간도에서 집단촌을 형성하였고 특히 귀화운동을 통해 북간도에서 토지소유권 등 경제적인 재원을 확보할 수 있었

---

212)『예수교장로회총회록』, 제2회 회록(1916), 41쪽.
213) 권영준,「근대 중국의 국적법과 조선인 귀화정책」,『한일민족문제연구』5집(서울: 한일민족문제학회, 2003), 39쪽.
214) 이성환, 앞의 글, 442 – 3쪽.
215) 박석윤, 앞의 글, 104 – 5쪽. 일제는 만몽조약으로 간도의 한인뿐만 아니라 개항지의 잡거 구역에 거주하던 한인에게도 일본의 법권이 적용된다는 주장하였다. 한인은 간도협약 이후 중국에 입적하여도 일제가 그 귀화권을 인정하지 않았기 때문에 이중 국적자 또는 무국적자로 전락하는 상황에 직면해야 했다.
216) 권영준, 앞의 글, 43쪽.

다. 이 과정에서 민족운동과 연계를 가지고[217] 독립을 위한 인재양성운동 차원에서 교육활동을 전개하였으며 특히 간도참변 이전까지 무장독립운동에도 참여하였다.[218] 특히 북간도의 1919년 3·13 만세운동은 개신교인, 개신교인, 천도교인 등 재만 종교인이 연합하여 민족운동에 참여한 대표적인 사례였다.

북간도의 한인은 1919년 초에 연길에서 기독교 대전도회의 총회를 개최할 때 국내외가 상응하여 독립운동을 추진한다는 계획을 세웠다.[219] 2월 18일과 20일 구춘선(具春先)·김영학(金永學) 등 간도의 중요 독립운동인 33인은 연길 하장리(下場里)의 박동원(朴東轅) 집에서 회합을 갖고 운동방략을 결의하였다. 이 때 시위운동 도중에 일제군경과 충돌하여 희생될 수 있는 경우에 대비하여 광복단(光復團)을 조직하였다. 그리고 '북간도내 각 교회와 모든 단체, 즉 개신교·천주교·대종교·공교회의 유력자들과 연락을 밀접히 하고 그 교도와 친지들을 모두 참여토록 하여 조국 독립운동에 힘을 다 바친다'는 협의가 이루어졌다.[220]

그러나 조선의 3·1운동으로 국내외 공동 시위운동 계획은 무산되었다. 그렇지만 재만한인은 3월 13일에 일본영사관 치외법권 지역인 용정촌 북쪽편의 서전대야(瑞甸大野)에서 독립선언식을 거행하기로 결정하였다.[221] 식장에는 대회 회장 김영학과 대회부회장 배형식(감리

217) 강돈구, 「동아시아의 종교와 민족주의」, 『종교와 민족』(성남: 한국정신문화연구원, 2001), 27쪽. '종교와 민족주의'에 대한 종교학의 관심은 첫째, 민족주의 자체를 종교의 일종으로 보고 분석하는 것이고, 둘째, 종교와 민족주의의 상호 영향을 분석하는 것으로 크게 양분된다. 본고에서는 후자의 입장에서 종교와 민족주의의 연관성을 지적한다.
218) 오재식, 『抗日殉國義烈士傳』(서울: 行政新聞社出版局, 1958), 133−50쪽.
219) 뒤바보, 「北墾島(二) 그 過去와 現在」, 『독립신문』, 1920년 1월 10일자.
220) 姜德相 編, 「朝特報 제2호」, 『現代史資料』26(東京: みすず書房, 1967), 84−5面.
221) 홍상표, 『간도 독립운동 소사』(한광중학교, 1966), 31−37쪽.

교 감리사)뿐만 아니라 간민회회장 구춘선(장로), 서부간민회분회장 김내범(金迺範, 목사), 신학봉, 강백규, 마진(집사), 홍상표(洪相杓) 등을 비롯하여 기타 간민회 간부들이 참석하였다.222) 3·13만세운동은 천주교 성당의 종이 울린 후 시내 각 교회 종들이 이에 화답하면서 시작되었고, 정동학교·동흥학교·대성학교 학생들의 참여에서 확인할 수 있듯이 여러 재만 종단들이 협력하여 참여한 사건이었다.223)

재만 종교인들은 3·13만세운동에서 확인할 수 있듯이 간도참변 이전까지 서로 협력하며 민족운동에 참여한 경우가 많았다. 간민교육회와 간민회가 이에 해당되는 대표적인 사례였다. 그러나 민족운동과 관련된 각 종단의 활동 양상을 드러내기 위해 각 종단을 구분하여 재만한인이 전개한 종교운동과 민족운동의 관계를 고찰할 필요가 있다.

1) 기독교인의 민족운동

(1) 개신교인의 민족운동

을사보호 조약 이후, 특히 1907년 8월 정미7조약과 광무황제의 강제 퇴위 및 군대해산을 전후하여 국내에서는 의병의 항일전과 애국계몽운동이 병행되었고, 국외에서는 항일민족운동 내지 독립운동으로 확대 발전되었다.224) 특히 한일합방 이후에는 국내보다 국외, 특히 만주에서 민족운동의 열기가 고조되었다. 만주에서 간도참변 이전까지 학교를 포함하여 민족운동에 참여한 단체들은 서간도의 경학사, 부민단, 한족

---

222) 홍상표,『간도 독립운동 비화』(서울: 선경도서출판사, 1990), 52쪽.
223) 위의 책, 49-54쪽. 홍상표는 '국민회'라는 명칭을 사용하고 있지만, '간민회'의 오기로 보인다.
224) 윤병석, 앞의 글(1997), 9쪽.

회, 신흥강습소와 신흥무관학교, 서로군정서, 그리고 북간도의 서전서
숙, 명동서숙과 명동학교, 간민교육회와 간민회 등이었다. 독립투쟁사
에서 빈번하게 언급되는 이동녕(李東寧), 이회영(李會榮), 김약연(金躍
淵), 이상설(李相卨), 정재면(鄭載冕), 이동휘(李東輝), 정안립(鄭安立),
이시영(李始榮) 등도 이들 단체에서 활동한 인물들이었다.225) 이 단체
들과 주요 회원들의 종교는 다른 종교도 있었지만 주로 개신교였다. 특
히 1911년 2월 성진에서 파송되어 삼국전도회(三國傳道會)를 통해 활
동하던 개신교인 이동휘(李東輝)가 1914년에 북간도로 망명한 후 민족
주의자들 사이에는 밀접한 교류가 형성되었다.226) 재만 기독교인의 민
족운동을 서간도와 북간도로 구분하여 살펴보면 서간도보다 북간도에
서 더욱 활발하게 진행되었음을 알 수 있다.

서간도의 경우, 상동청년회(尙洞靑年會) 출신인 김창환(金昌煥)·여
준(呂準)·이관직(李觀稙)·이동녕·이시영·이회영 등은 신민회의
독립군기지 창건사업의 일환으로 1911년 1월 봉천성 유하현 삼원보로
이주하였다.227) 이들은 이동녕과 이회영을 중심으로 이주민들과 함께
신한민촌을 건설한 후 동년 4월 노천군중 대회를 개최하였다.228) 이 대
회에서 토지개간과 농업경영 등 민생문제뿐만 아니라 교육문제를 해결
하기 위해 자치단체로서 경학사, 그 부속기관으로서 유하현에 신흥강
습소가 창설되었다. 경학사의 초대 사장(社長)에는 이철영(李哲榮), 내

---

225) 오재식, 앞의 책, 119–32쪽. 정대위, 『하늘에는 총총한 별들이–북간도 정재면의 독
    립 운동사』(서울: 청맥, 1993), 53–65쪽.
226) 한국기독교역사연구소, 앞의 책(1997), 119쪽. 김약연, 앞의 글, 9–10쪽. 삼국전도회
    가 '열광적으로 3년간 활동한 결과 36처 교회가 신설되었고 교회마다 학교도 병설되
    어 명동학교 출신들이 교사로 봉직했다.'
227) 한규무, 「상동청년회에 대한 연구, 1897~1914」, 『역사학보』 126집(서울: 역사학회,
    1990), 108쪽.
228) 김의환, 「만주에 있어서 초기독립전쟁의 고찰」, 『한국학논총(霞城李瑄根博士 古稀紀
    念論文集)』(서울: 형설출판사, 1974), 22쪽.

무에는 이회영, 농무에는 장유순(張裕淳), 재무에는 이동녕(李東寧), 교무에는 유인식(柳寅植) 등이 선출되었고, 신흥강습소의 초대 교장에는 이동녕, 교감에는 김달(金達) 등이 선출되었다.[229] 신민회 회원들은 경학사의 경제사업이 1911년 가을의 흉작으로 실패하면서 이동녕과 이시영(李始榮)을 포함한 청년들이 만주 각지와 조선 및 노령 등지로 흩어지자 1911년 가을에 경학사를 해체하였다. 그렇지만 여준과 이탁(李鐸)을 중심으로 결성된 신흥학교 유지회의 재정 후원으로 신흥강습소는 존립되었다.[230]

경학사 해체 이후 1912년 가을부터 서간도에 풍년이 들자, 이상룡과 허적(許籍) 등이 중심이 되어 통화현 합니하(哈泥河)에 부민단(扶民團)을 조직하였고, 신흥강습소도 이전하였다. 허적을 초대 단장(2대 단장 이상룡)으로 조직된 부민단은 경학사의 조직을 재정비한 4단(段) 조직으로 한인의 자치 및 교육을 위해 노력하였다.[231] 신흥강습소도 1913년 5월 합니하로 이전된 후, 신흥무관학교(新興武官學校)가 되었다. 1917년 봄 통화현 소북대(小北垈)에는 '신흥무관학교 백서농장 분교'(白西農場 分校)라는 명칭의 분교도 설립되었다. 그리고 1919년 3·1운동 이후 입학을 지원한 많은 국내외 애국청년들을 수용하기 위해 다시 무관학교를 유하현 고산자(孤山子)로 이전하여 이청천(李靑天)과 이범석(李範奭) 등을 교관으로 보충하고, 합니하의 교사(校舍)를 분교로 사용하였으며, 1920년 8월 폐교할 때까지 약 3,500여명의 졸업생을 배

---

229) 신용하, 앞의 글, 98쪽. 경학사의 2대 사장은 이상룡(李相龍)이, 신흥강습소의 2대 교장은 이석영(李石榮)이 각각 담당하였다.
230) 홍종필, 「재만 조선인 사회단체 소고」, 『인문과학연구논총』 10집(서울: 명지대 인문과학연구소, 1993), 180-1쪽.
231) 위의 글, 181쪽. 부민단은 총무, 법무, 재무 등 각 부서의 책임자인 주임(主任) 아래에 큰 촌락의 경우 천가장(千家長)을, 다시 100호를 구단(區團)으로 하여 구장(區長) 혹은 백가장(百家長)을, 그리고 10호마다 패장(牌長) 또는 십가장(十家長)을 두었다.

출하였다.[232]

　1919년 3·1운동 직후인 4월에는 남만주의 한인이 '혈전'(血戰)으로 독립전쟁을 실현하기 위해 이상룡 등을 중심으로 유하현 고산자에서 군정부(軍政府)를 조직하였다.[233] 동년 4월에 부민단도 자치 조직의 강화를 위해 한족회(韓族會)로 확대 개편되어 그 지방조직이 유하현·통화현·홍경현·환인현·집안현·임강현·해룡현 등까지 확대되었으나[234], '간도출병'으로 백두산 부근의 안도현(安圖縣)으로 근거지를 옮긴 후 유명무실해졌다.[235] 그러나 군정부는 1919년 4월 이동녕·이동휘·안창호·이승만 등이 상해에서 대한민국임시정부를 설립한 후 여운형(呂運亨)을 보내 통합 요청을 하자, '하나의 민족에 두 정부가 있을 수 없다'는 취지로 '정부'의 자격을 포기하였다.[236] 그리고 임시정부에 참여하는 한편, 1919년 11월 17일에 군정부의 명칭을 서로군정서(西路軍政署)로 개칭하여, 1924년 11월 25일 정의부(正義府) 결성에 참여하여 발전적 해체를 도모할 때까지 서간도에서 많은 활동을 전개하였다.[237]

　북간도의 경우, 종교인들이 전개한 민족운동의 시작은 1906년 10월경 개숙(開塾)된 용정촌의 서전서숙(瑞甸書塾)이었다.[238] 그리고 서전서숙이 폐교된 이후의 민족운동은 1908년 4월 명동촌의 명동서숙(明東書塾)의 개숙(開塾), 1910년 8월 간민교육회(墾民敎育會)와 1913년 1월 간민회(墾民會)의 결성 등과 밀접한 연관을 지니면서 전개되었다.

---

232) 신용하, 앞의 글, 98-9쪽.
233) 이상룡, 「行狀」, 『石洲遺稿』(서울: 고려대학교출판부, 1973), 336쪽.
234) 김정명, 『한국독립운동』 2권(서울: 국학자료원, 1980), 926-8쪽.
235) 홍종필, 앞의 글(1993), 183쪽.
236) 이상룡, 앞의 책, 336쪽.
237) 박환, 앞의 글(1989), 127쪽.
238) 뒤바보, 「北墾島(二) 그 過去와 現在」, 『독립신문』, 1920년 1월 10일자.

서전서숙은 전 의정부 참판 출신의 이상설(李相卨)이 1906년 10월경 연길현 용정촌으로 이주하여, 여준(呂準)·황공달(黃公達)·정순만(鄭淳萬)·박무림(朴茂林)·이동녕(李東寧) 등과 함께 설립한 북간도 최초의 근대적인 학교였다. 서전서숙의 설립에 참여한 이상설·여준·정순만·이동녕 등은 전덕기(全德基) 목사를 중심으로 경성에서 활동하던 상동청년회 출신으로서[239], 안창호의 영향을 받아 독립도 절대 필요하지만 민족 교육을 통한 인재 양성이 필요하다는 인식하에 먼저 학교를 설립한 것이었다.[240] 서전서숙은 통감부임시파출소의 설립 직후 불과 8개월만에 폐교되었지만 서전서숙 출신들은 북간도 한인에게 학교시설 설립을 권고하는 등 북간도 교육활동에서 중요한 역할을 수행하였다.[241]

명동서숙은 서전서숙의 폐교 이후인 1908년 4월 북간도 한인사회의 중심이었던 명동촌 사람들이 부락공동출재로 설립한 것이다.[242] 명동촌의 설립에는 1899년 2월에 회령과 종성에 살던 실학파들을 포함하여 스승인 남도천, 남평 문씨 가문(문정호), 전주 김씨 가문, 회령의 김해 김씨 가문 등 22가구 141명과 함께 화룡현 부걸라자 동가마을에 정착했던 김약연의 역할이 지대하였다.[243] 명동서숙은 1901년 김하규와 남위언이 각각 장재촌과 영암촌에 서당을, 김약연이 용암촌 자택에 규암제를 설립한 후[244], 신학(新學)의 필요성 때문에 설립된 것이었다.[245]

239) 한규무, 앞의 글, 109쪽.
240) 오재식, 앞의 책, 121쪽.
241) 뒤바보, 「北墾島(二) 그 過去와 現在」, 『독립신문』, 1920년 1월 10일자.
242) 서굉일·김재홍, 앞의 책, 98-9쪽, 103쪽. 초대 숙장은 서전의 선생이었던 박무림(본명 박정서)를 모셨고, 숙장은 김약연이 맡았다. 명동서숙은 1910년 3월 명동중학으로 교명을 바꾸었고 김약연이 교장에 취임하였다.
243) 위의 책, 95-6쪽. 김약연 일파의 이주 동기는 세 가지였다. 첫 번째는 토질이 비옥한 북간도에서 생계가 곤란한 상황을 해결하는 것, 두 번째는 자유로운 자제교육을 하자는 것, 그리고 세 번째는 선조들이 살던 북간도를 실력으로 점령하자는 것이었다.

명동학교는 1909년 상동청년회 소속인 정재면(鄭載冕)을 교사로 초빙 하였지만, 특히 박태환 · 황의돈(黃義燉) · 장지영(張志暎) · 김철[김영구] 등 상동청년회 출신들이 교사로 부임하면서 개신교와 밀접한 연계를 맺게 되었다.246) 특히 정재면은 기독교를 개인구원의 종교가 아니라 민족구원의 종교로 인식하고 있었기 때문에247) 부임 조건으로 '정규과목의 하나로 성경을 가르치고 예배를 볼 수 있어야 한다'고 요구했고, 명동촌의 지도자들은 신학문을 배우기 위해 이를 수락하였다.248) 나아가 명동촌 사람들은 정재면이 부임 직후에 '명동촌 전체가 예배를 드려야한다'는 요구를 제시하자 그 요구를 그대로 수용하였다. 이에 따라 1909년 5, 6월경 명동촌에 교회가 설립되었다. 명동학교 교장이자 명동촌의 지도자였던 김약연도 일제와 중국이 영국과 미국 선교사를 함부로 대하지 못하는 상황에서 서양종교인 기독교가 한인에게 피난처가 될 수 있다고 판단하였다. 그리고 기독교의 수용이 근대화의 첩경이며, 기독교 국가인 구미열강의 후원으로 독립을 쟁취할 수 있을 것이라고 판단하여 길선주와 김익두 부흥사를 초청하여 명동교회에서 사경회를 개최하는 등 교세 확장을 위해 노력하였다.249) 실제로 1912년에 캐나다장로회 선교부가 용정촌에 치외법권 지역인 선교기지를 설

---

244) 위의 책, 99쪽.
245) 위의 책, 98 - 101쪽. 선바위골 40호, 수남촌 80호, 장재촌 400호, 중영촌 250호, 성교촌 130호 등 명동을 중심한 50리 안팎에 마을들이 있었다. 명동촌 사람들은 인접한 성교촌의 대종교인, 교우촌의 천주교인과 서로 통혼하여 집안관계를 맺기도 하였다.
246) 한규무, 앞의 글, 109쪽.
247) 위의 책, 108쪽.
248) 위의 책, 103 - 4쪽. 신민회는 북간도에 민족교육을 실시하기 위하여 비밀리에 북간도 교육단을 조직하였는데, 단장에는 정재면, 고문에는 이동휘, 이동녕, 재무에는 유흥원이 임명되었다. 정재면은 서울 청년학관 출신으로 이동휘 · 안창호 · 김구 · 전덕기 · 양기탁 등으로 구성된 신민회에서 북간도의 망명촌 기지건설과 민족학교 건설을 위하여 파송된 인물이었다. 정재면이 부임 이후 교장 김약연은 황의돈과 장지영 등을 교사로 초빙하여 민족교육을 실시하였다.
249) 위의 책, 108 - 9쪽.

치하여 한인의 보호막 역할을 수행하였다.[250]

김약연은 정재면과 함께 북간도 각지에 학교와 교회를 세우고 민중을 계몽하기 위해 서전서숙 출신과 명동학교 출신들을 모아 1909년에 길동전도회를 조직하였고[251], 1911년 3월 명동교회에서 사경회를 개최한 이동휘의 요구로 명동여학교를 시작하였다.[252] 그러나 재만 개신교인의 민족운동과 관련하여 특히 주목되는 것은 김약연·정재면·이동춘(李同春)·이봉우(李鳳雨)·구춘선(具春善)·박찬익(朴贊翊)·윤해(尹海) 등이 한인 자치를 위해 1910년 8월 결성한, '북간도 집회의 비조(鼻祖)'인 간민교육회(墾民敎育會)였다.[253] 간민교육회는 자치와 더불어 조선인의 귀화촉진과 민족교육을 담당하였고, 나아가 중국 관리 도빈의 통역관이었던 회장 이동춘의 협력으로 중국관청에 승인을 얻어 1910년 2월부터 조선인의 귀화 수속을 담당하였다.[254] 간도협약 이후인 1910년 9월 연길지방정부는 '국적법' 제3조 1항에서 정해진 거주 년한을 10년에서 5년으로 줄이고 간민교육회를 통해 귀화 수속을 담당하게 하였다.[255] 간민교육회가 조선인 귀화촉진을 전개한 것은 귀화를 통해 토지 소유권을 획득하고 반일활동과 교육활동을 전개하여

---

250) 위의 책, 110–1쪽. 캐나다장로회의 선교기지 설치는 1912년 이동휘, 계봉우, 이태현, 정재면 등의 대표로서 김약연이 '간도에 의료시설, 남녀 중학교의 교육시설, 또한 전도사업의 확장 등'을 요청하는 청원서를 제출한 결과였다. 당시 '영국덕이'라고 불린 이 지역은 치외법권 지역으로서 일본영사관의 힘이나, 중국 군경의 힘이 미치지 못하였다. 캐나다선교사로 바커(박걸)가 처음 부임하였고, 곧 명신여학교, 제창병원, 은진중학 등 선교부 경영의 교육기관과 의료기관 등이 설립되었다. 특히 제창병원은 부상당한 독립군들의 피난처와 치료소가 되었다. 제창병원 지하실에서는 1919년 3·13운동시에 독립만세포고문이 인쇄되었고, 그 날에 희생자, 부상자들을 치료하고 안치하였다.
251) 위의 책, 110쪽.
252) 위의 책, 103–4쪽.
253) 뒤바보, 「北墾島(二) 그 過去와 現在」, 『독립신문』, 1920년 1월 10일자.
254) 박창욱, 「국민회를 논함」, 『간도사신론』(서울: 우리들의 편지사, 1993), 266쪽.
255) 위의 글, 45쪽.

조선인자치단체로서 세력과 역할을 확대하려고 했기 때문이다.256)

간민회는 1913년 1월 13일 이동춘, 구춘선, 정재면, 유기연 등 간민교육회 중심인물과 김립, 장기영, 이용, 도성, 정창빈, 백옥포 등이 길림 동남도 관찰사 도빈의 허가를 얻어 간민교육회를 해체하여 재조직한 것이었다. 간민회 본부는 국자가 교육회관 건물에 두었고 각 지방에 지방총회와 지회를 두었다.257) 1913년 4월 26일 총회에서 간민회 총회장으로 선출된 김약연에 따르면, 간민회의 취지는 '중화민국의 법률에 저촉되지 않는 범위 내에서, 이주한인들의 복리를 증진시키고, 국민정부의 일부기관이 되어 중국정부에 대하여 이주한인들의 생명재산을 보호'하는 것이었다.258)

간민회는 신교육운동과 기독교운동, 그리고 중국입적활동을 병행하였다.259) 이러한 활동들은 이미 간민교육회에서 수행하던 것이었다. 간민회는 간민교육회 시절의 기독교 민족교육의 내용을 계승하였다.260) 1919년 3·1운동 직후 국민회로 정착된 당시에도 구춘선 회장을 비롯한 임원진들이 '모두 북간도 교회의 개척과 발전'을 위해 노력했을 정도였다.261) 그리고 1914년에 이동춘과 김립 등이 북경정부에게 간도조

---

256) 권영준, 앞의 글, 43–4쪽. 이동춘은 청국지방정부으로부터 간민교육회를 조선인의 자치조직으로 인정받아 연길부 국자가(延吉府 局子街)에 본부를 두고 간도 각지에 분회를 설치하였다. 그리고 손문 중심의 신해혁명으로 청국이 멸망하고 북경정부가 성립된 이후에도 간민교육회의 귀화촉진운동은 계속 되었다.

257) 서굉일·김재홍, 앞의 책, 111쪽, 114쪽. 당시 간민회의 임원진은 회장 김약연, 부회장 백옥보, 총부 도성, 서기 박찬익이었다. 이동춘·윤해·박찬익 등 간민교육회 임원진이 상동청년회 출신인 이동휘와 관련되었듯이 간민회의 임원진도 거의 이동휘의 측근들이었다.

258) 위의 책, 114쪽. 간민회의 취지는 김약연이 1913년 2월 26일 간민회의 조직 총회 준비과정에서 북간도 네 현의 각 지방 백호장과 유지들을 초청하여 밝힌 내용이었다.

259) 위의 책, 114쪽. 간민회 회장 김약연도 스스로 중국에 입적하였다.

260) 위의 책, 113쪽. 간민교육회는 이미 1912년에 계봉우, 정재면, 남공선을 교과서 편찬위원으로 임명하여 편찬된 교과서를 간도 전역에 배포하였다. 당시 명동학교는 『대한역사』,『유년필독』,『대동역사략』,『월남망국사』,『오수불망』,『최신동국사』(계봉우 집필) 등을 역사교과서로 사용하였다.

선인 수만호의 '귀화입적의 청원서'를 제출하게 하는 등 한인을 대상으로 귀화운동을 전개하였다.262)

⑵ 천주교인의 민족운동

　재만 천주교인의 독립운동은 개신교에 비해 상대적으로 미약하였다. 1920년 8월까지 북간도의 천주교 신자들을 관할했던 파리외방전교회 선교사들은 정교분리 원칙에 입각해있었고, 종단 차원에서 독립운동에 참여하는 것을 금지하였다.263) 조선 천주교도 신자들이 만주로 이주하는 것 자체를 부정적으로 인식하였다. 간도 선교를 담당했던 원산교구의 브레 신부는 1899년 6월 뮈텔 주교에게 보낸 서신에서 공소의 해체 이유와 함께 "정말 조선 사람들은 이주를 잘합니다"라고 역설적으로 표현하였다.264) 1915년 연말보고서에서는 조선인의 간도 이주 동기를 "보다 쉽게 살기" 위한 것으로, "무서운 이주벽(移住癖)"이 있는 것으로 파악하였다.265) 그리고 "홍수(洪水), 돈의 귀함, 그곳 교우들의 적선행위의 감소, 추위, 그들 재산의 계속되는 감소, 때로는 완전 상실 등"으로 신자들이 간도에서 조선으로 귀환하는 상황에 대해 "이주열이 사라지고 대신 전교열이 되살아나게 될 것"으로 전망하였다.266) 이 외에도 파리외방전교회 선교사들은 하와이·멕시코·간도 등지로 이주하는 조선인에 대해 "한국인에게는 유랑성이 많다. 그들의 집은 야영지에 불과한 것 같고, 사소한 구실만 있어도 그들은 집을 버리고 다른 곳

---

261) 서굉일, 「북간도 기독교인들의 민족운동 연구, 1906-1921」, 『한국기독교와 민족운동』 (서울: 보성, 1986), 463-71쪽.
262) 권영준, 앞의 글, 45쪽.
263) 윤선자, 『한국근대사와 종교』(서울: 국학자료원, 2002), 264-5쪽.
264) 한국교회사연구소 역편, 앞의 책, 310쪽.
265) 위의 책, 597쪽.
266) 위의 책, 597-8쪽.

으로 떠나간다"고 인식하였다. 이는 조선인들이 천주교가 전파되지 않은 지방에 가거나 교우촌이 먼 곳으로 가거나 선교사를 만나지 못하면 "종교생활을 완전히 떠나게 된다"는 판단에 근거한 것이었다.[267]

종단의 정교분리 원칙에도 불구하고, 천주교 신자들 사이에는 1919년 3 · 1운동 전후시기에 민족운동에 참여하려는 분위기가 형성되어 있었다. 1920에 원산교구의 연말보고서는 천주교 신자들이 "현재 정치적인 운동으로 흥분되어" 있고, "모두 말없이… 멀리서 무슨 사건의 소식이 오기를 바라고 있고, 그렇게 되면 우리 신자들의 마음에 불을 지르게 될 것"이라고 당시의 상황에 대해 언급하고 있다.[268] 이러한 흥분은 실제로 1919년 3 · 13 만세운동 당시 천주교 신자촌인 대교동의 교향(敎鄕)학교 학생들을 비롯한 신자들의 참여로 나타났다.[269]

1919년 여름에는 간도 내에 산재한 상당수의 천주교 신자들이 방우룡(方雨龍)을 단장으로 하여 의민단을 조직하였다.[270] 의민단은 무장독립군 양성이 아니라 '자위'(自衛)를 위해 조직되었다는 주장도 있지만[271], 일제에 대한 무력 투쟁을 목적으로 간도 천주교인들이 조직한 단체였고, 군인수가 200인, 무기 200개를 가지고 국민회와 연합활동을

---

267) 최석우, 『한국천주교회의 역사』(서울: 한국교회사연구소, 1982), 336쪽. 곽도산, 「間島英岩村敎會」(二), 『카톨릭靑年』, 제23호(1935.4.), 46쪽. 이러한 평가에도 불구하고, 천주교는 재만한인에게 힘있는 종교로 인식되었다. 1898년 백신부가 원산본당으로 귀환할 때 간도에서 천주교 신자들이 박해 당한 사정을 뮈텔 주교에게 보고하자, 뮈텔 주교는 길림교구의 람(藍) 주교에게 이를 전달했고, 람 주교는 길림성장에게 진정서를 올렸다. 이에 길림성장은 1899년에 사실의 진상 여부를 조사하게 한 후, 맥분 100여 대와 가옥 건축에 필요한 국고금을 보상으로 지급하였다. 이 사건은 간도의 천주교 신자들이 천주교의 힘을 인식하는, 나아가 천도교 신자들과 한인이 천주교에 입교하는 계기가 되었고, 그 결과 영암촌에 교우촌이 형성되기 시작하였다.

268) 한국교회사연구소 역편, 앞의 책, 607 - 8쪽.

269) 뒤바보, 「北墾島(二) 그 過去와 現在」, 『독립신문』, 1920년 1월 10일자.

270) 홍상표, 앞의 책(1990), 64쪽. 金正明 編, 「朝鮮民族運動年鑑(1919)」, 『朝鮮獨立運動』 Ⅱ(東京: 原書房, 1967), 213面. 방우룡은 1919년 말 현재 상해 임시정부의 명령에 복종하는 '간도대한민회'(間島大韓民會, 회장 구춘선)의 의사원(議事員)으로 활동하고 있었다.

271) 홍상표, 위의 책, 64쪽.

104 일제하 재만 한인의 종교운동

전개한 단체였다.[272] 예컨대 의민단은 상해 임시정부의 권유로 1920년 7월 1일 왕청현에서 개최된 제3차 연합회의에 참석하였다.[273] 그리고 1920년 7월 26일 북간도의 연길현 숭례향 명월구에서 독립군의 연합 부대들이 동도독군부(東道督軍府)를 창설할 때 방우룡을 대장으로 제2 대대에 편성되었다.[274] 1920년 9월 29일에는 대한의민회라는 명칭으로 대한신민단, 대한광복단, 대한국민회 등과 함께 북로사령부(北路司令部)를 구성하였고[275], 10월 21일에는 청산리전투에 참여하였다.[276] 의민단은 다른 독립단체들과 협력하면서 자유시사변 직후인 1921년 9월경까지도 민족운동을 전개하였다.[277]

재만 천주교는 재만 개신교에 비해 민족운동에 참여한 정도가 전반적으로 약한 편이었다. 이는 재만 개신교인들에 비해 재만 천주교인들이 종단의 위계적 관할을 받았기 때문에, 그리고 특히 종단측의 강한 정교분리 원칙 때문으로 보인다. 다만, 양자의 공통점은 종교운동과 민족운동을 병행한 주체가 종단이 아니라 개별 신자들이었다는 것이다.

2) 신종교인의 민족운동

신종교인도 기독교인과 마찬가지로 국권 상실의 상황에서 민족 담론에 참여하였다. 예컨대, 일제의 조사 자료에 의하면, 다른 신종교에 비해 상대적으로 정착 과정이 빠르게 진행되었던 천도교 신자들도 간도

---

272) 金正明 編, 「朝鮮民族運動年鑑(1920)」, 앞의 책, 259面.
273) 姜德相 編, 「通牒受國民收 제136호」, 『現代史資料』 27(東京: みすず書房, 1977), 85-6面.
274) 「間島地方不逞鮮人團東道軍政署同督軍部及東道派遣部等 ノ行動ニ關スル件」, 위의 책, 361面.
275) 金正明 編, 앞의 글(1920), 260面.
276) 편집위원회, 『연변조선족자치주개황』(연변: 연변인민출판부, 1984), 43쪽. 조광, 「일제하 무장독립투쟁과 조선천주교회」, 『교회사연구』 11집(서울: 한국교회사연구소, 1996), 166쪽.
277) 윤선자, 앞의 책(서울: 국학자료원, 2002), 266-70쪽.

로 이주한 후 '국권회복이 천도교의 융성에 달려있다'는 등의 주장을 하면서, 기독교와 제휴하여 한인에게 배일(排日) 사상을 고취시키고 있었다.[278] 신종교 가운데 경신참변 이전에 민족운동에 적극적으로 참여했던 종단은 대종교와 원종교였다.

(1) 대종교인의 민족운동

대종교의 민족운동은 서로군정서뿐만 아니라 흥업단(興業團)·광정단(匡正團)·중광단(重光團와)·정의단(正義團)·군정부(軍政府), 그리고 북로군정서(1919)의 활동을 통해 확인할 수 있다.[279] 1919년 11월 군정부에서 개칭한 서로군정서의 주요 간부들 가운데 대종교 신자가 많았다. 신민회와 부민단에서 활동한 경력을 가지고 있었던 서로군정서의 독판(督辦) 이상룡, 부독판(副督辦) 여준[呂祖鉉], 그리고 참모부장 김동삼(金東三)이 대종교 신자였을 정도로 서로군정서의 인적 구성원 내에는 대종교 신자들이 많았다.[280] 대종교 신자였던 이상룡이 만주를 부여 이래 조선 민족의 근거지로, 그리고 단군의 유허지[檀祖遺墟]로 인식하고 있었듯이[281], 대종교 신자에게 만주는 중요한 공간이었다.

이상룡의 만주 인식은 독자적인 것이 아니라 대종교의 만주 인식에서 비롯된 것이었다. 대종교의 신앙대상인 삼신일체(三神一體)인 천조신(天祖神), 즉 '세검 한몸이신 한배검'[282]에서 '한배검'은 결국 조화

---

278) 東洋拓植株式會社京城支店 編, 앞의 책, 871面.
279) 大倧敎倧倧史編修委員會, 앞의 책, 184-6쪽. 박영석, 「대종교의 민족의식과 민족독립운동」, 『일제하 독립운동사연구』(서울: 일조각, 1984), 234-82쪽.
280) 박환, 앞의 글(1989), 109쪽, 127쪽.
281) 이상룡, 앞의 책, 175쪽, 278쪽.
282) 우원상, 「대종교」, 『전환기의 한국 종교』(서울: 집문당, 1986), 121-3쪽. 세검 한몸에서 '검'은 삼신의 신(神)을 의미한다. 삼신은 단순히 환인·환웅·단군을 의미하는

(造化)·교화(敎化)·치화(治化)의 삼대 권능을 모두 갖추고 '한얼에서 이신화인(以神化人)하여 한밝메(백두산)에 내려왔다'는 단군으로 귀결된다.[283] 대종교는 조선 민족의 시원을 부여족과 단군에서 찾았고, 한반도뿐만 아니라 고구려와 발해의 영토였던 만주도 조선 민족의 강역으로, 나아가 요(遼), 금(金), 청(淸)도 조선 민족이 세운 나라로 간주하였다.[284] 나아가 대종교는 경전을 통해 나반(那般)과 아만(阿曼)에서 황인종, 백인종, 흑인종, 홍인종, 남색인종이 생겼고, 이 가운데 백두산 부근의 가장 큰 황인종이 양족(陽族), 간족(干族), 방족(方族), 견족(犬族)을 이루어 지구상에 아홉 종족이 살게 되었다는 인류 기원설도 제시하였다.[285] '부여족의 후손인 조선 민족'을 황인종으로 표현한 기원설은 결국 조선 민족의 우월성과 함께 이상룡의 만주 인식처럼 만주에 대한 조선 민족의 우선성을 강조한 것이었다.

북간도의 경우, 대종교의 민족운동은 중광단에서 시작되었다. 중광단은 서일(徐一)이 대종교에 입교하기 이전인 1911년에 망명한 구한국 군인출신의 의병들로 길림성 왕청현에서 조직되었다. 그러나 무기의 미비로 직접적인 군사행동은 없었고, 다만 서일 단장을 중심으로 군사학(軍事學)에 치중하였다.[286] 서일은 대종교에 입교한 1912년에 중광단을 정의단으로 개편하였다. 정의단에는 서일을 비롯하여 계화(桂和)

것이 아니라 한임(창조, 造化主, 어버이)·한웅(化育, 敎化主, 스승)·한검(완성, 治化主, 임금)으로 세 가지 작용을 의미하며, 그 주체는 '한얼님'이다. '한'은 임·웅·검의 주체로서 우주의 본체이고, '임·웅·검'은 각각 體·相·用이 된다.

283) 우원상, 「대종교의 제도와 의례」, 『한국신종교와 그리스도교』(서울: 바오로딸, 2002), 151−3쪽.

284) 강돈구, 『한국 근대종교와 민족주의』(서울: 집문당, 1992), 141−2쪽. 이는 조선 민족을 선민으로, 조선 영토를 성지로 만들면서 조선 민족에 신성함을 부여하는 작업이었다.

285) 「神事記」, 『역해종경사부합편』(서울: 대종교총본사, 1949), 79−80쪽.

286) 신재홍·김후경 공저, 『大韓民國 獨立運動 功勳史』(서울: 발행자불명, 1971), 576−7쪽. 채근식, 『무장독립운동비사』(서울: 대한민국공보처, 1949), 78−9쪽.

· 채오(蔡五) · 양현(梁玄) 등 대종교인이 근간을 이루었다.287) 중광단처럼 무기가 부족했던 정의단은 군사훈련에 주력하였지만 직접적인 군사행동을 할 수 없었다.288) 그러나 조선에서 광복단사건으로 3년간 옥고(獄苦)를 치르고 1917년 만주로 망명한 김좌진과 1919년 3 · 1운동 이후 만주로 망명하는 청년들이 입단하는 과정에서 정의단은 약간의 무기를 구입할 수 있었고 무장독립단체로서 면모를 갖출 수 있게 되었다.289)

정의단은 1919년 8월 7일 조직을 확대하여 군정부로 개편하였다. 군정부의 본영(本營)은 길림성 왕청현 서대파구(西大坡溝)라는 밀림(密林)지대에 설치되었다. 군정부의 구성원은 정의단에 비해 확대되었다. 그렇지만 서일 · 현천묵(玄天黙) · 김좌진 · 계화 · 이장녕(李章寧) · 김규식(金奎植) · 이범석(李範奭) · 조성환(曺成煥) · 박성태(朴性泰) · 정신(鄭信) · 김찬수(金燦洙) · 박두희(朴斗熙) · 홍충희(洪忠熹) · 이홍래(李鴻來) · 윤창현(尹昌鉉) · 나중소(羅仲昭) · 김성(金星) 등 그 중심인물은 대종교인이었다.290) 군정부는 신민회원들이 조직한 경학사 시기에 설립된 신흥강습소 관련자들을 수용하면서291), 그리고 시베리아의 체코군(軍)으로부터 무기를 구입하면서292) 1919년 12월에 다시 북로군정서로 조직을 확대 개편하였다. 왕청현 청명향(靑明鄕)에 소재한 북로군정서의 구성원은 총재 서일, 총사령관 김좌진, 참모장 이장녕, 사단장 김규식, 여단장 최해(崔海), 연대장 정훈(鄭勳), 연성대장 이

287) 박영석, 「대종교의 민족의식과 항일민족독립운동(하)」, 『한국학보』 32집(서울: 일지사, 1983), 106쪽.
288) 박영석, 「대종교의 독립운동에 관한 연구-김교헌 교주 시기를 중심으로」, 『사총』, 21·22합집(서울: 고려대 사학회, 1977), 381쪽.
289) 채근식, 앞의 책, 78-9쪽. 박영석, 앞의 글(1983), 106쪽.
290) 박영석, 앞의 글(1977), 381-2쪽.
291) 박영석, 앞의 글(1983), 107쪽.
292) 박영석, 앞의 글(1977), 382쪽.

범석, 경리 계화, 군기(軍器)감독 양현 등 대부분이 대종교인이었다.293)

일제는 백봉신형(白封神兄)에 관한 '황당한' 주장, 백두산[長白山]의 부근이 '부여족의 고지(古地)'라는 주장 등을 근거로 대종교를 '신비적 황담'(神秘的 荒譚)에 근거한 '조선인 고유의 미신 사상'으로 인식했다. 그리고 1918년까지 대종교가 '배일흥한(排日興韓)을 주장하면서 재만 한인의 민심에 영합(迎合)하고 있고, 기독교와 함께 간민회 활동을 전개하면서 교세를 점점 확장하고 있다'고 판단했기 때문에 대종교를 불령선인 단체로 간주하였다.294) 대종교는 일제에게 '조선인 고유'의 미신 사상을 지닌 배일 종교단체로 소멸시켜야 할 존재였던 것이다.

대종교와 민족운동의 연관성은 이미 언급한 내용 이외에도, 1919년 1월 27일(음)에 여준(呂準)의 자택에서 조직된 독립의군부의 진행방침에 대한 논의를 통해 확인할 수 있다. 당시 논의된 진행방침은 "상해에 길림 대표를 파견하여 민속히 연락을 취할 것, 마필과 무기를 구입할 것, 근지(近地) 각처와 구미에 선언서를 발송할 것, 서·북간도와 아령(俄領)에 민속한 연락을 취할 것, 자금 모집을 위하여 비밀히 국내에 인원을 파견할 것" 등이었다.295) 당시 조직된 독립의군부의 구성원은 총재 여준(呂準), 군무 담당 김좌진(金佐鎭), 총무와 외무 담당 박찬익(朴贊翊), 서무 담당 정원택(鄭元澤), 그리고 상해 대표자 조소앙 등이었으며296) 대부분이 대종교 신자였다.

대종교가 종단 차원에서 민족운동에 활발하게 참여할 수 있었던 것은 다른 종교에 비해 초기 활동부터 중인층(中人層) 이하보다 사대부층의 참여비율이 높았고, 한말 이후 사대부층에 형성된 '조선중화주의보

---

293) 채근식, 앞의 책, 49쪽.
294) 東洋拓植株式會社京城支店 編, 앞의 책, 868-9面.
295) 정원택, 「志山海外旅行日誌(1919)」, 『間島流浪40년』(서울: 조선일보출판국, 1989), 42쪽.
296) 위의 글 참조.

다 개별 단위의 국가를 수호해야 한다는 사유'297)로 인해 반봉건(反封建)보다 반외세(反外勢)에 치중했기 때문으로 보인다.298) 또한 대종교가 한국사의 단군민족주의적 토대 위에서299) 단군을 민족의 공동시조로 간주하고 단군의 자손이라는 일종의 선민의식(選民意識)에 입각한 민족 정체성을 지니고 있었기 때문이다.300)

(2) 원종교인의 민족운동

원종교의 경우, 1916년에 창설된 대진단(大震團)을 제외하면 대종교에 비해 상대적으로 경신참변 이전까지 무장활동이 거의 없는 편이다. 현재까지 밝혀진 바에 의하면, 대진단은 독립 운동을 위해 당시 수백 명의 청년들을 훈련시키고 무장시키는 한편 철학과 이론으로 정신 무장을 시킨 일종의 결사대였고, 대진단원 가운데 일부는 안도현에서 의병들이 조직한 정의군정사(政義軍政司)와 관계를 갖고 있었다.301) 김중건은 원종교가 전파된 각 지역에 대진단의 지단을 설치하였고 군사훈련을 실시하였다. 3 · 1운동 이후 서 · 북간도 지역에 무장독립운동 단체들이 발전할 때 대진단은 러시아식 보총과 권총으로 무장력을 강화하여 장백현에 근거지를 둔 군비단, 홍업단, 태극단, 광복단 등과 무장대연합회를 구성하여 공동 투쟁을 전개하였다.302)

---

297) 김경일,「한국 유교와 민족주의」,『종교와 민족』(성남: 한국정신문화연구원, 2001), 110-
1쪽. 반외세는 척사위정론의 맥락과 연결된다. 척사위정론에서는 조선을 유일한 '도의'
(道義)의 나라로 인식하면서 조선을 수호하려는 의병운동이 전개될 수 있었다.
298) 강돈구, 앞의 책, 140쪽.
299) 정영훈,「대종교와 '단군민족주의'」,『단군학회』, 제10호(서울: 단군학회, 2004), 306
쪽.
300) 정영훈,「홍암 나철의 종교민족주의」,『정신문화연구』, 제88호(성남: 한국정신문화
연구원, 2002), 230쪽, 254쪽. 단군민족주의에 대해서는 정영훈,「'단군민족주의'의 前
史」,『단군학회』, 제8호(서울: 단군학회, 2003)를 참조.
301) 이강훈,「만주의 독립 활동과 김중건」,『나라사랑』, 제24집(서울: 외솔회, 1976), 92쪽.
302) 김지용 편저,『소래 김중건 선생 전기』(서울: 명문당, 2003), 155쪽.

원종교가 대종교에 비해 만주에서 활발한 무장활동을 전개한 것은 아니지만, 그 지향점을 고찰하면 원종교와 민족운동의 관계를 파악할 수 있다. 원종교는 1914년 이후 만주에 총사를 설치하였고, 만주 정착을 위해 '주의촌'과 여러 학교를 건립하면서 대외적으로 원종(元宗)을 표방하였다. '새 主義 선언'에 따르면, 원(元)은 '먹는 일이 으뜸'이고, 종(宗)은 '사람 질이 마루'라는 의미로서, 인간이 기본적으로 기아에 들지 않을 권리가 있고 인권의 존중을 누릴 자유가 있다는 사상이었다.[303] '원'(元)과 '종'(宗)은 각각 원종교가 내세웠던 농촌주의(農村主義)와 인도주의(人道主義)를 의미했다. 농촌주의와 인도주의는 원종교가 재만한인에게 당대의 세계와 다른 이상 세계의 건설 방식을 제시한 것이었다. 특히 후자는 원종교가 민족운동에 참여할 수 있는 내부 논리가 되었다. 재만한인에 대한 일제의 태도는 인도주의와 거리가 멀었기 때문이다.

원종교의 이상 세계론은 원종교가 우주와 그 기원을 설명하는 방식에서 찾아볼 수 있다. 원종교에서 우주와 그 기원을 설명하는 방식은 대종교의 경우와 달리, 과학에 근거한 진화론이었다. 『천기대경』(天機大經)의 설명 논리를 정리하면 다음과 같다.[304]

　　첫째, 광물보다 하위 개념인 형물(亨物)은 영자(靈子) 또는 극신(極神)에서 비롯된 것이며, 인간은 영자의 진화가 극(極)에 이른 것이다. 둘째, 영자 또는 극신의 물질상 진화는 일정한 법칙인 극리(極理)에 따라 이루어진다. 즉 영자 또는 극신은 극리와 상승(相乘)한다. 셋째 극신과 극리가 상승하여 쌓인 것[相乘積]이 극원(極元)이며 만물의 물적 세계는 모두 극원의 표현이다. 넷째, 극원으로 가득 찬 우주는 큰 생물이다.

---

303) 위의 책, 123쪽.
304) 위의 책, 113-4쪽.

원종교의 이상 세계 건설은 특히 우주의 기원과 존재를 설명할 때 중시되는 극원 개념과 관련된다. 김중건은 극원을 연구할 때 물적 방면을 말(末)로, 비물적 방면을 본(本)으로 보는 것이 편리하다고 전제한 후, 이분법으로 말과 본에 대해 설명하였다. 말이 비일(非一)·불평(不平)·분(分)·단(端)·화(化)라면, 본은 일(一)·평(平)·합(合)·원(原)·조(造)라는 것이었다. 그리고 "세계가 어제까지는 演繹的 臨末의 運이 지나고, 오늘부터 歸納的 復本의 運에 當하여 마침내 一合平原의 大共和及 無國에 이를 것"이라고 강조하였다.305)

김중건은 약육강식과 같은 자연법칙[惡自然]과 꽃과 나비의 관계처럼 상호 보완적인 자연법칙[善自然]을 구분하면서, 후자에 입각하여 인류 전체의 사회제도 또는 도덕이 성숙된 상태가 대공화이고, 더 나아가 제도 자체도 잊어버린 채 자연도덕(自然道德)으로 살아갈 수 있는 상태가 무국이라고 보았다. 무국 실현은 농촌주의와 인도주의의 과정, 즉 농도과정(農道過程)의 삼 단계 과정을 거치는데, 그 삼 단계 과정이란 '세계가 장래에 현재의 사회제도를 바꾸게 되는 과정[A]', '한 조직체가 되는 과정[B]', 그리고 마지막으로 '사회적 일아화(一我化)가 되는 과정[C]'을 의미했다.306)

원종교에서 제시한 원종의 삼 단계 실현 과정, 즉 농촌주의와 인도주의의 삼 단계 실현 과정에서 마지막 단계인 '사회적 일아화(一我化)가 되는 과정[C]'은 무국을 의미했다. 원종교는 무국을 실현하기 위해 농촌주의 실현, 즉 도시 생활보다 농촌의 집단촌 생활을 선택하였다. 그리고 인도주의 실현을 위해 대진단을 조직하여 민족운동에 참여하였던 것이다. 이미 지적했듯이 일제도 원종교에 대해 호의적인 태도를 보이

305) 위의 책, 114쪽.
306) 위의 책, 115쪽.

지 않았다. 원종교가 종교활동과 더불어 민족운동을 진행할 수 있었던 것은 '원종의 출현 이후 전개되기 시작했다는 후천 세계'에서 더 이상 약육강식의 자연법칙이 통용되어서는 안 된다는 인식 때문으로 보인다.

대종교가 여러 무장단체들을 조직하면서 동시에 정교분리의 원칙에 따라 종교 영역에서 천손(天孫)사상을 내세우며 조선 민족에 신성성을 부여했다면[307], 원종교는 후천 세계에서 농촌주의와 인도주의의 마지막 단계인 무국 실현을 위해 일제의 약육강식 논리를 거부하는 맥락에서 민족운동을 진행할 수 있었다. 민족운동의 주체라는 면에서 볼 때, 만주에서 대종교와 원종교의 종교운동과 민족운동은 개별 신자들이라기보다 종단이 주체였다. 이들 신종교는 조선에서 기독교와 달리 유사종교로 간주되었고, 이 과정에서 종단 자체를 만주로 이전하였기 때문에 만주에서 종단 차원의 민족운동이 가능했던 것이다.

일제는 만주에서도 사회의 안녕·질서·풍속을 문란(紊亂)하게 하는 한에서 종교의 자유 또는 신앙의 자유를 인정 한다는 태도를 지니고 있었다.[308] 만주에서 민족운동에 참여한 조선 종교인들에 대해서 일제는 불령선인(不逞鮮人)의 범주로 묶어서 관리하고자 하였다.

---

307) 강돈구·고병철, 「대종교의 종교민족주의」, 『단군학회』, 제6호(서울: 단군학회, 2002), 185－90쪽.
308) 友枝英三郎, 앞의 책, 305쪽.

III. 간도참변과 조선 종단의 만주 정착

앞장의 내용은 조선 종교인들이 만주로 이주한 과정과 그들이 전개한 민족운동을 서간도와 북간도, 그리고 기독교와 신종교로 구분하여 고찰하고, 이를 통해 제1기 종교운동의 양상과 성격을 지적한 것이다. 본 장에서는 재만한인이 종교운동에 집착하게 된 계기, 조선 종단이 만주에 정착한 과정, 그리고 한인사회에 형성된 종교문화에 대해 고찰한다. 이를 통해 제2기 종교운동의 전반적인 양상과 성격이 제1기 종교운동에 비해 어떻게 달라졌는지를 규명하고자 한다.

1. 간도참변의 경위와 영향

간도참변(間島慘變)은 일본군이 1920년 10월 2일 훈춘사건을 빌미로 동년 10월 14일 이른바 '간도출병성명서'를 발표하고 약 2만 여명의 부대 병력을 동원하여 서·북간도의 한인을 포함하여 많은 인명들을 살육한 사건이다.[1] 일본 외무성의 '간도출병성명서'에 따르면, '훈춘

---

1) 조동걸, 「滿洲에서 전개된 한국독립운동의 역사적 의의」, 『한국사연구』 111집(서울: 한

사건의 흉변(凶變)'을 빌미로 영사관과 거류민에 대한 보호, 음모단(陰謀團)과 비적(匪賊)과 마적단 습격의 화근에 대한 일소(一掃)가 '간도출병'의 명분이었다. 일제의 '출병' 논리는 용정촌, 두도구, 국자가, 백초구 등에 있는 영사관과 '재류(在留) 제국신민'의 생명과 재산을 보호하기 위해 부족한 기존 병력을 보충할 수 있는 군대를 '임시로 증파'해야 한다는 것이었다.[2]

그러나 '간도출병'이 대륙침략정책으로 이루어진 1918년의 시베리아 '출병' 연장선에서 진행된 것이기 때문에 일제의 출병 명분은 가시적인 것일 뿐이었다. 일본이 1918년 1월과 6월에 각각 해군과 육군을 시베리아로 출병시킨 대외적인 명분은 러시아혁명[3]이 발생한 상황에서 시베리아 재류 거류민을 보호한다는 것이었다. 일본군이 블라디보스톡(Vladivostok)항을 점령한 이후부터 1922년 10월 블라디보스톡을 철수할 때까지 한인무장단체들은 일본군에 간간이 타격을 주는 존재였다. 1918년부터 조직된, 그리고 1919년부터 더욱 활발하게 조직된 한인무장단체들의 활동은 1920~21년에 절정에 이르렀다.[4] 대표적인 예가 1920년 3월 12일 연해주 북쪽 항구(북사할린 건너편) 니꼴라예프스끄(泥港)에 주둔한 일본군과 일본 민간인을 공격한 박이리아 부대의 경우였다. 이 사건은 러시아 적군(赤軍)의 영향으로 1920년 초에 연해주를 비롯한 극동지방에서 성립된 친볼셰비키정부를 공격하려는 일본군의 계획과 맞물려 4월참변으로 연결되었다. 1920년 4월 4~5일의 일본군 대공세로 연해주 전역에서 수 백 명의 한인들이 희생되었고, 특히 신

　　국사연구회, 2000), 208쪽.
2)「間島出兵聲明書」,『每日申報』, 1920년 10월 16일자.
3) 러시아혁명은 1905년 제1차 혁명과 1917년의 2월혁명·10월혁명으로 구분된다. 특히 10월혁명을 통해 마르크스주의에 입각한 사회주의사회의 실현을 목표로 하는 정권이 탄생되었기 때문에 러시아혁명과 10월혁명은 같은 뜻으로 쓰이기도 한다.
4) 권희영,「자유시사변연구」,『한국사학』14(성남: 한국정신문화연구원, 1994), 57쪽.

한촌을 비롯한 한인들의 밀집지역에서는 일본군과 경찰의 탄압으로 학교가 소각되고 한인지도자들이 처형되었다.[5]

1920년 4월 6일에 일본군과 러시아공화국 사이의 완충국으로서 극동공화국이 세워졌지만, 연해주의 4월참변은 러시아 지역뿐만 아니라 북간도의 한일무장단체들에게 영향을 미쳤다. 러시아에서 반일무장단체들은 연해주의 '4월참변'을 계기로 활동 무대를 우수리 주 북쪽으로 이전하였는데, 그 결과 연해주 지역과 경계를 이루던 북간도의 반일무장단체들은 사면초가의 형세에 놓이게 되었다. 일본군이 우수리 지역에 주둔하면서 북간도의 반일무장단체들은 연해주 주둔 일본군(동쪽), 조선 주둔 일본군(남쪽), 관동군(서쪽), 우수리 주둔 일본군(북쪽)으로 둘러싸이게 되었기 때문이다.[6]

일본군은 연해주 일대를 점령한 후, 그 접경 지대로서 많은 한인무장단체들의 근거지였던 간도에 주목하였다. 간도에는 이미 독립운동을 지원할 정도의 한인사회가 이루어져있었고, 특히 1919년 3·1운동 이후 한인무장단체들이 활발하게 활동하고 있었기 때문이다.[7] 한인무장단체들은 압록강과 두만강 대안에 있는 함경북도와 평안북도 지역을 수시로 침투하여 일본 순사와 소위 친일분자들을 살해하였고, 군자금 마련을 위해 금품과 현금을 탈취하기도 하였다. 조선총독부에서 1920년 1월부터 3월까지 집계한 한인무장단체들의 침투 횟수가 총 24회였

---

5) 조동걸, 「1920년 간도참변의 실상」, 『역사비평』(서울: 역사문제연구소, 1998), 48쪽.
6) 위의 글, 47-9쪽.
7) 韓國史料硏究所, 「不逞鮮人」, 『朝鮮統治史料』8卷(서울: 혜성문화사, 1986), 65-78面. 조선총독부경무국의 극비문서인 「在外不逞鮮人ノ近情」(1920년 9월)에는 당시 북간도에 대한군정서, 대한국민군, 대한독립군, 군무도독부, 대한의군부, 대한광복단, 의민단, 대한신민단, 대한정의군정사, 훈춘한민회 등이, 서간도에 서로군정서, 평안북도독변부(督辨府), 대한독립단, 한족회, 중흥단, 향약단, 광제청년단, 광한단, 의용대, 보약단, 보합단, 기원단, 백사단, 태극단, 흥복단, 암살단, 통신사무국, 대한독립군비단, 흥업단, 광복단 등이 활동하고 있었다.

을 정도로 한인무장단체들의 활동은 활발하게 진행되고 있었다.[8]

일제가 훈춘사건을 빌미로 정규군을 투입할 수 있었던 것은 무엇보다 훈춘영사분관이 습격을 당하였기 때문이다. 영사관이 한 나라의 주권을 대표하는 외교기구임을 염두에 둔다면, 훈춘영사분관에 대한 습격은 해당국가인 일본이 침략을 받은 것과 다름없는 일이었기 때문에 정규군의 투입이 가능했던 것이다.[9] 훈춘영사분관 주임은 훈춘사건 당일인 10월 2일에 내전(內田) 외무대신에게 중국 마적뿐만 아니라 약 100명의 불령선인(不逞鮮人)과 5명의 러시아인이 습격에 확실히 가담하였다는 내용의 전보를 발송하였고, 10월 3일과 6일과 7일 등에도 각각 영사관 습격에 불령선인과 러시아인이 가담했다는 전보를 발송하였다.[10] 그리고 간도총영사대리는 10월 3일에 훈춘사건을 국지적인 문제로 처리하여 중국측의 취체에 위임하는 소극책보다 그것을 간도불령선인취체문제와 관련된 좋은 기회로 여겨 일본군의 '출병'을 진행할 것을 내전 외무대신에게 요청하였다.[11] '간도출병'의 과정은 훈춘사건을 빌미로 간도총영사관과 영사분관에서 간도 전역의 '불령선인 취체'를 목적으로 일본정부에 요청한, 그리고 일본정부에서 이를 수용하는 것으로 이루어졌던 것이다.

'간도출병'을 결정한 일제는 외무성의 '간도출병성명서'를 통해 중국측에서도 출병의 부득이한 사정을 양해한다는 취지를 1920년 10월 9

---

8) 姜德相 編, 「對岸不逞鮮人ノ江岸侵入情況一覽表」, 앞의 책(1977), 647－48面. 반일부대들의 이러한 움직임은 '국내진공작전'으로 명명되기도 한다. 김춘선, 「庚申慘變 연구」, 『한국사연구』 111집(서울: 한국사연구회, 2000), 140쪽.

9) 김태국, 「청산리전쟁 전후 북간도지역 일본영사관의 동향과 그 성격」, 『한국사연구』, 111집(서울: 한국사연구회, 2000), 82－3쪽.

10) 姜德相 編, 「在琿春秋州領事電報」, 『現代史資料』 28(東京: みすず書房, 1977), 308－14面. 훈춘영사분관 주임은 내전 외부대신에게 이미 훈춘사건 전날인 1920년 10월 1일에 '중국 마적 습격의 움직임'이 있다는 전보를 보냈다.

11) 姜德相 編, 「在間島堺領事電報」, 『現代史資料』 28(1977), 276－8面.

일에 전해왔다고 밝히면서 출병의 정당성을 대외적으로 선전하였다.12) 일제의 '간도출병'의 내용은 크게 한인을 포함하여 제국신민에 대한 '보호'와 제국신민의 영역을 침범하는 무리들에 대한 '일소'였다. 유념할 것은 재만한인이 '보호'의 대상이면서 동시에 '일소'의 대상이었다는 점이다. 훈춘사건과 무관하게 일제는 이미 1920년 7월의 제3회 봉천회의(奉天會議)에서 군 병력을 사용하여 무력으로 간도의 불령선인을 일소한다는 계획을 논의하였다.13) 이런 맥락에서 볼 때 '간도출병'은 훈춘사건 이전부터 한인무장단체에 대한 '일소'를 목적으로 계획된 것이었고, 나아가 이 단체들의 사회·경제적 기반이었던 한인사회에 대한 '일소'를 겨냥한 작전이었다.14)

그러나 일본군의 한일무장단체에 대한 작전은 1920년 10월 21일부터 청산리 지역에서 벌어진 여러 전투에서 북로군정서 등의 군대에 패배하면서 타격을 입게 되었다.15) 그렇지만 일본군이 한인무장단체에 대한 추격을 계속 진행하면서 한인무장단체는 그들의 근거지를 만주에 그대로 둘 수 없는 상황에 직면하게 되었다. 그 상황에서 한인무장단체는 노령 지역을 그 활동의 안전지대로 간주하였다. 왜냐하면 소비에트정부는 여러 차례 그들이 약소민족의 해방세력임을 자처하였고, 독립군들도 소비에트정부의 관할 지역이면서 만주와 인접한 노령 지역에서 부대를 재편성하여 일본군과 일대 전투를 벌일 수 있다고 판단했기 때문이다.16)

---

12)「間道出兵聲明書」,『每日申報』, 1920년 10월 16일자.
13) 韓國史料研究所,「間島出兵史」上,『日帝統治史料』(서울: 혜성문화사, 1970), 11쪽.
14) 김춘선, 앞의 글, 138쪽.
15) 조동걸, 앞의 글(2000), 208쪽.
16) 권희영, 앞의 글, 66-68쪽. 간도방면의 독립군과 러시아정부의 연락을 맡은 사람은 신민단 단장이며 한인사회당의 중요 간부인 김규면이었다. 극동공화국은 만주의 한인무장단체들을 그 영내에 수용하였고, 한인무장단체들은 자유시에 집결하였고, 이 과정에서 1921년 6월에 자유시사변이 발생하였다.

청산리전투 이후 한인무장부대들이 극동공화국 영내인 노령 지역으로 이전한 것은 일제의 입장에서도 일정한 효과를 거둔 셈이 되었다. 일본군은 청산리전투에서 패배한 이후 약 8개월에 걸쳐 한인무장단체들의 지지 기반이었던 서간도와 북간도 일대의 조선인 학교와 교회당 등을 비롯하여 재만 한인사회의 파괴에 주력하였다. 이것이 이른바 간도참변이다. 간도참변은 '간도출병성명서'에서 확인할 수 있듯이 이미 청산리전투 이전부터 계획된 것이었다. 그러나 청산리전투에서 패배한 일본군의 보복행위로 간도참변의 피해상황은 더욱 확대되었다.[17]

한인무장단체들이 노령으로 이동한 상황에서 재만 종교인을 포함한 한인들은 일제의 무력에 대응할 방법이 없었기 때문에 참변의 상황을 받아드릴 수밖에 없었다. 간도참변 관련 선교사들의 보고에 의하면, 1920년 10월 19일 남과우 교회와 구세동 교회가 방화되었고, 10월 26일 이도구에서 기독교인들의 가옥이 소각되었고, 명동에서 장로 1명의 주택이 소각되었으며, 10월 30일 간장암 교회가 소각되고 주민들이 총살을 당하였다.[18] 동년 10월 31일에는 홍경현 왕청문(旺淸門)에서 교회의 장로와 여러 명의 집사(執事)가 봉변을 당하였다.[19] 재만 개신교뿐만 아니라 1920년 10월 30일에 ○○채양구의 천주교당이 소각되는 등 재만 천주교측도 피해를 입었다.[20] 1920년 11월 3일에는 서간도 통화현의 한인촌에 있는 대종교 계통의 배달학교(倍達學校) 직원 3명과 자치회원 4명이 학살당하는 등 재만 신종교측도 피해를 입었다.[21]

---

17) 조동걸(1988)과 김춘선 등은 경신참변이 청산리전투 이전부터 일제가 계획한 것이라는 점을 강조한다. 그러나 청산리전투의 패배는 일제가 예상하지 못한 충격적인 상황이었고, 그 이후로 일제의 병력이 상당히 투입된 점을 염두에 둔다면 청산리전투가 간도참변에 미친 영향이 고려되어야 한다.

18) 姜德相 編, 「宣敎師の告發と日本側の弁名」, 『現代史資料』 28(1977), 670-1面.

19) 「旺淸門附近의 慘狀」, 『독립신문』 1920년 11월 30일자.

20) '중화민국 당안 자료 6'(독립기념관 소장). 조동걸, 앞의 글(1998), 51쪽, 55-56쪽에서 선택 인용.

용정촌의 캐나다 장로파 선교단 소속 제창병원장이었던 마틴(S. H. Martin)의 보고에 의하면, 특히 '장암동학살사건(獐岩洞虐殺事件)'의 경우는 피해 상황이 심각하였다. 이 사건의 내용은 무장한 일본 보병 1대대가 그리스도교 촌락인 장암동 부락을 포위하여 곡물에 방화를 한, 그리고 부락민을 모두 밖으로 나오게 한 후 수십 명의 청장년을 사살하고 개신교계 종립학교와 가옥 등을 소각한 것이었다.[22] 중국측이 일제에게 강력한 항의를 전달하였지만, 이 사건은 일제가 '그리스도 전체교도, 특히 청년 전체를 소멸'시키기 위한 의도로 전개한 사건의 일환이었다.[23]

간도참변에서 재만 개신교는 다른 종단에 비해 상대적으로 많은 피해를 입었고, 그 과정에서 외국인 선교사들의 보도 행위가 이루어졌다. 외국인선교사들은 ①일본군대가 각 지방의 교회당을 소각하거나 훼손했는지의 유무, ②개신교 경영 학교 학생 등에 대한 일본군대의 행동, ③일반인에 대한 일본군대의 행동, ④전투의 상황, ⑤일본군대가 배일단체를 조사하는 수단과 방법 등에 대해 조사를 벌이며 사진 촬영을 하여 각 국의 영사관이나 본국에 알리는 활동을 하였다.[24] 예컨대 1920년 10월 31일에는 영국인 목사 2인, 동년 11월 1일에는 영국인 목사 1인과 선교사 2인이 연길현 장암동(獐岩洞)에서 일본군대 공격 후의 실황을 조사하고 시체 등을 촬영한 후 봉천 영국영사에게 그 상황을 보고하고 보호를 요청하기도 하였다. 반일 사상을 지닌 한인 전도사와 신도들도

---

21) 「西間島慘狀」, 『독립신문』 1920년 12월 13일자. 당시 배달학교의 교장은 조용석(趙庸錫), 교감은 김기선(金基善)이었다.
22) 姜德相 編, 「獐岩洞虐殺事件」, 『現代史資料』 28(1977), 676-8面. 이 내용은 마틴이 1920년 10월 31일 용정촌에서 장암동 부락으로 향하다가 장암동 부락에서 연기가 나는 것을 보고 그곳에서 10월 30일에 실제로 있었던 일에 대해 목격자들의 설명을 토대로 작성한 것이다.
23) 위의 책, 676쪽.
24) 韓國史料硏究所, 앞의 책(1986), 289-290쪽.

선교사들의 활동에 동참하였다. 이외에도 선교사들은 간도참변의 상황을 촬영하여 중국 해관장(海關長), 상해총무사(上海總務司), 상해영자신문(上海英子新聞), 그리고 경성(京城) 영국영사 등에게 통신으로 보고하는 등 일제의 만행을 폭로하는 역할을 수행하였다.[25] 일제는 선교사들의 활동을 민심의 동요와 일본군의 철수를 조장하여 개신교 교세를 확장하려는 의도를 지닌 것으로 이해하였고[26], 이런 맥락에서 여전히 많은 재만 기독교인을 '불령선인'의 각도에서 이해하였다.

기독교 선교사들의 활동에도 불구하고, 간도참변은 재만 종단, 특히 재만 기독교의 일대 방향 전환을 유도하는 계기가 되었다. 일제의 자료에 의하면, 간도참변 과정에서 학살을 당한 2,200여명 가운데 재만 개신교인이 약 100여명 이상 되었고, 가옥뿐만 아니라 100여 개의 교회당이 소각되었다.[27] 이에 비해 임시정부 간도통신원의 보고에 따르면 1920년 12월 중순까지 피살된 한인이 3,469여명, 체포된 자가 170여명, 강간을 당한 자가 71명이었고, 3,209여호의 민가(民家)와 36여개의 학교가 소각되었으며, 회당(會堂)이 소각된 사례도 14여호에 달하였다.[28] 임시정부의 자료에는 서간도와 북간도의 여러 지역들이 빠져 있었기 때문에 한인의 피해 상황이 더욱 많게 나타날 것은 자명하다. 일제와 임시정부의 자료를 통해 간도참변은 한인에게 물질적인 피해뿐만 아니라 정신적인 충격을 가져다준 사건이었음을 확인할 수 있다.

일제는 '간도출병'과 함께 직접 효과로서 ①한인무장단체의 사산(四散), ②한인무장단체의 근거지와 자원에 대한 소멸, ③귀순자의 유도 그리고 간접 효과로서 ①북간도에 한인에 대한 일본측의 시설 확장, ②

25) 위의 책, 289 - 291쪽.
26) 위의 책, 291쪽.
27) 위의 책, 289 - 290쪽.
28) 「西北間島 同胞의 狀 血報」, 『독립신문』 1920년 12월 18일자.

한인의 민심 각성과 지방행정에 대한 영향, ③중국관민의 각성 등을 의도하였다.[29] 일제는 이러한 맥락에서 간도참변 이후에도 '치안확보'를 이유로 간도에 총독부 산하의 경찰력을 대폭 증가하였고, 이를 통해 간도의 '조선화' 또는 '간도와 조선의 일체화'를 도모하고자 하였다.[30] 이는 '간도출병성명서'의 '임시 파견'이라는 일본 외무성의 논리에서 벗어난 것으로, '간도출병'과 그로 인한 간도참변이 '동아대국'(東亞大國) 건설을 위한 계획적인 군사행동의 일환, 즉 '대륙침략정책'의 구체적인 실행과정이었음을 보여준다.[31] '간도출병'을 통한 일제의 의도는 일제의 강력한 군사력과 피해를 경험한 한인에게 적중되었다. 예컨대 1920년 11월 11일부터 1921년 1월 20일까지 북간도에서만 4,603명에 달하는 한인이 서약서를 제출하고 '귀순'하였다.[32] 또한 일제는 한인의 주요 근거지에 경찰력을 배치하고 무력을 바탕으로 조선인거류민회 같은 친일조직에 '귀순자'를 강제로 가입시켜 통제하였다.[33]

결과적으로 '간도출병'과 함께 간도참변은 재만한인의 종교운동 방향을 전환시킨 계기가 되었다. 재만 종교인은 간도참변 이후 민족운동에서 탈피하여 각 종단의 내부 정비에 치중하게 되었다. 재만 종교인은 간도참변 과정에서 큰 타격을 받았을 뿐 아니라, 간도참변 이후에도 대륙침략정책의 일환으로 만주에 병력을 증파시킨 일제의 영향을 받을 수밖에 없었기 때문이다. 간도참변 이후, 재만 종단은 내부 조직의 정비와 종교교육의 확대에 치중하였고, 이 과정에서 재만한인의 종교문화가 형성될 수 있었다.

---

29) 韓國史料硏究所, 앞의 책(1970), 106-110쪽.
30) 김춘선, 앞의 글, 139쪽.
31) 위의 글, 138-139쪽.
32) 김태국, 앞의 글, 89쪽.
33) 김태국, 「북간도지역 조선인거류민회(1917-1929)의 설립과 조직」, 『역사문제연구』 4집(서울: 역사문제연구소, 2000), 252쪽.

2. 종단 조직의 정비

1920년대 이후에도 조선인들의 만주 이주가 계속되었지만, 간도출병의 영향으로 항일무장단체들이 연해주 지역으로 이동하면서 민족운동 세력은 약화된 상황이었다. 1920년대 중반에는 "몇 해 전에 그 많던 무장단(武裝團)들은 다 어디로 갔느냐"고 한인들이 반문할 정도였다.[34] 또한 간도참변은 재만 종단에게 일제의 강력한 군사력을 재차 인식시키는 간접 효과를 낳았고, 재만 종단의 관심을 민족운동보다 내부의 조직 정비에 치중하게 만들었다.

1) 기독교의 조직 정비

간도참변 이후 만주국 건국이전까지 재만 기독교는 조선 종단의 관심 속에서 조직을 정비하고 확대하였다. 조선의 종교들은 1920년대에 조직을 구성하거나 재편하면서 재만한인의 선교활동에 주력하였고, 만주를 선교를 위한 공간으로 만들었다. 특히 북간도는 기독교에게 시베리아와 함께 일종의 선교 실험장이 되었다.

(1) 천주교의 조직 정비

만주는 공식적으로 길림[북만]교구 소속이었지만 실질적으로 조선 경성교구의 파리외방전교회가 길림 주교에게 조선인 신자들의 사목만을 위임받고 신부들을 파견해온 곳이었다.[35] 그 이유는 주로 조선인 신자들과 북만[길림]교구의 신부들 사이에 언어소통이 불가능했기 때문

---

34) 김홍일, 「北滿奧旨旅行記(1925)」, 『間島流浪 40년』(서울: 조선일보출판국, 1989), 54쪽.
35) 장정란, 「외국 선교회의 한국 선교 – 독일 베네딕도회의 원산교구 시대 –」, 『인간연구』 7집(서울: 가톨릭대 인간학연구소, 2004), 232쪽.

이다. 이런 상황은 1920년 8월 경성교구에서 함경남북도를 관할하기 위해 분립된 원산교구의 설립 직후까지도 지속되었다.

그러나 1921년 3월 19일 로마교황청이 간도와 흑룡강성의 의란(依蘭)을 베네딕투스회가 새롭게 담당한 원산교구에 편입시키기로 결정하면서 천주교의 만주 선교활동은 활발해지기 시작하였다. 베네딕투스회는 1921년 5월 원산교구의 초대 교구장이며 베네딕투스 대수도원 원장인 사우에르가 명동성당에서 주교로 성품된 후, 경성대목구로부터 원산과 내평(內坪)의 두 개 본당과 간도의 삼원봉(三元峰), 용정, 팔도구의 세 개 본당, 그리고 신자 약 8,300명을 인수받았다. 그리고 1921년에 원산교구의 각 본당 신부가 베네딕투스회 소속의 독일 신부로 교체되면서 간도의 용정 본당에 히머(Kallistus Hiemer, 任竭忠 또는 任渴忠)신부, 삼원봉[영암촌] 본당에 다베르나스(Kanut d'Avernas), 羅國宰)신부, 팔도구[조양하] 본당에 퀴겔겐(Canisius Kügelgen, 具傑根)신부가 각각 임명되었다.[36]

교체된 독일인 신부들은 이전과 달리 선교활동에 주력하면서 선교활동의 새로운 분위기를 조성하였는데, 아래의 인용문은 그 분위기를 보여준다.

> 간도지방이 아직 파리외방정교회 관할인 경성교구(京城敎區)의 전교 구역으로 되어 있을제는 삼원봉(三元峰) 용정(龍井) 팔도구(八道溝) 세 곳밖에 신부 계시는 교회가 설립되지 않았다. 그러므로 그 때 이 연길(延吉=局子街)은 무정기로 길림교구 신부에게 순방받는 중국인 신자 몇 십명이 있을 뿐이었다. 그리다가 원산(元山)교구 형성과 함께 독일 성분도회 신부들이 교체됨을 따라 1922년에 비로소 테오도로백신부(현 교구장)가 연길시 주임신부로 지정되자 부근에 흩어진 중국인 신자와 아

36) 『경향잡지』, 제15권 469호, 1921.5.15. 韓興烈, 앞의 글, 12-3쪽. 위의 글, 234쪽.

울러 조선인 신자를 일집하야 교회를 건설하게 되었다.[37]

초대 원산교구장인 사우에르 주교는 승품식이 거행된 직후인 1921
년 8월에 북간도를 시찰하였다.[38] 당시 사우에르 주교는 간도성 연길
현의 용정 본당과 팔도구 본당, 그리고 화룡현의 삼원봉 본당을 시찰하
는 동안 780명에게 견진성사(堅振聖事)를 주었다.[39] 이 과정에서 조선
인 신부 양성의 필요성을 절감한 사우에르 주교는 조선인 전교사 양성
을 위해 1921년 덕원(德源)에 신학교를 설립하여 간도 출신 14명을 입
학시켰다.[40] 조선인 전교사 양성사업은 베네딕투스회와 파리외방전교
회의 선교사업에서 큰 차이점을 보이는 부분이다.

베네딕투스회가 간도를 관할하면서 간도 천주교의 활동영역은 점차
확장되었다. 1922년 11월에는 간도의 중심지 연길의 하시(下市, 아랫
개방지)에 연길분원 겸 본당이 설립되었고[41], 분원장에 중국학 전공자
였던 브레허(Breher, Theodorus; 白化東, 1889~1950) 신부가 임명되었
다.[42] 1923년에는 훈춘현 육도포촌(六道泡村, 六道溝)에 팔지(八池) 본
당, 1924년에는 훈춘 본당, 1926년에는 각각 연길의 국자가(局子街)와
길림성의 돈화(敦化)에 본당이 설립되었다.[43] 1923년 9월 24일부터 원
산과 간도를 시찰했던 사우에르 주교도 10월 4일에 훈춘에 도착하여
10월 5일부터 6일 동안 팔지 본당, 연화동 공소, 남산 공소에서 모두
172명에게 견진성사를 주는 등 적극적인 관심을 계속 표명하였다.[44]

---

37) X生,「延吉區敎 各敎會 沿革과 現勢」,『가톨릭靑年』, 41호(1936.10), 30쪽.
38)『경향잡지』, 제15권 177호, 1921.9.15.
39)『경향잡지』, 제15권 478호, 1921.9.30.
40) 韓興烈, 앞의 글, 20쪽. 1935년 2월 2일 인가를 받을 당시에 간도 신학생은 30여명에 달
　했다.
41) X生, 앞의 글,『가톨릭靑年』, 41호(1936.10), 31쪽.
42) 장정란, 앞의 글, 235쪽.
43) 韓興烈, 앞의 글, 13쪽. 위의 글, 235-6쪽.

1928년은 간도의 한인 신자들에게 중요한 해가 되었다. 사우어 주교의 요청으로 원산교구로부터 1928년 7월 3일과 19일에 각각 의란 포교구(布敎區)와 연길 지목구(知牧區)가 분할되었다. 연길 지목구는 1929년 2월 5일 연길 팔도구 본당의 주임신부였던 브레허 신부가 초대 지목으로 임명되면서 교구장교구인 감목대리구(監牧代理區)로 승격되었다.[45] 당시 연길교구에는 화룡, 훈춘, 연길, 왕청(汪淸)의 4현과 그 부근에 있던 5현이 소속되었으며[46], 분립 당시 간도의 한인 천주교 신자 총수는 12,057명이었다.[47] 초대 연길교구장에는 브레허 주교가 임명되었다.

연길교구의 분립은 파리외방전교회가 선교 초기에 간도의 한인을 비관적으로 인식한 것과 전혀 다른 결과였다. 파리외방전교회 소속의 브레 신부는 1899년 6월에 뮈텔 주교에게 간도의 호천포(湖泉浦) 공소 해체에 대해 보고하면서 "이런 사람들과는 아무 것도 확정적으로 조직할 방법이 없"다는 비관적인 모습을 보였다.[48] 그러나 1920년부터 원산교구를 담당한 베네딕투스회는 재만한인을 대상으로 적극적인 선교활동을 전개하면서 연길교구를 탄생시켰고, 1929년까지 8개의 본당을 운영했을 정도로 교세를 확장시켰다.[49] 1929년 당시 연길교구에는 8개의

---

44) 『경향잡지』, 제17권 528호, 1921.10.31.
45) 『경향잡지』 제62권 9호, 1970.9.1. 장정란, 앞의 글, 238–9쪽. 주교가 아닌 성직자가 관할하는 지목구는 교세가 발전하면서 주교가 관할하는 대목구로 승격된다. 새로운 포교구로 독립한 의란은 이미 1924년 베네딕투스회 신부들이 본당을 창설하여 활동하고 있었기 때문에 1934년 5월 카푸친 수도회에게 인계하기 전까지 사우어 주교의 관할하에 두었다.
46) X生, 앞의 글, 『가톨릭靑年』, 41호(1936.10), 30쪽. 부근의 5현이란 1936년을 기준을 했을 때 길림성 내의 2현, 빈강성 내의 3현을 의미한다.
47) 韓興烈, 앞의 글, 14–5쪽.
48) 한국교회사연구소 역편, 앞의 책, 310쪽.
49) 河村嚴, 앞의 책, 41–2面. 북만교구와 남만교구를 담당했던 파리외방전교회도 1930년 전후에 교구를 분립시키면서 교세를 확장시키고 있었다. 1928년에 차차하르[齊齊哈爾]교구와 의란(依蘭)교구, 1929년에 사평가(四平街)교구, 1932년에 무순(撫順)교구 등

본당과 더불어 147개의 공소, 15명의 신부, 196명의 전교 회장(유급 18명, 무급 178명)이 있었는데, 이 규모는 의란교구뿐만 아니라 원산교구에 비교해도 큰 것이었다.[50]

연길교구장 브레허 주교는 1930년에 교지 기관인 수도원 겸 주교사무소를 건축하고 독일에서 베네딕투스회 소속의 수사 7, 8명을 불러 관리소의 사무를 돕게 하였다.[51] 이 수도원은 1934년에 연길교구의 신부와 수사 총 30여명으로 구성되어 연길성십자가수원(延吉聖十字架修院)이라는 명칭으로 인가를 받았고, 브레허 주교가 원장직을 겸임하였다.[52] 수도원의 설립 목적은 천주교 신자들의 자기 완성과 교회 발전이었으며, 1936년까지 16명의 수도사를 둔 이 수도원은 연길교구에서 전교사무의 중앙 관리소 역할을 담당하였다.[53] 1931년에 설립된 명월구(明月溝) 본당을 포함하여[54] 1933년경 연길교구의 교세는 본당 12개소, 신자 12,676명, 신부 16명, 수사 9명, 예비자 1,624명이었다.[55]

브레허 주교는 직접선교 방식으로 교세 확장을 도모하면서, 한편으로 "전교사업에 내적 요소인 기구생활과 자선사업을 돕게" 한다는 명분으로 1931년에 수녀원을 설립하였다. 설립 당시 수녀원의 수녀들은 십자회의 수녀들로 구성되었다. 브레허 주교가 스위스[西瑞]의 십자회에 수녀들을 요청하였기 때문이다.[56] 십자회 소속 수녀들은 간도에서 학교교원, 치료소 간호인, 유치원 보모 등의 역할을 담당하였다.[57] 브레허 주교는 수녀들에게 간접선교자의 역할을 수행하게 하면

이 분립되었다.
50) 장정란, 앞의 글, 239쪽.
51) X生, 앞의 글, 『가톨릭靑年』, 41호(1936.10), 30-1쪽.
52) 위의 글, 31쪽. 河村嚴, 앞의 책, 57面.
53) 韓興烈, 앞의 글, 15-6쪽.
54) 『뮈텔주교일기』5, 184쪽.
55) 경도범, 「聖오딜니아外邦傳敎會」(二), 『가톨릭靑年』, 7호(1933.12.), 38쪽.
56) X生, 앞의 글, 『가톨릭靑年』, 41호(1936.10), 31쪽.

서 직접선교 방식과 간접선교 방식을 병행하였던 것이다. 이후에도 연길교구의 간접선교 방식은 지속되었다.[58]

연길교구에서 베네딕투스회의 선교활동은 소년운동을 통해 전개되기도 하였다. 베네딕투스회는 소년이 "그 社會, 그 宗敎, 그 國家의 싹이며 希望이며 힘"이라는 인식을 가지고 있었다.[59] 베네딕투스회는 먼저 용정과 대령동(大領洞)에서 탈시시오 소년회를 결성하였고, 이를 연길교구 전체로 확산시키고자 1931년 8월 3일에 대령동에서 제1차 전(全) 간도 가톨릭소년회 연합대회를 개최하였다. 그리고 당시 결성된 탈시시오 소년회 연합회를 로마의 탈시시오 모회(母會)에 가맹시켰다.[60] 한편 베네딕투스회는 탈시시오 소년회뿐만 아니라 데레샤 소녀회와 세시리아 처녀회(處女會)도 결성하였다. 그리고 탈시시오 회보(會報)를『가톨릭少年』으로 발전시켜 간도에서 발간하였다.[61]

베네딕투스회가 간도에서 교세 확장을 위해 노력한 결과, 간도의 한인 신자 수는 점차 증가하였다. 1896년부터 1936년까지 간도 천주교의 신자 수 변화를 살펴보면 <표4>의 내용과 같다.[62]

<표4>의 내용은 베네딕투스회가 원산교구를 담당하여 간도를 관할하기 시작한 이후에 신자 수가 점차 증가되었음을 말해준다. 그리고

---

57) 韓興烈, 앞의 글, 16쪽. 십자회 소속 수녀들은 1936년 당시 "조선인 허원(許願) 수녀 四人"과 "二十여명의 지원 혹 연습자"가 있었다.

58) 韓興烈, 앞의 글, 16쪽. 경도범, 위의 글,『가톨릭靑年』, 7호, 1933.12. 브레허 주교는 1933년에 지방수녀지원(地方修女支院)을 설립하고 수녀와 지원자를 파송하여 "직접 전교사무를 돕게" 하였다. 그리고 1936년 10월에 용정, 명월구, 훈춘, 연길 등에도 지방수녀지원을 설립하게 하였다

59) 黃聖準, 「少年運動一瞥」,『가톨릭靑年』, 41호(1936.10), 56쪽.

60) 위의 글, 57-8쪽. 제2차 탈시시오 소년회 연합대회는 1934년 8월 6일부터 3일 동안 용정에서 수양회의 형식으로 개최되었다. 탈시시오 소년회는 336명의 회원을 보유하고 있었는데, 당시 약 200여명이 모임에 참가하였다.

61) 위의 글, 60쪽.

62) 韓興烈, 앞의 글, 20쪽. 원자료에 막대그래프로 구성된 표를 필자가 재구성하였음.

1928년에 연길교구가 원산교구에서 분립된 후에 신자 수가 더욱 증가되었음을 보여준다. 위의 표가 게재될 당시인 1936년 10월 말경, 연길교구에는 22명의 전교사, 14개의 교회, 15,000명의 신자들이 있었다.[63]

<표4> 41년간 간도의 신자증가표(1896~1936년)

年數	信者의 人數	備考
1896	1	
1868	405	白神父 첫 전교 時
1907	1,750	白神父 마지막 전교 時
1909	2,100	間島三箇所 本堂 설립 時
1916	5,891	
1921	7,787	元山敎區가 京城敎區에서 갈릴 時
1923	9,990	
1928	11,764	延吉교구 분립 당시
1936	14,000	현재

1936년만해도 1,000여명의 신자가 생긴 것, 나아가 파리외방전교회에서 베네딕투스회로 담당이 교체된 이후부터 연길교구의 교세가 빠르게 확장된 것은 '조선인 회장'들의 역할이 컸기 때문이다. 전교 회장과 공소 회장은 선교사들의 가장 큰 애로점인 언어의 장애가 없었고, 선교사들과 신자들 사이에 중개 역할을 하면서 교세 확장에 힘을 기울였던 것이다.[64] 1909년부터 1936년 10월경까지 연길교구의 교세 변화는 <표5>의 내용과 같다.[65]

---

63) X生, 앞의 글,『가톨릭靑年』, 41호(1936.10), 30쪽. 부근의 5현이란 1936년을 기준을 했을 때 길림성 내의 2현, 빈강성 내의 3현을 의미한다.
64) 장정란, 앞의 글, 236쪽. 회장은 전교회장과 공소회장으로 구분되어 임명되었는데, 전교회장은 유급이었다.

<표5> 간도의 천주교 교세 현황(1909~1936년)

敎會名	設立年	所在地	信者數	公所數	備考
龍井敎會	1909	間島省 延吉縣	1,743명	8개	7개 모임(회원 507명).
大拉子敎會	1909	間島省 和龍縣			前 三元峰 英岩村敎會. 유치원 20명
八道溝敎會	1910	間島省 延吉縣	2,284명	11개	10개 모임(회원 1,030명)
延吉敎區本部	1922	間島省 延吉縣			수도원 내 목공장 직공장 등 운영.
六道泡敎會	1923	間島省 琿春縣			1932년 폐지로 훈춘천주당 관할
琿春市敎會	1924	間島省 琿春縣	1,244명	22개	1개 모임(회원 22인). 주일학교 55명
敦化敎會	1926	吉林省 敦化	176명	3개	1931년 시국불안 관계로 연길 관할.
茶條溝敎會	1926	間島省 延吉縣	965명	8개	前 大領洞敎會. 7개 모임(회원 445명). 주일학교 50명
頭道溝敎會	1929	間島省 延吉縣	1,334명	10개	4개 모임(회원 105명), 주일학교 45명
蛤蟆塘敎會	1930	間島省 延吉縣	590명	5개	1개 모임(회원 70명)
明月溝敎會	1931	間島省 延吉縣	1,266명	7개	3개 모임(회원249명). 주일학교 133명
延吉上市敎會	1931	間島省 延吉縣	997명	5개	海星學校(교원7명, 생도416명), 주일학교 80명
汪淸敎會	1934	間島省 汪淸縣	108명		
牡丹江敎會	1935	濱江省 寧安縣	921명		
新站敎會	1936	吉林省 額穆縣	222명		1936년 10월 당시 건축 중

65) X生, 앞의 글, 30-9쪽;「延吉敎區各地方紹介」,『가톨릭靑年』, 41호(1936.10), 40-5쪽의 내용을 참조하여 표로 재구성하였음. 1935년의 기록에는 12곳의 성당명 가운데 백초구(百草溝) 성당이 포함되어 있었는데, 1936년 기록에는 백초구 성당이 누락된 것으로 보인다.「朝鮮各地聖堂主保一覽」,『가톨릭靑年』, 29호(1935.10), 64쪽.

(2) 개신교의 조직 정비

장로교가 1912년 9월 조선예수교장로회 총회 창립이후에 수행한 중요한 일 가운데 하나는 길선주 목사가 부장으로 있었던 전도부가 해외선교를 시도한 것이었다. 총회는 선교지를 중국 산동성 내양현(萊陽縣)으로 정했지만, 2년 후인 1914년에 홍경현에 노회 선교사로 국유치(鞠裕致)와 현대선(玄大宣)을 이주하게 하여 구동변도(舊東邊道)에서 선교 활동을 벌였다.66) 1917년에 평북노회에서 산서노회(山西老會)를 분립하였고, 만주의 교회가 증가하면서 1921년에 산서노회에서 다시 남만노회(南滿老會)가 분립되었다.67) 당시 남만노회의 교세는 교회 34개처, 기도소 109개처, 교인 3,327명, 목사 7명, 장로 14명, 소학교 22개, 성경학교 1개소였다.68)

1918년 용정에서는 함경노회(咸鏡老會)에서 함북노회(咸北老會)가 분립되어 조직되었지만, 조선예수교장로회총회는 간도 선교를 전담할 수 있는 별도의 노회를 필요로 하였다. 그 필요에 따라 1921년 12월 1일에 토성포 예배당에서 27개 당회 조직을 바탕으로 간도노회(間島老會)가 분립되었으나, 간도노회는 1925년에 동만노회(東滿老會)로 개칭되었다.69) 이는 기존의 남만노회와 균형을 맞추려고 한 것으로 보인다. 남만노회가 확대되면서 1931년에 북만노회를 분립시켜, 동만, 남만, 북만의 균형을 맞춘 것에서 짐작할 수 있다. 간도노회가 분립된 이후부터 1930년까지 동만지역에서 활동한 조선예수교장로교의 교세를 살펴보면 <표6>의 내용과 같다.70)

---

66) 김인수, 앞의 책, 193쪽.
67) 현규환, 앞의 책, 523쪽.
68) 평북노회사 편찬위원회, 앞의 책, 125쪽.
69) 현규환, 앞의 책, 523쪽.
70) 『죠선예수교쟝로회총회 회록』(1922~30). 한국기독교역사연구소, 앞의 책(1997), 120쪽

<표6> 동만지역의 조선예수교장로교 교세(1922~30년)

항목 연도	교회			교인		목사	재정(원)
	조직	미조직	기도처	세례교인	교인총수		
1922	30	57	28	1,961	6,392	6	34,215.86
1923	29	44	44	1,858	5,866	6	46,203.71
1924	28	47	35	2,126	6,271	6	57,997.53
1925	26	80	49	2,017	6,049	6	29,627.60
1926	33	76	26	2,788	6,130	6	37,871.67
1927	38	83	61	2,315	5,891	9	32,841.82
1928	34	74	68	2,241	6,094	10	30,937.78
1929	35	55	61	2,215	4,749	9	26,098.80
1930	33	54	66	1,968	4,866	12	34,173.79

1920년대는 북장로회가 남만노회를 조직하면서 만주 선교 사업을 본격적으로 시작한 시기였다. 1900년대 전후의 시기까지만 해도 남만 지역에는 스코틀랜드장로교회 선교부, 동만 지역에는 캐나다장로회 선교부가 활동을 하였다. 1900년에 남만 지역의 스코틀랜드장로교회 선교부는 미국 북장로회 한국선교부에 재만한인의 선교를 맡아 달라고 요청하였고, 북장로회가 이에 응하였다. 북장로회는 1921년 4월 21일에 남만노회를 조직하는 동안, 스코틀랜드자유교회선교부와 연합으로 흥경(興京)에 선교기지(mission station)를 개설하고 쿡(W. T. Cook)·솔타우(T. S. Soltau)·헨더슨(L. P. Henderson) 등을 상주시키며 한인 선교를 지원하였다. 비록 반기독교적 분위기, 마적단의 습격 등의 원인으로 선교 사업이 원활하지는 못했지만, 남만노회를 중심으로 한 만주의 교회는 1932년에 북만노회, 1935년에 봉천노회, 1937년에 영구노

에서 재인용.

회가 각각 분리되면서 교세의 확장을 도모하였다.[71] 1900년대 초반부터 북간도의 선교 사업에 착수한 캐나다장로회 선교부도 1920년대에는 선교 사업을 정비하는 차원에서 조직화를 추구하였다.[72] <그림7>은 개신교가 선교를 위해 만주를 지리적으로 분할했던 모습을 보여준다.[73]

<그림7> 만주 선교구역 분할도

남·북 감리회가 만주 선교 사업을 본격적으로 시작한 것은 1920년대 전후였다. 기독교조선감리회(1930)의 출현 이후, 1931년 12월 북간도 용정시에서 만주선교연회가 조직되기 이전까지 남·북 감리회는

---

71) 한국기독교역사연구소, 앞의 책(1990), 116-7쪽.
72) 「간도로회록서문」, 『간도로회 데一 데二회 회록』, 1922, 1-2쪽.
73) 한국기독교역사연구소, 앞의 책(1990), 114쪽.

서로 다른 선교 지역을 가지고 있었다.74) 북감리교회(또는 미감리교회)는 1918년 연회에서 배형식(裵亨湜, 1874~1955) 목사를 만주지역 선교사로 파송하였지만, 본격적으로 만주 선교활동에 착수한 시기는 장춘과 하얼빈에 교회가 들어선 1921년 3월부터였다.75) 그 이듬해에 북감리회는 꾸준히 무순과 봉천 등지에 교회를 설립하면서, 남감리회와 선교구역 분할 협의를 거쳐 길림교회와 그 지역에 있는 신앙촌, 신참, 화전, 액목, 돈화 등지의 교회들도 구역으로 편입시켰다.76) 무엇보다 북감리회의 만주 선교 사업이 활성화된 계기는 1923년 만주지방회의 출현이었다. 만주지방회가 출현한 이후, 배형식 목사는 1923년부터 1929년까지 만주지방회에서 감리사로서 노블 선교사 등과 함께 장춘, 길림, 하얼빈, 사평가, 영안, 액목, 봉천 등의 교회를 관할하였다.77)

남감리회의 만주 선교 사업은 1920년 5월 미국 남감리회 선교부 연회에서 만주·시베리아 선교사업안이 정식으로 가결되고, 그 결의안에 따라 조선 매년회에서 램버트 감독이 선교사 크램을 시베리아·만주 지역 감리사로 임명하면서 본격화되었다. 남감리회는 이미 1908년 이화춘(李和春, 1871~1956) 전도사를 북간도 용정에 파송한 경험이 있었지만, 1909년 장로회와 선교구역 분할 협정을 맺고 간도를 캐나다 장로회 선교부에 이양하면서 만주 선교를 일시 중지하였다.78) 그러나 1919년 3·1운동 이후 만주로 이주해 간 감리교인들이 장로교에 소속되려 하지 않자, 남감리회는 1919년 9월 제2회 매년회 직후 만주·시

---

74) 유동식, 『한국감리교회의 역사(1884~1992)』, 기독교대한감리회, 1994, 605−6쪽. (1931년 12월 4일 북간도 용정시 램버트기념예배당에서 만주선교연회가 조직되면서 만주는 북만지방(감리사 데밍)과 간도(동만)지방(감리사 배형식)의 2개 지방에 15개 구역으로 정비되었다.)
75) 위의 책, 383−5쪽.
76) 위의 책, 385쪽. 배형식, 「만주선교상황 2」, 『기독신보』, 1922.9.20. 8쪽.
77) 위의 책, 385−6쪽.
78) 위의 책, 388−9쪽.

베리아 선교를 계획하였다.[79] 특히 남감리회는 만주의 한인들 전체 가운데 약 40%의 인구가 있었던 간도에 주목하고, 1920년 10월 크램 감리사, 정재덕 선교사, 양주삼 목사에게 만주·시베리아 전도여행을 맡겼다.[80]

남감리회의 선교 사업의 활성화 계기는 1921년 8월에 조직된 시베리아·만주선교연회의 등장이었다. 남감리회는 1922년에 길림과 북간도를 포함한 5개 지역과 17개 구역회를 조직하였다. 그럼에도 불구하고 그 해 북감리회와 선교구역 협정을 맺으면서 길림을 포함한 북만주 선교를 북감리회, 북간도 선교를 캐나다장로회에 이양하였고, 남감리회는 블라디보스톡을 포함한 시베리아 선교에 치중하게 되었다.[81] 그러나 교역자가 감금되고, 예배당이 압수되고, 종립학교가 폐지되는 상황에서 시베리아 선교는 1920년대 중반부터 곤란한 상황에 부딪치게 되었다.[82] 이러한 상황은 1929년에 시베리아지역 교회 관할목사인 김영학이 시베리아 선교가 "희망이 없는 것으로 보인다"는 고백 속에 잘 드러난다.[83] 결국 남감리회는 시베리아 선교사업을 포기하고 목회자들을 북간도로 옮겨 선교활동에 주력하였다.[84]

한편 <표7>의 내용은 남감리회가 선교구역 협정 이후에도 내부적으로 재만 선교를 포기하지 않고 있었으며, 오히려 북간도에 선교활동을 집중하였음을 보여준다. <표7>의 내용은 1922년부터 1925년까지 남감리회 시베리아선교처 연회의 통계 기록이다.[85] 이 기록을 보면 남

79) 이호운, 『그의 나라와 생애』(대전: 감리교대전신학대학출판부, 1965), 60－1쪽.
80) 유동식, 앞의 책, 389－91쪽.
81) 위의 책, 391쪽.
82) 위의 책, 393쪽., "양주삼 보고", 「남감리교회 시베리아 조선인교회사업부 제4회 연회회록」, 1924, 11쪽 참조.
83) 「남감리교회 시베리아 조선인선교연회 제9회 회록」, 1929, 25쪽, 36－43쪽.
84) 유동식, 앞의 책, 394쪽.
85) 「南監理敎會 西比利亞宣敎處第二回年會會錄」(1922.10., 15－6쪽)의 내용, 「南監理敎會 西

감리회는 1922년 10월까지 만주를 훈춘동구(琿春東溝), 북간도, 길림, 액목현, 화전, 신참으로 구분하여 선교활동을 벌였음을 알 수 있다. 그리고 1923년과 1924년의 통계 기록은 남감리회가 북간도를 두도구, 용정, 왕청동·서·남·북구 등 6구역으로 구분하여 계속 관리하였음을 보여준다. 그리고 1923년과 1924년의 통계치를 비교해보면 원입인수(願入人數)를 제외했을 때 교세가 상당히 증가하고 있었다는 것을 말해준다. 뿐만 아니라 남감리회는 1925년에 북간도를 용정, 두도구, 옹성라자(또는 명월구), 대두천(大肚川), 백초구, 석현(石峴), 국자가, 경신(敬信) 등 8구역으로 구분하여 선교활동을 확장하였다.[86] 1924년과 1925년의 통계치를 비교할 때, 교회교역자와 직원수, 그리고 교회수와 교인수 거의 2배 이상의 수치를 보이고 있다.

<표7> 남감리회의 재만 교세 통계표(1922~5년)

管處轄		琿春東溝	北間島				吉林	額穆縣	樺甸	新站
			1922	1923	1924	1925				
교회교역자와 직원수	牧師數			2	3 :	4	1			
	傳道人數	1	3	4	4 :	5		1	1	1
	女傳道人數			2	3 : 頭道溝(1), 龍井(1), 汪淸西(1)	5	1			
	賣書人數					1				
	勸師數	1		4	8 : 頭道溝(2), 龍井(3),	30				

比利亞宣敎處 朝鮮人敎育事業部第四回年會會錄」(1924.9., 23-7쪽)의 내용, 그리고 「南監理敎會 西比利亞宣敎處 朝鮮人敎育事業部第五回年會會錄」(1925.9., 24-39쪽)의 내용을 합친 것임.
86) 「南監理敎會 西比利亞宣敎處 朝鮮人敎育事業部第四回年會會錄」(1925.9.), 24쪽.

					汪清北(1), 汪清東(1), 汪清西(1)				
	屬長數	7	28	15	29 : 頭道溝(7), 龍井(4), 汪清南(6), 汪清東(8), 汪清東(2), 汪清西(2)	52	2	5	3	2
	教會數	7	20	10	17 : 頭道溝(1), 龍井(1), 汪清南(5), 汪清北(4), 汪清東(3), 汪清西(3)	36(예배당16)	2	7	3	2
	入敎人數		238	380	513 : 頭道溝(162), 龍井(105), 汪清南(57), 汪清北(115), 汪清東(18), 汪清西(56)	850	24	82	14	9
교회와 교인수	水洗兒童數		68	119	184 : 頭道溝(73), 龍井(35), 汪清南(13), 汪清北(30), 汪清東(9), 汪清西(24)	316	4	59		8
	學習人數			37	114 : 頭道溝(17), 龍井(50), 汪清南(10), 汪清北(14), 汪清東(6), 汪清西(17)	154	14	45		11
	願入人數	453	973	250	439 : 頭道溝(160), 龍井(40), 汪清南(39), 汪清北(143), 汪清東(24), 汪清西(33)	781	86	184	67	29
	總計	453	1,179	786	1,250 : 頭道溝(412), 龍井(230), 汪清南(119), 汪清北(302), 汪清東(57), 汪清西(130)	2101	128	370	81	57

　남감리회가 북간도 선교활동에 집중한 경향은 1925년 이후에도 지속되었다. <표8>의 내용은 1926년부터 1929년까지도 북간도에서 남감리회의 교세가 꾸준히 증가했음을 보여 준다.[87] 주목할 점은 남감리회가 1926년까지 북간도를 용정, 두도구, 옹성라자, 대두천(大肚川), 백초구, 석현, 국자가, 경신향 등 8구역으로 구분하였으나, 1927년부터 이

---

[87] 「南監理敎會 西比利亞宣敎處 北間島地方第二回地方會會錄」(1927.9., 24-33쪽)의 내용, 「南監理敎會 西比利亞朝鮮人宣敎年會第八回地會錄」(1928.9., 32-8쪽)의 내용, 그리고 「南監理敎會 西比利亞朝鮮人宣敎年會第九回地會錄」(1929.9., 35-43쪽)의 내용을 합친 것임(단, 1927년 자료와 1928년 자료는 약간의 오차를 보이고 있음).

도구(二道溝)와 동구(東溝)를 포함하여 10구역으로 확장하였다는 것이다.[88] 1929년에는 석현과 이도구 구역이 제외되고 어후평(於厚坪) 구역이 편입되면서 9구역이 되었지만, 본처 전도사(本處傳道師) 8명이 새로 배치되었다.[89] 이러한 구역 확장은 남감리회가 1920년대에 북간도에 선교활동을 집중하였음을 의미하는 것이다.

<표8> 감리회 북간도의 교세 통계표(1926~9년)

管處轄		北間島			
		1926	1927	1928	1929
교회교역자와 직원수	牧師數	4	6	6	6
	傳道人數	7	7	8	8
	女傳道人數	5	6	6	7
	賣書人數	1	1	1	1
	勸師數	31	42	47	47
	屬長數	47	46	82	87
교회와 예배당과 교인수	教會數	34	39	44	42
	禮拜堂數	19	22	23	23
	入教人數	902	1,008	1,110	1,197
	水洗兒童數	366	423	516	143
	學習人數	223	205	211	518
	願入人數	761	807	864	666
	總計	2,252	2,443	2,701	2,524

침례교(당시 동아기독교회)는 1920년대에 만주 선교에 주력하였다. 침례교는 1920년에 간도성에 있는 종성동교회에 성경학원을 설치하고, 성서와 찬송가를 꾸준히 발행하면서 매서(賣書) 전도에 힘을 기울

---

88) 「南監理教會 西比利亞朝鮮人宣教年會第八回地會錄」(1928.9.), 32-3쪽.
89) 위의 글, 35-6쪽.

였다.[90] 1920년 이후 침례교는 다른 지역보다 먼저 선교활동을 벌인 훈춘구역에 방천향교회(1922)와 훈춘교회 외 5개 교회(1928)를 설립하였다. 왕청구역에는 시화재교회(1924), 역전교회와 왕청교회(1928), 시대표교회와 소왕청교회(1929), 황거우교회(1930), 남홍동교회(1932) 등 7개 교회가 설립되었다. 간도구역에는 시건평교회(1920), 홍선동교회(1921), 용정교회와 연길교회(1922), 북홍동교회와 등불사교회(1925), 강밀봉교회(1928), 사평가교회와 길림교회(1929), 삼가지교회(1930) 등 10개 교회가 설립되었다. 또한 북만구역에는 이란촌교회(1930)와 남가재교회(1931) 등 2개 교회가 설립되었다.[91]

1924년에는 제3대 감목으로 전치규 목사가 임명되면서 침례교의 선교활동이 활기를 띠고 전개되었다. 동아기독교회는 조선은 물론 간도, 만주, 몽고, 시베리아 구역을 모두 선교 구역으로 설정하고, 이에 따라 선교 지역에 지도자를 파송하고, 찬미대와 순회단을 운영하였다.[92] 또한 1916년과 1919년에 각각 간도의 종성동교회에서 제12회 대화회와 제14회 대화회를 개최한 흐름을 이어받아, 1925년에 만주의 관두구교회에서 제20회 대화회를 개최하기도 하였다.[93] 이 해에 펜윅도 러시아와 중국교회를 순회하면서 전도활동을 벌였다.[94]

성결교의 경우는 1920년대 중반에 최석모 목사의 보고와 시찰담으로 해외 선교의 분위기가 조성되었다. 이런 분위기 속에서 1925년 제2교역자회에서는 최석모의 보고를 논의한 후 용정에 교회를 세우기로

---

90) 기독교한국침례회총회 역사편찬위원회 편저, 『한국침례교회사』(대전: 침례회출판사, 1990), 57쪽.
91) 김태식, "재만 동아기독교 선교활동에 관한 연구(1906－1945)"(대전: 침신대 석사논문, 1986), 34－45쪽.
92) 기독교한국침례회총회 역사편찬위원회 편저, 앞의 책, 235쪽.
93) 위의 책, 256쪽(「대화회 년도 및 장소」 참조).
94) 위의 책, 235쪽.

가결하고, 예배당 건축비와 교역자의 여비를 전도국비에서 지출하기로 결정하였다.[95] 1925년 3월에는 용정에 경성 성서학원(聖書學院)을 졸업한 이원근 전도사를 파송하였다.[96] 수천만 명의 생명을 인도하려는 마음을 가지고 용정에 도착한 이원근은 6월에 주택을 구입하고 9월 초에 용정촌 제4구 광동가리에 있는 130여평의 부지를 구입한 후 그 안에 있던 초가 10칸짜리 주택을 수리하여 예배당으로 사용하였다. 그리고 입당 기념으로 9월 10일부터 17일까지 북청 지방회의 감리목사인 곽재근 목사와 회령교회의 주임교역자인 김종인 전도사를 강사로 전도회를 열었다.[97] 용정교회의 교역자는 1925년에 김강흡(金康洽)이 부임자, 1926년에 박노희(朴魯姬)가 여교역자, 그리고 1928년에 한경신(韓儆信)이 여교역자로 부임하면서 총 4명이 되었다.[98] 용정교회는 1926년에 북간도 천부산 도목구 정수동에 지교회(천보산 교회)를 설립할 정도로 전도에 열심이었다.[99]

성결교회가 남만 지역의 선교를 시작한 것은 1932년이었다. 성결교회는 "저 荒幣한 滿洲"에서 "靈肉間에 死線에서 彷徨하고 잇는" "우리 同胞들의 부르지짐"을 호소하며 1932년 1월 29일에 박문익(朴文翼)과 신원식(申元湜) 2인을 남만 지역의 봉천에 파송하였다.[100] 1930년대에는 장로교가 만주를 남만노회·간도노회·시베리아노회, 감리교(조

---

95) 이명직, 앞의 책, 29쪽.
96) 위의 책, 120쪽.
97) 「용정교회 전도사 주택 매수」, 『활천』, 31호(경성: 활천사, 1925.6.), 56쪽. 이원근, 「간도 여정기」, 『활천』, 34호(경성: 활천사, 1925.9.), 47-8쪽. 「용정교회 예배당 매수」, 『활천』, 35호(경성: 활천사, 1925.10.), 56쪽.
98) 이명직, 앞의 책, 120쪽.
99) 「용정교회의 지교회」, 『활천』, 49호(경성: 활천사, 1926.12.), 56쪽.
100) 崔錫模, 「滿洲傳道에 對하야」, 『활천』, 제10권 3호(경성: 활천사, 1932.2), 6-7쪽. 실제로는 재만 이재민들의 영혼을 위해 박문익만을 급파할 계획이었으나, 동경성서학원을 졸업하고 경성성서학원에서 청강하던 신원식이 자비로 동행한 것이었다. 『활천』, 제10권 3호(경성: 활천사, 1932.2), 56쪽.

선감리회 만조선교연회)가 1931년에 북만·간도로 나누어 조직적인 선교활동을 벌였는데, 성결교회도 1930년에 만주를 동만과 남만으로 분할하였다. 동만은 동만 순회사 이정원(李禎源), 남만은 남만 순회사 김광준(金光俊)이 담당하였다.[101]

1933년 제1회 총회까지 성결교회의 구역은 북부지방회, 서부지방회, 중부지방회, 호남지방회, 영남지방회, 선교지방회로 분류되어 있었고, 용정교회와 옹성라자교회(舊 천보산교회)[102]는 북부지방회, 봉천교회, 북릉교회, 포하교회, 구련산교회, 하얼빈교회는 선교지방회에 소속되어 있었다.[103] 그러나 1934년 1월 24일부터 28일가지 북청읍(北靑邑) 서리(西里) 성결교회에서 개최된 제2회 북부지방회에서 동만 일대를 선교지에 가입시키자는 건, 그리고 지세(地勢)와 경제상의 문제를 들어 북부지방회를 둘로 분립해야 한다는 건의안을 총회에 제출키로 하였다.[104] 총회에서는 다른 교파의 지방회처럼 만주를 동만 지역과 북만 지역으로 분할하여 선교에 주력하게 하는 한편, 두 지방회를 관할하는 본부를 봉천시 대화구(大和區)에 있는 봉천교회에 두었다.

1933년 제1회 총회는 동경과 만주를 동시에 지칭했던 선교지(宣敎地), 성서학원, 그리고 장막전도대와 5개의 지방회로 구성되었다. 각각 대표자로서 목사 대표와 신도 대표들이 모였는데, 만주지방회에서는

---

101) 현규환, 앞의 책, 563-4쪽. 이에 대해 정상운은 사료를 근거로 성결교회가 1940년에 교회 26곳, 기도소 10곳 이상, 포교자 37명에 교인 약 2,000명 이상의 교세를 갖고 있었다고 주장한다. 정상운, 『성결교회와 역사연구(Ⅰ)』(서울: 이레서원, 1997), 162쪽. 1940년에는 남만교구 소속의 7개 교회, 동만교구 소속의 7개 교회에 전체 교역자 37명, 교인 남녀 1,290명 정도의 교세를 가지고 있었다.

102) 이응호, 『한국 성결교회의 역사』, 제7집(서울: 성결문화사, 2004), 239쪽. 1928년에 용정교회의 지교회로 설립된 천보산교회는 1932년 8월 14일에 북간도 연길현 옹성라자로 교회를 이전하여 옹성라자교회라고 지칭되었다.

103) 『聖潔敎會 第一回 總會會錄』(경성: 東洋宣敎會 聖潔敎會出版部, 1933), 51-8쪽.

104) 『활천』, 제12권 3호, 165쪽.

신도 대표인 장서철(張瑞哲)만 참석했다.[105] 1933년 당시 만주지방회에는 봉천교회(1932.4.설립), 봉천북릉교회(1932.8.설립), 구련둔교회(1932.3.설립), 포하교회(1932.5.설립) 하얼빈교회(1932.7.설립) 등 5처개의 교회, 10개 처의 기도소가 존립하였는데[106], 총회에서는 부활주일을 '선교주일'로 지켜 해외 선교에 주력하자는 결의가 이루어졌다. 제4회 연회(1932)에 성진(城津; 구 淸津地方)지방회에 속했고, 1933년 제1회 총회에서 북부지방회로 분류되었던 용정교회(1925.3.설립)와 옹성라자교회(1932.8.설립)을 포함하면 재만 성결교회의 수는 7개였다.[107] 1931년 12월 말에 집계된 용정교회의 신도 수 89명과 주일학교 생도 수 101명, 천보산교회의 신도 수 27명과 주일학교 생도 수 23명을 포함한다면 1934년경 재만 성결교회의 전체 신도 수는 1,000여 명 가량으로 집계된다.[108] 1934년경 재만 성결교회의 교세는 <표9>의 내용과 같다.[109]

<표9> 재만 성결교회의 교세(1934년)

교회명	주소	장년 신자수	유년 신자수	총계
奉天敎會	奉天十間房第二區	80여명	60여명	140여명
北陵敎會	奉天北陵御花園町	90여명	50여명	140여명
蒲河敎會	遼寧省遼中縣蒲河	53명	22명	75명
瀋陽敎會 (舊 溝連屯敎會)	瀋陽縣(奉天城四溝連屯)	38명	90여명	130여명

105) 『聖潔敎會 第一回 總會會錄』(경성: 東洋宣敎會 聖潔敎會出版部, 1933), 1-2쪽.
106) 위의 책, 33-5쪽, 43쪽.
107) 위의 책, 51쪽.
108) 『聖潔敎會 第四回 年會議事錄』(경성: 東洋宣敎會 聖潔敎會出版部, 1932), 34-5쪽.
109) 『聖潔敎會 第二回 總會會錄』(경성: 東洋宣敎會 聖潔敎會出版部, 1934), 62-5쪽, 58쪽.

撫順教會	滿洲國	?	70여명	?
蒙古通遼教會		?	?	140여명

제2회 총회에서는 재만 성결교회들이 각각 기도와 전도에 주력하고 있음이 보고 되었고, 이 보고는 해외 선교비가 상승에 도움을 주었다.[110] 당시 재만 성결교회의 설립 통계를 보면 <표10>의 내용과 같다.[111]

<표10> 재만 성결교회 설립 통계(1925~39년)

	1925년	1926-31년	1932-34년	1935-38년	1939년
전체 교회수	1	4	14(기도소 포함 26)	21	22
신설 교회수	1	3	13	7	1
폐지 교회수			3		

동만지방에 북부 지방회 소속의 용정교회, 옹성라자교회, 조양천교회가 있었다면, 남만지역에는 김광준 목사가 1932년 8월 25일에 봉천에 북릉(北陵)교회를 세운 후 1939년까지 총 9곳의 교회가 소속되었다. <표11>의 내용은 1930년대의 남만 교구의 교회 설립 현황을 나타내고 있다.[112]

---

110) 위의 책, 62-5쪽.
111) 정상운, 앞의 책, 161쪽에서 재인용.
112) 위의 책, 153쪽에서 재인용.

<표11> 남만 교구의 교회 설립 현황(1932~3년)

교회명	설립일	설립자	소재지	기타
1.奉天	1932.4.20.	朴文翼・申元湜	奉天市 西塔 제1구, 2	
2.北陵	1932.8.25.	金光俊	奉天市 北陵 御花園町	
3.蒲河	1932.5.20.	金光俊	遼寧省 遼中縣 蒲河	
4.安東	1932.10.	金光俊	安東縣 四番通 四丁目	
5.溝連屯	1933.3.10.	盧忍	奉天市 西溝連屯	후에 塔灣으로 이전한 뒤 瀋陽 교회로 개명함.
6.塔灣	?	?	瀋陽縣 제9구 靖安村 塔灣	
7.撫順	1934	張斗遠	南滿 撫順城 永安街	
8.錦縣	미상	?	滿洲國 錦縣城 내	
9.上海	1933	이현영		

안식교는 1926년 5, 6월에 열린 제4회 조선합회 총회에서 간도와 함북도(咸北道)를 합병하여 함께 북선선교지로 획정하기로 결정하였다.[113] 1926년부터 안식교의 구역은 '서선미슌', '남선미슌', '중선미슌', 그리고 '북선선교지'로 분류되었다. 최태현 목사는 북선선교지를 위해 1927년 2월 6일부터 10일간 두도구교회에서 '북선 련합대ᄉ경회 겸 디방회'를 개최하였고, 직후에 정동심 전도사와 함께 삼도구교회에서 6일 동안 사경회를 개최하였다.[114] 용정교회와 로두구에서 1927년 3월의 '안식일학교총보고'에 따르면, 북선선교지의 구역인 북간도에는 두도구교회(138명), 삼도구교회(72명), 노두구교회(9명), 용정교회(27명)가 속해있었다.[115] 1927년 6월 5일 제5회 조선합회 총회에서 보고된 간도 상황은 정동심 전도사의 노력으로 용정교회 교인의 수가 증가되었으며, 웅성라자에도 4호 16명으로 안식일학교가 조직되었다는 등의 긍정적인 내용이었다.[116] 당시 북선선교지에는 교회 1곳, 예배소

---

113) 「북션션교디보고」, 앞의 책, 27쪽.
114) 「북션션교디통신」, 『敎會指南』, 제12권 5호(경성: 시조사, 1927.5.), 28-9쪽.
115) 『敎會指南』, 제12권 3호(경성: 시조사, 1927.3.), 21쪽.
116) 「북션션교디보고」, 앞의 책, 27-8쪽. 「북션션교디통신」, 『敎會指南』, 제12권 8호(경성: 시조사, 1927), 30쪽에 따르면, 웅성라자의 안식일학교는 최태현 목사가 1927년 5

4곳, 안식일학교 2곳, 가정안식일학교 5곳, 그리고 안식일학교 반생 총수는 328명이었다.[117] 또한 당시 간도 상황을 보고한 최태현 목사는 "북선으로 말하면 북만쥬일대에 근 五十만명의 인구가 잇고… 죡히 일할만 한 곳인 데 현재의 일군으로는 일하기에 너무도 어렵습니다. 이곳에 일만 잘하면 구원엇을 사람이 매오 만슴니다"라고 주장하면서 안식교의 간도 선교를 강조하였다.[118]

2) 신종교의 조직 정비

(1) 천도교의 조직 정비

시천교는 1920년 일본군이 간도출병과 일소로 한인의 신변이 위험함을 이용하여 교세 확장 활동에 주력한 결과 교세가 다소 상승되었다. 그러나 시천교의 교구는 북간도에 국한되었고 그 이상의 신장은 없었다.[119] 시천교보다 오히려 천도교가 간도에서 1920년대부터 조직을 재정비하고 확대하기 시작하였다. 만주에는 1920년에 천도교청년회의 지회 형식으로 북간도의 용정지회와 연길지회, 국자가지회, 화룡현지회 등이 설립되면서[120], 청년회들의 활동이 활발하게 진행되었다. 이들

월 14일에 옹성라자 청학동(靑鶴洞)을 방문하여 용정교회 교인인 김한응의 가족과 장로교회 교인이었던 다른 3가족을 모아 조직한 것이다.

117) 예배소는 교회가 없는 곳일 경우에 주로 개인 사택을 집회소로 지정하는 것이고, 안식일학교는 교회에서 예배를 보기 직전에 장년을 포함하여 별도의 성서공부를 진행한다는 의미의 학교이다.

118) 「북선션교디보고」, 앞의 책, 28쪽.

119) 현규환, 앞의 책, 574쪽.

120) 조선의 천도교는 교단의 공백을 메우고 교단의 활성화를 위해 1919년 9월 2일에 천도교청년교리강연부를 결성하여 중앙과 지방에 두었는데, 1920년 4월에 조직을 확대개편하면서 천도교청년회로 개명하였다. 성주현, "일제 강점기 만주지역 천도교인의 민족운동 연구"(수원: 경기대 대학원 석사논문, 2002), 23쪽.

은 포교활동에 주력하면서 각종 강연회, 대교구의 설립모임을 개최하였고, 교육사업에도 힘을 기울였다. 이들 청년회 지회는 강연회와 강도회(講道會) 등을 통해 천도교의 위상을 정립하려고 하였다. 용정지회에서는 1920년 6월에 자체 강연회[121], 장백현교구에서는 9월에 순회강연회를 개최하였다.[122] 또한 용정교구에서는 1921년 6월, 국자가교구와 화룡현교구에서는 동년 8월에 이돈화(李敦化)를 초청하여 강도회를 개최하기도 하였다.[123]

1921년 2월에는 연길지회와 용정지회의 청년회와 화룡현교구가 연길 지회 회관에서 연합회의를 개최하고 2개월 내에 대교구를 설립하기로 결정하였다.[124] 연합회의에서는 협성포덕부(協成布德部)가 조직되어 3월 5일까지 각 부원이 10호(戶) 이상 포교하기로 결의하였는데, 1921년에 개최된 제2기 연합회의에서 180호가 새로 입교되었음이 보고되었다.[125] 또한 연합회의에 참석한 협성교리강습소(協成敎理講習所) 졸업생 가운데 17명을 포덕회 부원으로 증선하여 포교활동에 참여토록 하였는데, 이 결과 157호가 새로 입교하면서 두도구교구와 동불사(銅佛寺)교구가 신설되었다.[126] 협성포덕부는 대교구 설립을 1개월 연기하고 포덕에 힘을 기울였는데, 이 결과 장백현에서 1921년 4월에 209명, 11월에 167명이 각각 입교하였다.[127]

천도교가 간도에서 교세 확장의 수단으로 삼은 것은 교육기관의 증

---

121) 「중앙총부휘보」, 『천도교회월보』, 119호(1920.7), 108쪽.
122) 「중앙총부휘보」, 『천도교회월보』, 122호(1920.10), 108쪽.
123) 「중앙총부휘보」, 『천도교회월보』, 130호(1921.6), 109 - 10쪽.
124) 「北間島布敎盛況」, 『천도교회월보』, 128호(1921.4.), 107쪽.
125) 위의 글 참조.
126) 「北間島布敎盛況」, 『천도교회월보』, 129호(1921.5.), 101쪽. 동불사교구에서는 1921년 6월 11일에, 두도구교구는 동년 8월 15일에 이돈화를 초청하여 강도회를 개최하였다. 「중앙총부휘보」, 『천도교회월보』, 130호(1921.6), 109 - 10쪽.
127) 「중앙총부휘보」, 『천도교회월보』, 134호(1921.10), 105쪽; 137호(1921.12.), 99쪽.

설을 통해 천도교 교육을 실시하는 것이었다.[128] 1920년 11월에는 용정교구 내에 천도교의 청년교육기관으로 협성종학강습소(協成宗學講習所)가 설립되었고[129], 1921년 4월 15일에는 천도교사립동흥학교(天道敎私立東興學校)로 확대 개편되었다.[130] 1922년 말경에 동흥학교의 재학생은 조선인 유학생을 포함하여 약 700여명이었지만, 재정 문제에 봉착하였다.[131] 동흥학교에서는 재정 문제를 해결하기 위해 조선에 기부금 모집원들을 파견하였고[132] 분교를 계속 설립하면서 교사를 신축하였다.[133]

천도교는 북간도를 중심으로 남북 만주에 포교활동을 벌인 결과 조선인들뿐만 아니라 다수의 중국인 신자들까지 포함하여 1923년 2월경에 7개 교구에 3,000호 10,000명의 신자 수를 확보하였고, 교회의 사업으로 5개소의 소학교도 설립하여 2,000여명의 학생 수를 확보하였다.[134] 또한 1923년에는 훈춘에 종리원뿐만 아니라 교리강습소와 동흥중학교 제9지교(支校)를 설립되었고[135], 1924년에는 홍경현(興京縣)에 종리원이 설립되었다.[136] 다른 지역에서도 종리원 설립 계획들을 세

---

128) 東洋拓植株式會社京城支店 編, 앞의 책, 872面.

129) 朴載廈, 「天道敎間島協成宗學講習所記」, 『천도교회월보』, 128호(1921.4), 109 - 10쪽.

130) 「北間島學校創設」, 『천도교회월보』, 129호(1921.5), 102쪽.

131) 「東興校 寄附金 募集趣旨書」, 『조선일보』, 1922.12.17. 2면.

132) 「間島 東興學校의 義捐金 募集」, 『조선일보』, 1922.12.20. 1면; 1923.2.7. 3면; 1923.3.2. 3면; 1924.5.12. 4면. 동흥학교에서는 동포(同胞)의 이미지를 강조하면서 정신적 연결에만 그쳐 조선인이 박정(薄情)한 인종이라는 비평을 듣지 않으려면 동흥학교에 기부금을 내야한다는 논리를 펼쳤다. 기부금 모집원들의 활약으로 에뱃(엡웻)청년회, 상무(商務)자선단, 상업조합, 흥산조합, 강원청년친목회, 개성향우친목회 등 여러 단체에서 기부금이 답지(遝至)하였다.

133) 『조선일보』, 1923.2.9. 3면; 2.18. 3면. 동흥학교에서는 유지가들의 도움으로 간도 옹성라자(甕聲拉子)에 분교를 설립하였고, 학교를 확장하기 위하여 14,000평을 매입하고 1,000여명의 학생을 수용할 수 있는 교사 건축을 시작하였다.

134) 『조선일보』, 1923.2.4. 3면.

135) 「琿春布敎狀況」, 『천도교회월보』, 159호(1923.12.), 63쪽.

136) 「興京宗理院 諸氏의 熱誠」, 『천도교회월보』, 178호(1925.7.), 29쪽.

울 정도로 1920년대 천도교의 교세는 점차 확장되었다.[137]

재만 천도교는 조선의 천도교 본부와도 밀접한 연계를 갖고 조선에서 강사를 초청하여 강연회를 벌이기도 하였다. 예컨대, 이돈화는 1925년 5월 초부터 천도교 신자들의 초청으로 무순(撫順), 홍경(興京), 통화(通化), 유하(柳河), 해룡(海龍), 개원(開原) 등 6개 역(驛)에서 강연회를 개최하였다. 그리고 봉천(奉天)을 경유하는 귀로(歸路)에 봉천의 조선청년회, 개벽봉천지사, 조선일보봉천지국은 이돈화를 초청하여 장로교당에서 강연회를 개최하였다. 이돈화는 '세계대세와 조선인의 각오'라는 제목으로 강연을 하였다.[138] 1925년 6월 천도교의 교세는 연길, 화룡, 왕청의 3현에 11개소의 포교소, 신도 3,686명이었다.[139]

재만 천도교는 신자들 사이에 "會合이 缺然하야 敎人 相互間 意思의 融通이 不足"하다는 판단 아래 1925년 10월에 천도교 신자의 전만대회(全滿大會)를 발기하고, 각지 대표자 11인이 동월 31일에 길림성 화전현(樺甸縣)의 천도교종리원에 회집하여 대표자 회의를 개최하였다. 발기인 대표인 김익호(金益虎)을 비롯한 참여자들은 중앙분규사건을 해결하기 위하여 대표자를 중앙종리원에 파견하고, "在滿 敎會 發展策"으로 매년 2차례에 걸쳐 중앙종리원의 강사를 초청하여 강연회를 개최할 것, 대표자 대회를 상설기관으로 조직하여 매년 1차례씩 소집하고 재만 천도교 신자들의 생활 향상책으로 식산기관(殖産機關)을 설립할 것을 결의하였다.[140] 천도교의 천일기념식, 지일기념식, 인일(人日)기념식 등도 재만 천도교 신자들의 회합을 유도하면서 동시에 연대감을 조성하는 강연회의 공간으로 활용되었다. 예컨대, 1928년 12월 24일에

---

137) 「天道敎樺甸宗理院建築趣旨書」, 『천도교회월보』, 183호(1926.3.), 37쪽.
138) 『조선일보』, 1925.6.19. 1면.
139) 현규환, 앞의 책, 572쪽.
140) 『조선일보』, 1925.11.20. 5면; 11.24. 2면.

간도 사도구(四道溝) 충신시(忠信市)의 천도교종리원에서 백수십명의 교인이 집합하여 성황리에 인일기념식을 성대히 거행하였고 3명의 연사를 초빙하여 강연회를 개최하였다.[141]

만주에서 천도교의 포교활동이 자유롭게 전개된 것만은 아니었다. 예컨대, 1929년 3월에는 국자가지회의 주최로 천도교 용정 종리원에서 교리 선전을 위해 정광민(鄭廣民)와 이인구(李麟求)를 초빙한 천도교 강연회가 국자가 일본영사관의 명령으로 무산되기도 하였다.[142]

(2) 대종교의 조직 정비

대종교는 1920년 9월에 청산리전투에서 승리했지만 일제의 간도출병으로 1920년에 총본사를 화룡현에서 밀산(密山)으로 이전해야 했다.[143] 그 이후 대종교의 과제는 내부의 조직을 정비하는 것이었다. 1922년 2월 14일에 "司內의 紀綱을 確立하고 敎友의 信行을 篤實하게 하기 爲하여" 위리령(委理令)으로 계명(誡命) 5조항이 공포되었는데, 계명의 내용은 크게 세 부분으로 구성되었다. 첫 번째는 정교분리 원칙에 입각하여 "政界上 輕動이나 妄談함이 不可"하다는 것이고, 두 번째는 사회주의와 과격한 언동(言動)을 금지한다는 것이고, 세 번째는 다른 종교를 훼방하지 말라는 것이었다.[144] 계명의 내용이 나철 당시의 대종교 입장과 달라진 점을 고려할 때, 계명의 내용은 대종교가 당시 만주의 상황에 적응하기 위한 대응방식의 일부를 보여준다.[145]

---

141) 『조선일보』, 1929.1.6. 4면.
142) 『조선일보』, 1929.3.26. 4면.
143) 大倧敎倧經倧史編修委員會, 앞의 책, 1,068쪽.
144) 위의 책, 345 - 6쪽.
145) 나철 당시 대종교는 대종교포명서를 통해 고구려 등의 국가가 단군을 숭배했을 때 흥성했고, 불교와 유교가 확산되면서 단군이 잊혀졌을 때 쇠망했다는 인식을 보였다. 이는 정교분리 원칙과도 거리가 먼 인식이었다.

1922년 3월 5일자 종령(倧令)을 통해 동일도본사와 동이도본사의 관할 구역이 조정되었고, 동년 3월 15일에 교구분리조례(敎區分離條例)와 시교당분속발포안(施敎堂分屬發佈案)을 통해 이 내용이 구체화되었다.146) 1922년 4월에 총본사를 다시 영안현(寧安縣)으로 이전하는 과정에서 대종교 내부에 분규 상황이 발생하기도 하였다.147) 그러나 대종교의 내부 정비는 계속 되었고, 1924년 6월 4일에 남일도본사를 정비하기 위해 남일도본사의 관할 구역과 시교당을 3개의 지사(支司)로 나누어 관할한다는 내용의 남일도교구분리조례(南一道敎區分離條例)를 공포되었다.148) 내부 조직의 정비를 통해 대종교의 교세 김교헌이 1923년 11월 총본사에서 조천할 때까지 확장되었다.

> 茂園宗師께서 丁巳 春에 渡滿하신 후 모든 면에서 교세가 융성을 극하였던 초기의 5년간은 그만두고라도 개천4379년 壬戌(서기1922)부터 익 癸亥년까지의 마지막 2년간 곧 일제의 大敎 壓이 그 절정에 달하였든 때의 施敎堂 設置 狀況을 더듬어 보기로 하자. 4379 - 4380년간 시교당 설치상황표: 1.海一施敎堂 …… 48.保一施敎堂.149)

위 기록에 의하면, 김교헌은 1922년 <교구분리조례(敎區分里條例)>를 공포하여 교구를 정비하였고, 조천 하기 2년 전까지 48개 시교당을 설치하였다. 당시 대종교의 시교당설립규제에 의하면 시교당 설치는 100인 이상의 신자가 확보되었을 때 설립허가를 받을 수 있었다.150) 따라서 대종교가 2년 동안(1922~23) 48개의 시교당을 설치하

---

146) 위의 책, 342-4쪽. 1922년 3월에 공포된 교리분리조례와 시교당분속발포안에 의하면, 노령 이남(以南)을 관할하게 된 동일도본사에는 3개 지사에 32개 시교당이, 노령 이북(以北)을 관할하게 된 동이도본사에는 3개 지사에 6개의 시교당이 있었다.
147) 강우, '自愛眞訣書(1922)', 「湖石先生文集」(『독립운동사자료집』 12집, 1977).
148) 大倧敎倧經倧史編修委員會, 앞의 책, 344-5쪽.
149) 위의 책, 334-41쪽.

였다는 것은 2년 동안 약 5,000명 가량의 신자를 확보하였음을 의미한다. 1923년 가을의 통계에 의하면, 대종교의 교세는 동서남북의 4도본사, 10개 지사(支司), 80여 처의 시교당, 400여명의 교직자, 50여명의 순교원(巡敎員)과 시교원(施敎員)을 확보하고 있었을 정도로 확장되었다.[151]

김교헌의 조천 직전인 1923년 겨울에 화전현에서 도통전수(道通傳受)의 유명(遺命)을 받은 후[152], 1924년 1월 22일에 영안현에서 대종교의 종통(倧統)을 이어받고 제3세 도사교가 된 단애종사(檀崖宗師) 윤세복(尹世復)은 동년 3월 16일에 역시 영안현에서 제2회 교의회를 소집하였다.[153] 제2회 교의회에서는 홍범(弘範)과 규제(規制)의 개정이 이루어졌다.[154] 이를 이전 시기의 것과 비교해볼 때, 홍범 제5항 천기(天旗) 부분에서 표장(標章)이 원방각(圓方角)의 삼극장(三極章)으로 변경되

---

150) 「施敎堂設立規制」, 위의 책, 329-30쪽. 제5조와 6조에는 '편의상 분시교당(分施敎堂)을 설립할 때에는 본사의 승인을 얻어야 하며, 분시교당의 신자수가 100인 이상이 되면 시교당으로 승격한다'는 내용이 있다.

151) 위의 책, 355쪽.

152) 위의 책, 394쪽.

153) 위의 책, 370쪽, 393쪽, 1,068-9쪽. 김교헌은 생존 당시에 서일에게 종통을 전수하려고 하였다. 서일은 1911년에 중광단(重光團)을 조직하였고, 1914년부터 북간도 왕청현의 동도본사를 담당하면서 『회삼경』(1917년), 『삼문일답』(1921년), 『구변도설』(1921년) 등의 활발한 저술 활동을 벌였으며, 1919년 3·1운동 직후에 대종교 신자들을 중심으로 정의단(正義團)을 조직했던 인물이었다. 그러나 정의단이 동년 8월에 군정부(軍政府)로, 다시 북로군정서로 확대 개편되면서 서일은 북로군정서 총재에 추대되었고, 그로부터 2년 후인 1921년 8월 17일에 조천하였다. 이 때문에 대종교의 종통은 김교헌의 사후인 1924년 1월에 윤세복(尹世復)에게 전해졌던 것이다. 윤세복의 본명은 세린(世麟)이었으나, 1910년 12월에 경성에서 나철에게 단애(檀崖)라는 아호를 받고, 세복(世復)으로 개명하였다.

154) 위의 책, 397쪽. 홍범과 규제는 대종교의 교헌(敎憲)과 규약(規約)이다. 나철은 대종교를 중광할 당시에 홍범 17항과 규례 58조를 제정 공포하였고, 김교헌도 제1회 교의회를 통해 홍범 23항과 규제 67조를 공포하였다. 이에 윤세복도 제2회 교의회를 통해 규제 141조를 개정 공포하였고, 이후 1950년 4월에 제7회 교의회를 통해 규제 151조를 공포하면서 도통전수제를 신권공화제(神權共和制)로 바꾸었고, 도사교도 선거제를 통한 총전교제(總典敎制)로 변경하였다.

었다.155) 규제의 내용도 보완 첨가되었는데, 예컨대 총본사 규제 제1조에는 도사교가 수도청사(修道聽事)하는 경각(經閣)의 자문기관으로 신설된 경의원(經議院)과 연구기관으로 신설된 종리연구실(倧理研究室)을 경각에 직속시킨다는, 제4조에는 전리실과 전범실과 전강실의 변경된 업무를 구체적으로 명시하였다.156)

그러나 간도참변 이후 대종교는 삼시조약(三矢條約)으로 제재를 당해야만 했다. 1925년 6월 11일에 독립군을 축출하는 동시에 체포된 자를 일본총영사관에 인도할 것을 내용으로, 조선총독부 경무국장인 삼시궁송(三矢宮松)과 중국 봉천성 경무처장 우진(于珍) 사이에 삼시조약이 체결되었다.157) 이 삼시조약에는 '대종교 신자인 서일이 대한독립군의 수령이었고, 종교를 가장(假裝)한 항일단체인 대종교를 해산시켜야 한다'는 내용이 포함되어 있었고, 장작림은 1926년 12월에 삼시조약의 이행을 위해 대종교포교금지령을 공포하였다.158) 대종교는 박찬익(朴贊益)에게 해금(解禁) 교섭의 임무를 부여하였고, 박찬익은 길림에 와서 해금청원서를 제출하는 등의 노력을 통해 1929년 봄 해금에 성공하였다.159) 그러나 1931년 만주사변의 발발로 해금령은 실효를 보지 못하게 되었다.160)

대종교는 1928년 1월 16일에 영안현 해림참(海林站)에서 제6회 교의회를 개최하여 대종교포교금지령이 해금될 때까지 총본사를 밀산현 당벽진(當壁鎭)으로 이전할 것을 결의하였다. 당벽진은 중국과 러시아의

---

155) 위의 책, 398-402쪽, 425-7쪽. 천기의 개정은 『삼일신고』의 '진리훈'(眞理訓)과 그 '진리훈'을 풀이하여 서일이 지어 1923년에 발간된 『회삼경』에 토대를 두고 있다. ○·□·△은 각각 성·명·정(性·命·精)의 삼진(三眞)을 의미한다.

156) 위의 책, 402-11쪽.

157) 이성환, 「'미쓰야(三矢)협정'에 관한 연구」, 『일본어문학』 24권(서울: 일본어문학회, 2004.2), 442쪽.

158) 大倧教倧經倧史編修委員會, 앞의 책, 438-9쪽.

159) 위의 책, 439-41쪽.

160) 위의 책, 441쪽.

국경지대로 독립군이 잠주(暫駐)하던 곳으로, 대종교 신자들도 다수 거주하고 있었으며, 월경(越境)도 쉬웠기 때문이다. 윤세복은 백순(白純)에게 해림에 머물면서 연락 사무를 담당하게 하고 밀산현의 대일시교당(大一施教堂)에 임시총사(臨時總司)를 마련하였다.161)

　1929년 봄 대종교포교금지령이 해금되었음에도 불구하고, 대종교가 포교활동을 재개한 것은 1933년 어천절 이후였다. 대종교는 6년 간의 '은피'(隱避) 생활을 마감하는 의미에서 1933년 어천절 이후 밀산한 평양진(平陽鎭) 신안촌(新安村)으로 총본사를 이전하였고, 윤세복은 성하식(成夏植)과 최익항(崔益恒)에게 총본사의 업무를 일임하면서 포교활동에 전념하여 신일(新一)시교당 등 5개의 시교당을 신설하였다.162) 그러나 그 이듬해인 1934년 1월에 윤세복은 포교활동에 대한 만주국의 승인을 얻고자 하얼빈에 도착하였다. 윤세복은 김응두(金應斗)와 박관해(朴觀海)의 주선으로 관동군특무기관장인 강전맹마(岡田猛馬), 하얼빈영사관 좌등장사랑(佐藤庄四郞), 조선총독부특파원 전변효(田邊孝) 등을 방문하고 대종교재만시교권인허신청(大倧敎在滿施敎權認許申請)을 얻어 동년 3월 2일 하얼빈시 안평가(安平街)에 대종교선도회(大倧敎宣道會)를 설립하였다.163) 또한 윤세복은 하얼빈선도회 설립 이외에도 각지에 설립된 8개 시교당, 동경성에 있는 대종학원(大倧學院) 등에 대한 승인을 받았다.164) 이런 상황에서 안희제(安熙濟)의 주선으로 1934년 6월 총본사를 다시 영안현의 동경성(東京城)으로 이전한 대종

---

161) 위의 책, 442−3쪽. 국경지대는 비적(匪賊)의 활동도 빈번한 곳이었다. 대종교도 1931년과 1934년 6월에 비적들의 습격을 받았고, 특히 두 번째 습격으로 나철의 4차 도일실기(渡日實記)인 『도동기(渡東記)』를 소실했다고 한다.
162) 위의 책, 444−5쪽.
163) 위의 책, 444−6쪽, 456쪽. 현재 대종교측은 이 일을 윤세복이 일제의 간책(奸策)으로 "欺瞞當한" 것으로 표현하고 있다.
164) 위의 책, 444−6쪽.

교는 교무행정을 강화 쇄신하고[165] 1936년 3월 대종학원을 개교하는 등 육영사업에 주력할 수 있었다.[166]

1937년 6월말 당시 대종교의 조직과 그에 따른 교세를 보면, 도본사(道本司)로서 동일도본사·동이도본사·서일도본사·북일도본사가 있었다. 동일도본사에는 23개의 시교당, 동이도본사에는 18개의 시교당, 서일도본사에는 2개의 시교당, 북일도본사에는 8개의 시교당과 선도회(宣道會), 즉 총 4개 도본사에 52개 시교당이 있었다.[167] 100명 이상의 신자 수가 있을 때 시교당 설치가 가능하다는 점을 고려한다면, 1937년 6월경에 대종교 신자 수는 최소한 5,200여명이 넘은 것으로 보인다.[168]

1939년 7월에는 강철구(姜銕求)를 신경(新京)정부와 교섭하게 하여 교적(敎籍) 간행에 대한 승인을 받았고, 동년 10월 말에는 안희제(安熙濟)를 회장으로 임명하여 서적간행회를 조직하였다. 서적간행회는 "大倧敎復興期에 當 하야 萬口同聲으로 倧經 要求가 날로 높"고, 이 요구에 부응하는 것이 "大敎發展上 最大急務"라는 인식하에 설립된 것이었다.[169] 강철구와 안희제(安熙濟)는 신자들의 성연금(誠捐金)을 모았고, 이 결과 서적간행회에서 1940년 9월에 『삼일신고』(三一神誥), 『신단실기』(神檀實記), 『종경초략』(倧經抄略), 『종지강연』(宗旨講演)을 간행할 수 있었다.[170] 또한 서적간행회에서는 1941년에 연길현에서 『홍

---

165) 위의 책, 457쪽.
166) 위의 책, 457쪽, 1,070쪽.
167) 위의 책, 429-35쪽.
168) 위의 책, 435-6쪽. 대종교측의 자료에 의하면, 대종교 신자들은 목단강성의 밀산현과 영안현, 그리고 간도성의 왕청현과 화룡현과 연길현 순으로 밀집해 있었다. 목단강성·삼강성·빈강성·길림성·봉천성·안동성·간도성의 신자 수를 합치면 약 16,164명에 이른다.
169) 위의 책, 448-9쪽(「大倧敎書籍刊行會發足趣旨 及約款」 참조).
170) 위의 책, 1,070-1쪽. 안희제(호: 白山)와 강철구(호: 海山)는 현재 대종교의 십현(十賢)

범규제』 500부,『삼일신고』 2,000부,『신단실기』 1,000부,『종경초략』 2,000부,『오대종지강연』 3,000부,『종문지남』(倧門指南) 2,000부 등 총 6종(種) 10,500부를 출간하였고, 1942년에 경성에서『한얼노래』 4,000부를 출판하기도 하였다.[171]

(3) 원종교의 조직 정비

원종교는 1921년에 원종 총사를 화룡현 삼도구 원화동(元化洞)으로 옮기고 총사 기구와 부서를 정비하였다. 그렇지만 김중건은 '독립단체 연합군 부단장 사건'으로 용정 일본총영사관에서 중국 재류(在留) 금지 3개년 명령을 받고 고향인 영흥으로 추방되는 상황에 직면했다.[172] 그러나 김중건은 영흥에서 역양학원(嶧陽學院), 건천학원(乾川學院), 평탄학원(平坦學院) 등 5개 학교를 설립하여 교육활동을 벌였고, 동시에 8개의 법회를 설치하면서 포교활동을 지속하였다.[173] 만주의 원종교도 총사를 원화동에서 연길현 수신향(守信鄕)으로 옮긴 후 포교활동을 계속 진행하였다. 그 결과 1921년 10월 평강기성촌(平崗基城村), 1922년 6월 사도구 진농촌(四道溝 鎭豐村)과 황직노은평(黃直老隱坪)에 각각 지방 포교소를 설립하였다.[174] 이 시기는 김중건이 북간도에서 종단을 만들고 신앙공동체를 형성하면서 독립운동을 전개했던 시기 (1921~1927년)였다.[175]

에 포함되어 있는 인물이다. 십현에 관해서는 동책(同册) 464-89쪽 참조.

171) 위의 책, 446-7쪽.

172)「笑來 金中建先生 抗日鬪爭 略史」, 앞의 책, 52쪽.

173) 위의 책, 53쪽.

174)『吉林省東部地方の狀況』(京城: 朝鮮總督府, 1928), 410面.

175) 서굉일,「소래 김중건과 항일민족운동」,『개혁의 이론과 독립운동(3)』(서울: 태성, 2000), 71쪽. 서굉일은 김중건의 독립운동을 4시기로, 즉 독립운동 사상의 준비기(국내에서 활약한 시기-1913), 서간도 장백부 안도현을 중심으로 원종의 의식화 시기 (1914-1920년), 북간도로 나와 종단을 만들고 신앙공동체를 형성하면서 종교를 기

김중건은 1924년에 "自來의 敎育政策을 버리고 새로이 集中的 高等敎育을 施하여 主義者 養成을 하면서 同時에 無資本主義에서 나아가 總司의 經濟的 基礎를 다지기로 決議"[176]하고, 이를 위해 경리원(經利院) 설치, 총사(總司) 대건축, 건원(建元)중학과 만종(萬宗)학원 설립 등을 내용으로 하는 세 개의 법훈(法訓)을 발표하였다. 이 당시 원종교의 총사는 원화동에서 개척리(開拓里)로 이전한 상태였다.[177] 그러나 원종교와 개척리 청년회 사이의 적대적인 분위기, 총사 토지의 소실 등은 원종교에게 불리한 상황이었다.[178]

중국 재류 금지에서 풀려난 김중건은 1925년에 개척리로 향했고, 그곳에서 "男性便으로보다 女性便으로 主義化 시킬 힘을 傾注"하기로 결심하였다.[179] 김중건은 각종 서류, 제도, 의식 등을 정리하면서 종우회(宗友會)와 여성종우회(女性宗友會)를 조직하고, 『새바람』이라는 잡지를 발간하면서 총사의 증축을 시작하였다.[180] 총사의 증축이 완공되면서, 김중건은 "集中的 高等敎育政策을 實現"하기 위해 만종학원과 건원중학을 농대학원(農大學院)으로 통합하고 총사 건물에서 교육을 실시하였다.[181]

반으로 독립운동을 전개했던 시기(1921-1927년), 북만으로 이동하여 농우동맹을 통한 독립군 백만 대단결 결속을 추구하면서 무장항쟁을 전개했던 시기(1928-1933년)로 구분한다.
176) 「나의 四十年」, 앞의 책, 102쪽.
177) 위의 책, 102쪽.
178) 위의 책, 102-3쪽.
179) 위의 책, 102-3쪽.
180) 「笑來 金中建先生 抗日鬪爭 略史」, 위의 책, 53쪽.
181) 「나의 四十年」, 위의 책, 104쪽.

3. 종교교육 활동의 확대

간도참변 이후 재만 종단의 관심은 내부 정비뿐만 아니라 교육 활동에 집중되었다. 이는 당시 재만한인 사이에 일반적이었던 "열 집만 모여 살아도 의례히 학교를 설립하여야 될 줄 알고 자제를 교육시켜야"[182]된다는 인식을 염두에 둔 것이었다. 재만한인은 간도참변 이후 '다시 살아나갈 한 줄기 생명'을 '오직 교육 보급'에서 찾았는데[183], 재만 종단의 교육 활동은 이러한 상황과 맞물려 확대될 수 있었다. 만주선교에 적극적이었던 양주삼도 교육의 3요소를 '발달과 능력, 고등생활의 영위, 양호(良好)한 생활의 영위'로 보았고, 지식과 능력을 사회생활에서 적절하기 위해서 교육이 필요함을 지적하였다.[184]

재만 종단의 교육 활동은 일제의 '일본화 교육'과 중국의 '중국화 교육'에 부딪히면서 수월하게 진행되지 못하였다. 중국은 만주를 통치하는 과정에서 한인이 운영한 "교육 기관에 폐쇄 명령을 내리거나 그렇지 않으면 중국인 교원을 강제 파송하여 극력으로 박해를 가하는 등"의 조치를 취하였다.[185] 예컨대 1927년 5월 13일에 개최된 제2차 길림전성교육연합회(吉林全省教育聯合會)에서는 한인의 교육문제를 중대 의안으로 삼고, 학교 교육을 통한 재만한인의 동화(同化)를 요점으로 한 '만주간민교육 정돈책'(滿洲墾民教育整頓策)을 결의하였다. 그리고 세부실행 사항으로 사범 강습소 설립을 통해 교원을 양성할 것, 사립학교에

---

182) 이종정, 「滿蒙踏査 旅行記(1927)」, 『間島流浪 40년』(서울: 조선일보출판국, 1989), 88쪽.
183) 위의 글, 83쪽.
184) 양주삼, 「宗教教育」, 『主日學界』 1권 1호(京城: 朝鮮耶蘇教書會, 1919.1), 20−2쪽.
185) 이종정, 앞의 글, 83쪽. "만주에 있어서는 일본의 세력이 팽창한 그만치 배일 사상이 날로 농후하여 가며 따라서 일본의 모든 시설을 배척하고 동시에 조선인 동포에게까지 의아(疑訝)를 품는 그들은 우선하여 동포의 입적을 강요하고 자국식 교육으로써 동화시키려 하는 것이다."

학감(學監) 1인을 파견하여 감시를 하고 국어를 교수할 것, 향촌에 학교를 증설할 것, 그리고 일본인이 연변과 만주 각지에 설립한 학교를 회수하여 교육 주권을 지지할 것 등을 결의하였다.[186] 중국은 일제를 경계하면서 한인을 동화의 대상으로 간주하였던 것이다.

1920년대의 간도에는 몇 개 중학교를 제외하면 대부분 3학급에서 5학급까지 갖춘 소학교였다. 학생들의 교과서는 각 학교 사이에 통일되어 있지 않았다. 그러나 중국측의 간섭으로 일본 교과서를 사용할 수 없었기 때문에 대개 중국 교과서를 사용하거나, 각 교사가 담당 과목을 수시로 편찬하여 사용하였다. 이 때문에 한인은 전 만주의 소학교용 교과서를 통일하기 위하여 『조선어 독본』을 편찬하여 교수하기도 하였다. 그러나 『조선어 독본』의 인쇄 작업은 일반 유지자(有志者)의 기부금, 또는 매호마다 배당된 의연금이나 곡물을 받아서 진행되었기 때문에 교과서 보급에 어려움이 있었다.[187]

1) 기독교의 종교교육

1916년 12월에 조선주차일본헌병대사령부에서 재만 종교단체가 운영하는 서당과 학교를 조사한 바에 따르면, 불교와 신도계에서 설립한 종립학교는 없었고, 천주교와 개신교에서 설립한 학교만 있었다. 각 현별로 살펴보면, 화룡현의 기독교계 종립학교의 수는 천주교계 4개교, 개신교계 7개교로 총 11개교였다.[188] 연길현에는 천주교계 5개교, 개신교계 21개교로 총 26개교가 있었고, 훈춘현에는 개신교계 학교만 15개교가 있었다.[189] 홍경현과 집안현과 임강현에는 개신교계 학교만 각

---

186) 위의 글, 84−7쪽.
187) 위의 글, 88쪽.
188) 姜德相 編, 『現代史資料』, 27(1977), 141−7面.

각 1개교, 장백현에는 개신교계 학교만 3개교가 있었다.[190] 전체적으로 한인이 운영했던 종립학교에는 천주교계가 총 9개교, 개신교계가 총 49개교로 58개교가 있었다. 천주교와 개신교계 종립학교는 수적인 면에서 전체 237개교 가운데 대략 24% 정도를 차지하였다.

(1) 천주교의 종교교육

간도의 천주교 전파는 교육과 상호 밀접한 관계를 갖고 진행되었다. "聖堂이 있는 곳에 學校가 있고 學校가 있는 곳에 聖堂이 있으리만큼 서로가 거의 不可分의 關係를 가지고" 있었다.[191] 실제로 간도의 천주교 신자들은 1900년을 전후하여 용정과 조양 등의 지역에 집단 부락을 형성하였는데, 이 때 교리와 국문을 가르치는 서당을 동시에 설립하였다.[192] 1907년 대교동에 설립된 교향서숙이 설립되어 1920년대까지 지속되었고[193], 특히 1904년 5월 14일에 삼원봉 영암촌에 설립된 화룡서숙(和龍書塾)이 이후에 대랍자(大拉子) 해성학교(海星學校)로 이어지기도 하였다.[194] 1905년에는 용정에서 사숙(私塾) 형태로 시작된 삼애학교(三愛學校)[195],는 서전서숙이 1905년에 간도의 교육기관으로서 설립되었다는 점을 고려할 때 간도에서 두 번째로 설립된 학교였다. 간

---

189) 위의 책, 147 − 57面.
190) 위의 책, 157 − 65面.
191) 金炳燦, 「延吉區敎의 敎育事業槪況」, 『가톨릭靑年』, 41호(1936.10), 49쪽.
192) 韓興烈, 앞의 글, 9쪽. 한편, 삼원봉 영암촌에서 운영하던 화룡서당(和龍書堂)이 덕흥학교(德興學校)로 발전한 것처럼, 서당 형태에서 학교 형태로 발전하는 곳도 있었다.
193) 韓興烈, 앞의 글, 『가톨릭靑年』, 41호(1936.10), 70쪽.
194) 金炳燦, 앞의 글, 『가톨릭靑年』, 41호(1936.10), 53쪽. 화룡서숙은 설립한지 1년 후에 덕흥(德興)으로 개칭하였고, 1911년도에 덕흥학교가 되었다. 그리고 1931년에 공산주의자들의 방화로 교사가 소실되자 화룡현 대랍자로 이전하여 교명을 정심(正心)학교, 덕흥학교로 일컫다가 1936년 당시에는 대랍자해성학교로 명명되었다.
195) 韓興烈, 앞의 글, 『가톨릭靑年』, 41호(1936.10), 9쪽, 70쪽. 삼애학교의 설립연도가 1907년으로 기록된 경우도 있음.

도에서 천주교가 전파 초기부터 교육을 중시한 것은 "(一)布教上見地에서와 (二)護教上見地에서 敎育의 必要性을 認識"하고 있었기 때문이다.196)

천주교는 간도에서 전파될 때부터 교육을 중시하였지만, 특히 종교교육이 활성화되기 시작한 것은 1920년에 원산교구가 설립되고, 1921년에 간도의 각 본당 신부가 독일 베네딕투스회 소속 신부로 교체되면서부터였다. 파리외방선교회의 관할이던 간도가 베네딕투스회의 관할로 바뀌면서 간도 천주교회에 새로운 선교 분위기가 조성되었고, 그 분위기 쇄신의 노력이 교육기간의 설립으로 표출되었기 때문이다. 1921년에 4년제 사립학교인 해성학교(海星學校)가 설립되는 등 1923년까지 30개소의 사립학교, 1926년까지 41개소의 초등학교가 설립되었음을 밝히고 있는 다음의 인용문은 이러한 분위기를 잘 드러낸다.197)

> 전교사 교채된 후 三四년간에 간도교회는 특히 교육기관건설로 확장되어갔다. 一九二三년에는 사립학교 三十개소나 되었으며 一九二六년에는 四十一개소의 사년제 초등학교가 있었다. 이로서 간도 백의인 교육긔에 다대한 영향을 주었으며 특히 농촌에 계몽교육으로 공훈이 큰 것이다.

공산주의자들의 활동을 포함한 여러 사정으로 농촌에 거주하던 조선인들이 도시로 이주하는 상황에서 1920년대 간도 천주교회는 연길교구장 브레허 주교를 중심으로 도시의 조선인들의 선교를 위해 "전교력을 교육과 자선사업 등에 집중"하였다.198) 브레허 주교의 전도 방침은 교육기관의 설립, 치료소의 설립, 그리고 출판사업을 토대로 구성되었

---

196) 金炳燦, 앞의 글,『가톨릭靑年』, 41호(1936.10), 49쪽.
197) 韓興烈, 앞의 글, 13쪽.
198) 위의 글, 15쪽.

다.[199] 1925년부터는 이전까지 4년제로서 조선어 교과서를 가지고 조선어로 수업을 진행했던 간도에도 조선총독부의 교육령에 의거하여 보통과(普通科) 6년제로서 조선의 보통학교 교과서와 같은 형식으로 편찬된 교과서를 가지고 일어(日語)로 가르쳐야 했다.[200] 이 와중에서도 베네딕투스회는 간도의 종립학교에서 "聖書 時間을 重大視하고 가톨릭的 敎育의 徹底化를 爲하야 聖書時間配定을 疎忽히 하지 않았으며 特히 聖書敎授는 敎理知識이 豊富한 者와 神父 修女로하여금 擔當케"하였다.[201] 이는 베네딕투스회가 기본적으로 교육 선교를 표방하면서[202] "敎育의 形式 같은 것"을 무시하고 교육의 본질을 "가톨리슴으로 一貫"[203]했다는 것을 의미한다.

브레허 주교는 1933년에 독일인 의학박사를 초빙하여 연길에 임시치료소를 설립하면서 병원 설립의 계획을 가지고 있었다. 그리고 포교사업의 하나로 문서선전을 중요시하여 중앙관리소인 연길에 출판부를 설치하고 인쇄기를 마련하여 1936년 3월부터 월간잡지『가톨릭少年』을 발간하기도 하였다. 그러나 무엇보다 특히 교육을 중시하여 용정, 국자가, 훈춘, 두도구, 삼원봉, 팔도구 등 도시에 초등교육기관을 설립하고, 각 본당에 교육사업을 후원하기 위한 모임을 2,3개씩 조직하였다.[204] 다음의 인용문은 당시 브레허 주교의 교육기관의 설립 의도와

---

199) 위의 글, 18-20쪽. 브레허 주교는 전교와 교육사업 후원을 위해 여러 모임을 조직하였으며, 나아가 1930년대 중반에는 양로원과 고아원과 구제회 등을 설립할 계획을 세우기도 하였다.
200) 金炳燦, 앞의 글,『가톨릭靑年』, 41호(1936.10), 50쪽.
201) 위의 글, 51쪽.
202) 장정란, 앞의 글, 266-7쪽.
203) 김병찬, 앞의 글, 50쪽.
204) 韓興烈, 앞의 글, 18-20쪽. 브레허 주교는 전교와 교육사업 후원을 위해 여러 모임을 조직하였으며, 나아가 1930년대 중반에는 양로원과 고아원과 구제회 등을 설립할 계획을 세우기도 하였다.

종교교육의 현실을 보여준다.205)

> 백주교는 전부터도 그러하였지만 불온사상(不穩思想) 자유향락(自由
> 享樂) 정신이 퍼져가는 현대 이 지방 민족에 그 자녀들의 건전한 교육
> 을 힘써 온다. … 이에 내용은 보통학교 수업과목에 종교적 색채(色彩)
> 를 가미한 교육으로 현세와 또한 후세를 위해 자선사업으로 경영하는
> 것이다.

1936년 당시에 연길교구에서 한인만을 대상으로 하여 직영했던 학
교 수는 대랍자(大拉子)해성학교(海星學校), 조양학교(朝陽學校), 용정
(龍井)해성학교, 명월구(明月溝)해성학교, 차조구(茶條溝)해성학교, 합
마당(蛤蟆塘)해성학교, 두도구(頭道溝)해성학교, 연길(延吉)해성학교,
훈춘(琿春)해성학교 등 9개였다. 학생 수는 2,128명이었는데, 천주교
신자가 773명, 입교지원자가 214명, 개신교 신자가 106명, 유교 신자가
4명, 불교 신자가 1명이었고, 나머지 학생들 1,030명은 종교를 가지고
있지 않았다.206) 이러한 숫자는 1920년대부터 만주에서 활동해온 공산
주의자의 영향으로 감소된 것이었다. 1936년 간도의 천주교회는 교육
사업에 주력할 계획, 즉 교사(校舍) 신축뿐만 아니라 재단법인 및 중학
교 설립 계획을 세웠다. 이에 따라 3개의 교사가 준공되었으며, 2개의
교사가 기공 중에 있었다. 그리고 교육사업의 경영을 위해 개인 뿐만 아
니라 학교후원회, 팔도구의 자모회(慈母會), 용정의 성모회(聖母會) 등
의 단체에서도 지속적으로 후원금을 제공하였다.207)
  이외에도 천주교는 만주인들을 대상으로 교육을 실시하기도 하였
다. 예컨대, 연길교구본부에서는 1922년부터 만주인학교(교원 1명, 생

---

205) 위의 글, 18쪽.
206) 金炳燦, 앞의 글, 『가톨릭靑年』, 41호(1936.10), 50쪽.
207) 위의 글, 51 - 2쪽.

도 87명), 길림성의 돈화교회에서는 1926년부터 만주학교(교원 1명, 생도 52명)를 운영하였다. 또한 각 교회에서는 야학교를 운영하면서 종교 교육을 전개하였다. 1936년 당시에 야학교를 운영하고 있었던 교회는 대랍자교회(교원2명, 생도10명), 용정교회(교원3명, 생도46명), 연길상 시교회(생도90명), 훈춘시교회(생도 50명), 차조구교회(생도 45명) 등 이었다.[208]

간도의 천주교 신자들은 자신들의 교육사업이 "간도 조선 주민의 문화 발전과 생활 정도를 향상시킨데 많은 공헌"[209]을 하고 있다고 생각했기 때문에 자부심을 가지고 교육에 주력하였다. 그 결과 1932년에는 간도에서 천주교의 종립학교 수가 44개에 달하였다. 그러나 여러 가지 사정으로 1936년경에는 22개교로 축소되었다.[210] 그 가운데 만주인들을 제외하고, 한인만을 대상으로 한 간도의 천주교 종립학교 현황을 정리하면 <표12>의 내용과 같다.[211]

<표12> 간도의 천주교 종립학교 현황(1936년)

學校名	管轄 敎會名	設立年	교원	학생	備考 (기타=非信者)
① 大拉子海星學校	和龍縣 大拉子敎會	1904	4	98	- 1904년 和龍書塾에서 시작 - 학생구성: 천주교신자 53명, 입교지원자 1명, 개신교[裂敎]신자 10명, 기타 - 졸업회수 17년, 졸업생수 150명.
② 朝陽海星學校	延吉縣 八道溝敎會	1918	6	286	- 崔文植 신부가 유지들과 함께 설립 - 학생구성: 천주교신자 208명, 입교지원자 11명.

---

208) X生, 앞의 글, 『가톨릭靑年』, 41호(1936.10), 30-9쪽; 「延吉敎區各地方紹介」, 『가톨릭靑年』, 41호(1936.10), 40-5쪽. 팔도구교회에서는 道理學校(생도 66명)를 운영하였다.

209) 韓興烈, 앞의 글, 『가톨릭靑年』, 41호(1936.10), 70-1쪽.

210) 위의 글, 70쪽.

211) 『가톨릭靑年』, 41호(1936.10)에 실린 「延吉區敎 各敎會沿革과 現勢」(30-9쪽), 「延吉敎區各地方紹介」(40-5쪽), 그리고 「延吉敎區의 敎育事業槪況」(49-55쪽)의 내용을 표로 재구성한 것임.

					기타. -졸업회수 14회, 졸업생수 151명.
③ 龍井海星學校	延吉縣 龍井敎會	1921	9	507	-학생구성: 천주교신자 118명, 입교지원자 27명, 개신교신자 27명, 유교신자 4명, 불교신자 1명. -졸업회수 13년, 졸업생수 250명
④ 頭道溝海星學校	延吉縣 頭道溝敎會	1922	4	143	-학생구성: 천주교신자 36명, 입교지원자 14명, 기타. -졸업회수 4회, 졸업생수 30명
⑤ 明月溝海星學校	延吉縣 明月溝敎會	1924	6	343	-설립당시 교명인 保祿學校를 1926년에 변경 -학생구성: 천주교신자 61명, 입교지원자 27명, 개신교신자 38명, 기타. -졸업회수 6회, 졸업생수 45명.
⑥ 延吉海星學校	延吉縣 延吉上市敎會	1931	6	343	-학생구성: 천주교신자 84명, 입교지원자 59명, 개신교신자 15명, 기타. - 졸업회수 1회, 졸업생수 31명
⑦ 琿春海星學校	琿春縣 琿春市敎會	1934	3	108	-학생구성: 천주교신자 24명, 입교지원자 32명, 기타.
⑧ 茶條溝海星學校	延吉縣 茶條溝敎會	?	4	149	-학생구성: 천주교신자 132명, 입교지원자 6명, 개신교신자 2명, 기타.
⑨ 蛤蟆塘海星學校	延吉縣 蛤蟆塘敎會	?	4	150	-학생구성: 천주교신자 57명, 입교지원자 37명, 개신교신자 2명, 기타.

간도에서 천주교회는 전파 초기부터 서숙(書塾), 서당, 야학교, 정규 학교 등을 통해 종교 교육을 전개하였다. 그리고 특히 1920년대에 베네 딕투스회가 간도를 관할하면서 종교교육은 중요한 사업이 되었다. 간도에서 천주교회가 종립학교 설립을 통해 "가톨릭的 敎育－가톨리슴에 依한 敎育"을 추구한 이유는 대략 세 가지였다. 대외적으로는 볼 때, 첫 번째는 간도에서 낯선 종교였던 천주교에 대해 긍정적인 인식을 유도하기 위해서였고, 두 번째는 학교 교육을 통해 천주교를 전파하기 위해서였다. 그리고 대내적으로는 천주교의 교리를 보급하는 것이었다. 특히 위의 표에서 확인할 수 있듯이 간도의 천주교는 종교교육을 통해

상당한 수의 입교지원자를 확보하고 있었다. 다음의 인용문은 간도에서 천주교가 종교교육을 중시한 이유를 말해준다.

> 첫째 對外的 影響으로 … 特히 가톨릭에 關한 認識不足을 是正하야주어서 間島社會는 漸次로 가톨릭에 對한 認識을 正當히 把握하여 간다. 그리하야 天主敎에 對한 理解가 밝아가기도 하며 或은 入敎의 動機가 되기도 하야 비록 템포는 느리나마 入敎志願者가 增加되는 現象이다. 그 다음 對內的 影響으로는 敎理知識의 普及과 向上 女信徒의 向學熱 上昇 等을 列擧할 수 있다.[212]

위의 표는 1936년까지 연길교구가 총 9개교의 종립학교를 운영하고 있었음을 보여주지만, 1940년경에 연길교구는 13개의 도리강습소(道理講習所)외에도 총 20개의 소학교를 운영하였다. 당시 종립학교의 학교교사 수는 총 104명(남 67명, 여 37명)이었고, 학생 수는 총 4,079명(남 2,631명, 여 1,448명)이었다.[213] 1930년대 중반 이후 종립학교 수의 급격한 증가 현상은 연길교구가 종교교육에 주력하였다는 것을 의미한다.

(2) 개신교의 종교교육

재만 개신교도 종교교육에 관심을 기울였다. 만주에서 주로 활동한 개신교의 종파는 장로교, 감리교, 안식교, 성결교, 침례교였다. 이 종파들의 교세를 합치면, 개신교는 만주 전역에서 가장 큰 교세를 가진 종교였다. 따라서 개신교의 종교교육 활동은 다른 종교보다 한인에게 미치는 영향력이 적지 않았다. 개신교의 종교교육 활동은 종립학교를 이용

---

212) 金炳燦, 앞의 글, 『가톨릭靑年』, 41호(1936.10), 53쪽.
213) 河村巖, 앞의 책, 58-9面.

한 경우와 예배당을 활용한 경우로 구분할 수 있다. 예배당을 활용한 종
교교육 활동은 개신교의 모든 종파들이 전개했지만, 특히 종립학교를
통한 종교교육 활동은 다른 종파보다 장로교와 감리교에 의해 활발하
게 진행되었다. 주목할 점은 각 종파마다 종교교육 활동에 대한 입장이
달랐다는 것이다.

장로교의 경우, 만주에서 종교교육 활동을 전개한 사람은 로스(J.
Ross)였다. 로스는 "서양의 교육이 현지인의 미신을 제거하는 최선의
매체"라는 당시의 이론이 대부분 옳다고 믿고 있었고[214], 현지 전도 요
원들을 양성할 목적을 가지고 있었다.[215] 또한 로스는 "신앙은 지적인
것이어야만" 하고, "종교로부터 이성의 결별은 자멸적"이며, 선교사의
위대한 임무는 "끊임없는 교육의 필요성"을 자각하는 것이라고 판단했
고, 이에 따라 "계몽된 의식에 부합하는 반응"을 불러일으키기 위해 종
교교육을 중요시 여겼다.[216] 그러나 동시에 선교사가 현지의 관습들을
타파하려고 하지 않는다는 것을 입증하는 효과를 내기 위해 학교에서
는 유교의 고전들 중심의 교육체계를 형성하려고 하였다.[217] 이는 기독
교가 "아주 심오한 유교의 가르침에 새로운 빛"을 비출 수 있음을 인식
시키는 효과를 유도하기 위한 방법이기도 하였다.[218]

성결교와 안식교는 말세 의식을 강조한다는 외적 유사성이 보이지

---

214) 최성일 편역, 앞의 책, 175쪽.
215) 존 로스는 현지 전도 요원의 양성에 관해 "만일 내가 나와 함께 일할 30명의 그렇게
    교육받은 전도사들을 파견할 수 있다면, 나는 30명의 어떤 외국인 선교사들에 의해
    얻어질 수 있는 것 보다 그리스도를 위한 훨씬 더 많은 추수를 보증한다"는 입장을
    가지고 있었다. 최성일 편역, 앞의 책, 178쪽.
216) 위의 책, 201-2쪽.
217) 위의 책, 215쪽. 예컨대, 1973년 지부의 우장에서 예배당 근처에 학교를 설립했을 때
    선교부는 교육과 음식을 무료로 제공하면서 동시에 유교의 고전들 위주의 교육체
    계를 형성하였다.
218) 위의 책, 222쪽.

만, 종교교육에 대해서 다른 입장을 지니고 있었다. 성결교는 교회가 "社會事業의 機關이 아니라 靈魂救援하는 機關"이고, 따라서 전도에 힘을 기울여야 하며[219], 간접 전도가 사회사업을 중심으로 삼는 반면 직접 전도가 영혼구원을 중심으로 삼는 방법이라고 이해하였다. 그리고 학교의 교사와 학생, 병원의 의사와 직원이 모두 "聖經的信仰을 가진 者"는 아니며, 간접 전도가 "敎會로 하여곰 異端과 俗化에 빠지게하는 일"이 많다는 이유를 들어 직접 전도에 주력해야 한다는 입장을 지녔다.[220] 성결교의 이러한 입장은 일제 말기에 재림설을 강조한다는 이유로 해체 위기에 봉착한 경우에서 짐작할 수 있듯이, 재림설을 강조하는 상황에서 만들어진 것이었다.[221]

성결교는 조선의 경우처럼 만주에서도 직접 전도의 방식으로 순회 [장막] 전도대를 결성하여 활동하였고, 성별회(聖別會)라는 대중 부흥 집회를 개최하였다. 전도대의 구성은 일본 동경성서학원을 졸업한 후, 1907년에 조선에서 성결교회를 창립한 정빈과 김상준이 북을 치며 찬송을 부르며 전도하던 데에서[222], 성별회는 1925년 11월 22일부터 4일간 이명직 목사가 용정교회의 헌당식에서 가진 집회에서 시작되었다. 성결교회는 학교와 병원을 통한 간접 선교보다 가가호호 방문하는 호별 전도, 일대일 개인 전도, 노방(路傍) 전도, 옥내 전도[223] 등을 통한 직접 선교에 주력하였다. 직접 선교는 특히 가두 전도와 순회 장막 전도의 형태를 띠었다.[224]

성결교에서는 '문명의 도시'에 있던 선교사들이 '미개한 조선'에서

219) 「敎會發展策」, 『活泉』, 제3권 6호(경성: 活泉雜誌社, 1925), 2쪽.
220) 위의 글, 3쪽.
221) 강돈구, 앞의 글(1998), 218쪽.
222) 정상운, 앞의 책, 156쪽.
223) 『朝鮮耶蘇敎 東洋宣敎會 聖潔敎會 第1回 年會 會議錄』(1928), 17쪽.
224) 정상운, 앞의 책, 154−5쪽.

설립한 의료기관, 교육기관, 자선기관에 대해 조선인들이 "아지 못하고 病院에 가면 眼을 밴다하고, 學校에 가면 娼妓가 된다 하고, 禮拜堂에 가면 魔醉劑를 먹인다"고 믿었지만, 그 실적이 크다는 것을 인정했다.[225] 그러나 "事業의 功勞로는 冕旒冠을 받지 못하나 救靈의 功으로는 生命의 冕旒冠을 받을 것"이며, "今後 方向은 宣教傳道救靈"에 두어야 한다는 입장을 표명했다. 이는 성결교회가 조선에 들어온 이후 현재까지 50년의 역사가 파종기(播種期)이고, 향후 50년이 수확기(收穫期)이며 "그 안에 主께서 再臨"한다는 믿음 때문이었다.[226] 따라서 성결교는 만주에서 다른 종파에 비해 상대적으로 종립학교를 통한 종교교육 활동에 별 관심을 두지 않았다.

안식교는 성결교와 달리, 직접선교 방식과 간접선교 방식을 동시에 진행하였다. 간접선교는 문서사업, 교육사업, 그리고 의료사업의 세 가지 방식으로 진행되었다. 문서선교의 영역에는 정기 구독자를 구하는 방식뿐만 아니라, 합회안식일학교부에서 직접 간도로 가서 매서(賣書) 선교를 행하는 방식이 포함되었다.[227] 1930년 4월의 보고에 따르면, 1929년에 인쇄물을 가지고 일한 자는 762명이었고, 안식교에서 잡지 7,381부, 전도지 80,000여부를 배포하였으며, 매서는 '서적주일'에 집중적으로 이루어졌다.[228] 안식교는 "예언의 신의 여러 서책", 즉 "'화잇' 부인의 다른 저서와 또는 교회에 대한 증언을 읽지 못한 자는 '사단'의 기만에 너머지기 쉽다"[229]는 것, 따라서 "[예언의신의] 서적들을 지체함이 없이 손에 넣으시라"[230]고 강조해왔기 때문에 문서 선교를 등

---

225) 「宣教過去의 五十年과 今後」, 『활천』, 제12권 8·9호 합집(경성: 활천사, 1934.10.), 1-2쪽.
226) 위의 글, 2쪽.
227) 「북션을방문하고」, 『敎會指南』, 제14권 1호(경성: 시조사, 1929), 25-7쪽.
228) 원륜샹, 「션교회총보고에대하야」, 『敎會指南』, 제15권 4호(경성: 시조사, 1930), 21-2쪽.
229) 원륜샹, 「교회의 보호자」, 『敎會指南』, 제24권 10호(경성: 시조사, 1939), 3쪽.
230) 맥엘해니, 「예언의신」, 『敎會指南』, 제24권 10호(경성: 시조사, 1939), 5쪽.

Ⅲ. 간도참변과 조선 종단의 만주 정착 169

한시하지 않았던 것이다.

의료사업에 대해서 안식교측은 의료사업이 "복음사업의 올흔 팔"이며, "의료사업으로 말매암아 그 선교디방에서 선교사업을 더욱 잘할 수 있는 것"이라고 보았다.[231] 그런 시각은 "전도함과 병곳치는 일을 련합하야 행"하는 일이 '예수'가 이미 "전도함과 가라침과 병곳침을 합하야 엇더케 일할 것을 보여주신 교훈"에서 비롯되었다는 인식을 전제로 한 것이었다.[232] 안식교에서는 1860년대 중반에 "위생개혁이 세 텬사의 긔별의 한 부분"로 간주했기 때문에 1920년경에 이미 세계에 36개소의 위생원을 설치하여 관리하던 중이었고, 각 선교지역에도 치료소와 진료소를 설치하는 풍토가 자리잡고 있었다.[233]

교육사업의 경우, 만주에는 간명학교와 삼명학교 등이 있었다.[234] 1937년 5월에는 김한웅의 전도로 옹성라자 청학동에 안식일학교가 설립 되었다.[235] 1928년 11월 이좌익의 서신에 의하면, 삼도구의 교육사업은 이전보다 발전하였고, 중학생이 대략 100명, 야학생이 20명, 그리고 교사 4명이 되었다.[236] 1929년 조선합회 제6회 총회에서 경영위원회가 안식교계 소학교나 중학교를 대상으로 교인의 자녀를 받을 것이며 불신자의 자녀를 받는 경우에 신중을 기하라고 제안했는데, 이것은 안식교의 교육사업이 다른 목적보다 선교라는 목적을 가지고 있었음을 보여준다.[237] 또한 삼도구 소학교의 교사를 담당한 의명학교의 졸업생

231) 「의료사업과 복음사업 – 쥬의 주신 모본」, 『敎會指南』, 제13권 8호(경성: 시조사, 1928), 5–6쪽.
232) 위의 글, 4–5쪽.
233) 「본교회력사(七)」, 『敎會指南』, 제13권 9호(경성: 시조사, 1928), 9쪽.
234) 「북션을방문하고」, 『敎會指南』, 제14권 1호(경성: 시조사, 1929), 26쪽.
235) 이영린, 앞의 책, 316쪽.
236) 「삼도구쇼식」, 『敎會指南』, 제14권 1호(경성: 시조사, 1929), 29쪽.
237) 「죠선합회뎨六회총회 경영위원회의 뎨안」, 『敎會指南』, 제14권 8호(경성: 시조사, 1929), 31쪽.

들은238) 이미 철저한 선교교육을 받았던 경험을 가지고 있었다. 의명학교에서는 학생들을 "매쥬일 다섯시간식 성경으로 슈양"시켰는데, 고등과의 경우 1930년부터 "구약사긔"(1학년), "신약사긔"(2학년), "본교회략사와 예언의신의 말삼"(3학년), "본교회 교리"(4학년), "성경의 유래와 확증, 본교회 각부사업"(5학년)을 교육시켰다.239) 의명학교의 교육과정에서 볼 수 있는 것은 안식교 교육사업의 최고 목표가 선교였다는 것이다. 안식교가 간접선교 방식을 지향한 사실은 1928년에 보고된 '보교회사업의통계표'의 학교, 인쇄소, 병원종무원의 수(8,430)에서도 잘 드러난다.240)

장로교와 감리교는 안식교의 경우처럼 만주에서 교회 건축, 종립학교 설립, 병원 건축을 모두 추진하였다. 만주에 조선인이 처음으로 설립한 근대학교는 1906년에 용정촌에 설립된 서전서숙(瑞甸書塾)이었다. 1905년 을사보호조약이 체결되자 이상설, 이동녕, 정순만, 여준 등은 1906년에 용정촌에서 기독교 신자인 최병익의 집을 사재로 구입하여 서전서숙이라고 명명하고 한인 자녀 22명을 모아서 교육하였다. 서전서숙의 설립은 중국조선족교육발전사에서 전통적인 구식서당교육으로부터 근대적인 학교교육으로 넘어가는 첫 시작으로 평가받고 있다.241) 1908년에 김학연과 김약연 등이 화룡현 명동촌에 명동서숙(明

---

238) 『敎會指南』, 제14권 7호(경성: 시조사, 1929), 32쪽.
239) 「성경과 교육」, 『敎會指南』, 제15권 2호(경성: 시조사, 1930), 7쪽. 『교회지남』 동호(同號) 6쪽의 의명학교연혁(沿革)에 의하면, 의명학교는 1906년 10월 10일에 순안에서 창립되어 한문과만 교습하다가 1907년 9월 12일에 평남 관찰사의 인가를 받아 보통과 4년과 고등과 3년의 제도로 개정하였으며, 그 후 사립학교령에 따라 학부대신에게 사립학교 설립허가원을 제출하여 1910년 1월 10일에 인가를 얻었고, 여자부교육도 시작하였다. 1924년 봄에는 별도의 교실을 건축하여 보통과를 분리하였고, 동년 7월 이후에는 보통과를 6학년으로, 고등과를 5학년으로 연장하여 일반고등보통학교와 동등한 교육을 실시하였다.
240) 「본교회사업의통계표」, 『敎會指南』, 제13권 7호(경성: 시조사, 1928), 31쪽.
241) 중국조선족교육사편찬위, 『중국조선족교육사』(동북조선민족교육출판사, 1994), 16

東書塾)을 설립한 이래로, 개신교는 교회 설립 사업과 학교 설립 사업을 거의 동시에 추진하였다. 교회를 통한 선교사업과 학교를 통한 교육사업을 병행한 것은 교회 옆에 반드시 학교를 설립해야 한다는 칼빈(John Calvin)의 선교정신에서 비롯된 것이었다.[242]

자녀들의 교육을 위해 만주에 학교를 건립하는 일은 1910년대 전후의 상황에서 한인에게 중요한 일이었다. 이 점은 1910년대 전후에 연길시에 설립된 개신교 계통의 간민교육회(墾民敎育會)의 활동을 통해 알수 있다. 간민교육회는 간도에 몰려든 이주민들의 상황을 타개하기 위하여 박무림(朴茂林)과 이동춘(李同春) 등이 청국 관청의 승인을 받고 설립된 간민회(墾民會)의 연장이었다. 박무림, 구춘선, 김약연, 정재면, 강봉우, 장석함, 김립, 윤해, 박상환, 정안립, 오병묵, 계봉우, 박찬익 등이 간민교육회에서 활동한 인물들인데[243], 이들은 항일운동과 다양한 자치사업 이외에도 길동기독학관(광성학당의 전신), 명동중학교, 와룡동중학교를 설립 · 운영하였다. 간민교육회에서는 이 학교들을 위해 별도의 교과서 편찬위원들을 선정하였다. 편찬위원의 명단에는 정재면(명동학교)과 남공선(와룡동중학교, 창동학교) 외에도 이후에 사회주의 이론가로 활약한 계봉우(길동기독학당)가 포함되었다.[244]

개신교인들이 만주에서 교회 설립과 함께 추진한 학교 설립 사업은 대체로 원활하게 진행되었다. 이러한 상황은 동척(東拓)의 조사 보고서 내용에서 확인할 수 있다. 일제는 개신교의 학교 설립 사업을 "傳道의 一方便으로 主力을 敎育에 傾注하여 危險思想 鼓吹에 努力하"고 있는

－7面(한국문화사 영인 자료).

242) 서굉일, 「북간도 기독교인들의 민족운동 연구(Ⅱ)」, 『신학사상』(오산: 한국신학연구소, 1981), 592쪽.

243) 현규환, 앞의 책, 415쪽.

244) 조동걸, 「北愚 桂奉瑀의 생애와 저술활동」, 『北愚 桂奉瑀 資料集』1(천원군: 독립기념관 한국독립운동사연구소, 1996), 5쪽.

상황으로 파악하였으며, 동시에 "宜當 神聖하고 超世俗的이어야 할 宗
敎團體는 嚴重한 監視가 없음을 多幸으로 一種의 政治的 秘密結社"를
형성하고 있다고 경계하였다.245) 이러한 보고 내용은 개신교가 1920년
대 이전부터 만주에서 종립학교의 설립 사업에 주력하였음을 의미한다.

재만 개신교계 종립학교 수가 급격히 증가한 시기는 개신교의 여러
교파들이 조직체들을 갖추기 시작한 1920년대였다. 간도에 거주하는
한인의 교육 추세에 대해서 1910년 중반과 1920년대 중반을 기점으로
통계자료를 살펴보았을 때, <표13>에서 1920년대에 개신교 계통의
학교가 급격히 증가했음을 알 수 있다.246)

<표13> 간도의 개신교계 종립학교 수(1917년, 1926년)

조사연도	전체 종립학교 수	개신교계 학교 수	지역
1917	72	14	연길, 화룡, 왕청
1926	93	62(한인학교 43, 선교사계학교 19)	연길, 화룡, 왕청, 훈춘

이 조사 보고서에 의하면, 1920년대 중반에 재만 종립학교 수에서 가
장 많은 부분을 차지하고 있는 교파는 은진중학교와 영신중학교 등을
포함한 캐나다장로교계통의 학교였다. <표14>의 내용에서 확인할 수
있듯이, 전체 43개의 한인학교 가운데 감리교계통의 학교는 5개소, 안
식교계통의 종립학교는 2개소였지만, 캐나다장로교계통의 종립학교
는 36개소로 84%를 차지하고 있었다. 동만 지역 선교를 관장한 캐나다

---

245) 현규환, 앞의 책, 517-8쪽(東拓이 발행한 『間島事情』의 일부 내용 발췌한 것임).
246) 위의 책, 439-443쪽. 필자가 해당 내용을 표로 재구성하였음.

장로회 선교부가 운영한 용정의 은진중학교, 명신여학교, 제창병원 등은 간도의 한인사회에 좋은 인상을 심어준 선교기관이었다.247) 특히 제창병원 창설자 바커와 의사 마틴(S. H. Martin, 閔山海)은 3·1운동 즈음에 부상당한 조선인들을 헌신적으로 치료했고 조선의 독립운동도 측면 지원하여 조선인들에게 좋은 인식을 심어주었다.248)

상당한 수의 종립학교를 보유하고 있었던 캐나다장로교는 교회 및 학교 설립 사업 이외에도, 병원 설립 사업을 병행하였다. 1920년대의 재만한인은 정치불안, 생활 곤란, 득전(得錢) 곤란에 시달렸지만, 동시에 각종 질병으로 많은 곤란을 겪고 있었다.249) 이들은 "파리와 모기가 들끓고" 있는 상태로 자신들의 삶을 영위했으며, 매년 흑사병, 쥐통, 발진티푸스, 장티푸스, 천연두 등의 많은 질병에 시달려야만 했다.250) 결혼 연령을 보면, 재만한인은 1930년까지만 해도 대개 16세에서 19세 사이에 결혼을 하였는데, 이 시기는 각종 질병으로 인해 한인이 가장 많이 죽었던 시기였다.251) 수많은 한인이 결혼 연령 직전에 각종 질병으로 죽어가고 있는 상황에서 개신교는 병원 설립을 통한 선교 사업 부분을 무시할 수 없었다. 예컨대, 캐나다장로회 선교사인 박걸(朴傑, A. H. Barker)이 1913년에 용정촌에 교회와 명신여학교(明信女學校) 등을 세우면서 제창병원(濟昌病院)252)을 설립하였던 사실은 개신교가 만주 선교 초기부터 교회와 학교 설립 이외에도 병원 설립을 통한 선교를 염두에 두고 있었음을 보여준다.253)

---

247) 서굉일, 앞의 글(1986), 463-71쪽.
248) 『大韓民國獨立運動功勳史』(서울: 韓國民族運動硏究所, 1971), 1,068-1,070쪽.
249) 현규환, 앞의 책, 383쪽.
250) 위의 책, 364-80쪽.
251) 위의 책, 380-2쪽.
252) 박주신, 앞의 책, 416-7쪽.
253) 위만주국문교부 학무사 편, 『만주국교육방안』(1932), 125쪽. 중국조선족교육사편찬위, 앞의 책, 42面에서 재인용.

<표14> 재만 종립학교의 통계(1928년 5월)

	관계된 종교	학교수(개)	교원수(명)	학생수(명)
조선인 목사가 경영한 종교학교 (야소교학교)	장로파	44	97	2,426
	남감리파	8	18	381
	안식파	2	7	165
	천주교파	6	12	216
	불명한 것	4	14	363
	합계	64	148	3,551
조선고유종교단체에서 설립, 운영한 종교학교	천도교	5	20	798
	시천교	8	20	548
	원종교	6	11	255
	대종교	4	8	164
	청림교	2	5	84
	합계	25	64	1,849
	총계	89	212	5,400

2) 신종교의 종교교육

간도참변의 영향은 청림교, 제우교, 천도교, 시천교 등 만주의 신종교에게 많은 영향을 주었다. 이 가운데 천도교는 '간도출병' 당시에 주변 사태를 관망하며 침묵 상태를 유지하였지만, 간도참변으로 한인에 대한 일본군의 압박이 가중되자 전도자를 파견하여 교세의 유지를 위해 노력하였다.[254] 반면 청림교, 제우교, 시천교의 경우는 '간도출병' 시기부터 일시적으로 활기를 띠었다. 이 가운데 청림교의 경우는 1919년 5월경에 간도 청림교의 수령인 임갑석(林甲石)이 표면상 각 독립단체의 횡포를 저지하려는 목적으로 야단(野團)을 조직하여 청림교의 지

---

254) 韓國史料硏究所, 「不逞鮮人」, 앞의 책(1986), 294面.

반(地盤)을 확립할 책략을 세웠고, 당시를 교세확장의 기회로 간주하였다. 그렇지만 도중에 대한군정서와 합병되어 '불령단'으로 인식되었다.[255]

반면 1920년 7월경 경성(京城) 청림교의 대교주인 한오(韓悟) 이하여러 명의 간부들은 포교할 목적으로 간도에 왔지만 '불령단 발호(跋扈)'가 심하여 포교활동을 벌일 수가 없었다. 그러나 동년 10월 2일 훈춘사건으로 '간도출병'이 이루어지자, 한오와 같은 뜻을 지닌 청림교의 유력자인 김몽필(金夢弼) 등은 조선총독부와 일본 육군측에 양해를 얻어, 간도참변 당시 각 지방을 돌아다니며 '불령배에 대해 귀순을 권고'하면서 교세의 확장을 도모하였다. 동시에 한오 등은 간도의 각 지방에 포교사를 파견하여 한인에게 청림교에 귀의하면 안전할 것이라고 선전하여 배일사상을 고집하던 개신교인들까지도 청림교로 개종하게 만들었다. 뿐만 아니라 한오 등은 임갑석을 설득하여 일본측에 귀순하도록 유도하였고, 임갑석은 '일본측의 관대한 처분에 감읍'하여 장차 일본의 선량한 신민으로 청림교를 위해 노력하기로 맹세하였다. 일본군은 청림교가 '불량사상의 배제를 표방하고, 교세확장과 더불어 일본관헌의 시정(施政)에 따라 민심을 양화(良化)하는 친일단체'이므로 청림교의 지도와 보호방법을 세워 이용할 필요가 있다는 태도를 보였다.[256]

제우교 만주지부 수령인 양정묵(梁正黙)은 10여명의 간부와 함께 1920년 11월 2일 간도에 도착하여 불령선인의 귀순 권고를 하는 한편, 보민회(保民會)를 조직하여 교세확장 활동을 개시하였다. 일본측은 조선인민회를 설치한 후에도 민회제도를 확장할 의향을 가지고 있었기 때문에 제우교가 계획한 보민회를 민회와 병립시켰다. 제우교의 활동

255) 위의 책, 292面.
256) 위의 책, 292-3面.

은 청림교의 활동처럼 '중국측의 압박, 불령단의 부활, 개신교인의 발호 등에 의한 민심의 동요를 안정시키고, 불령단체를 교화하고, 불령선인에게 귀순을 권고'하는 것이었다. 그러나 제우교는 교세 확장에 부진하였다. 종교단체로서 정치단체인 보민회를 설치한 후 종교활동보다 정치활동에 치중하였기 때문이다.[257]

청림교와 제우교가 친일적인 입장에서 정치활동에 주력하였다면, 시천교, 천도교, 원종교, 대종교 등은 내부 정비에 치중하였다. 친일(親日)을 표방했던 시천교는 '간도출병'을 교세확장의 좋은 기회로 여겼지만 대부분의 시천교도들이 청림교에 흡수되는 상황에 처해 있었기 때문에 내부 정비를 염두에 둘 수밖에 없었다.[258] <표14>의 내용에서 확인할 수 있듯이 만주에서 천도교, 시천교, 원종교, 대종교, 청림교는 모두 각 종단들은 자체 교리를 강습하는 교육을 실시하면서 동시에 학교를 통해 종교교육 활동을 전개하였다.

간도참변 이후 1928년경 신종교의 종교교육 현황을 <표14>의 내용에 근거하여 정리하면 다음과 같다. 천도교에는 5개의 학교에 교원 20명과 학생 798명이 있었다. 시천교에는 8개의 학교에 교원 20명과 학생 548명이 있었다. 원종교에는 6개의 학교에 교원 11명과 학생 255명이 있었다. 대종교에는 4개의 학교에 교원 8명과 학생 164명이 있었다. 정치활동에 주력한 청림교도 2개의 학교를 운영하였지만, 그 규모가 교원 5명과 학생 84명에 불과하였다. 물론 재만 신종교의 교육활동도 기독교의 경우처럼 간도참변 이전부터 이루어져왔다. 이는 일제가 1916년에 조사한 내용인 <표15>를 통해서도 확인할 수 있다.[259]

---

257) 위의 책, 293−4面.
258) 위의 책, 294面.
259) 姜德相 編, 『現代史資料』 27(1977), 141−65面. '재외 조선인 경영 각학교 서당 일람표'에서 신종교 관련 내용만 재구성하였음.

<표15> 신종교의 교육활동(1916년 12월)

종교계통	학교명	소재지	개교일	비 고
시천교	천양학교	화룡현	1915.12.	
	보흥학교	연길현	1909.8.	
천도교	동흥학교	연길현	1916.1.6.	
대종교	동일학교	화룡현 (이도구)	1912.10.11.	
	학성소학교	화룡현		
	동일학교	연길현 (삼도구)		
	창동학교	안도현	1914.	
단군교	청일학교	화룡현	1912.9.6.	
	학성학교	화룡현		배일주의
	동신학교	화룡현		
	동화학교	화룡현		단군교와 개신교의 합동
	양성학교	화룡현		
	천일학교	화룡현		
	용지학교	연길현		
원종교	원종소학교	안도현		

　재만 대종교의 종교교육 활동은 총본사를 이전하기 전부터 전개되었다. 1911년 1월 15일 대종교의 지교(知敎)가 된 박찬익(朴贊翊)이 동년 겨울 화룡현 삼도구 청파호에 현천묵(玄天黙)을 교장으로 하여 청일학교(靑一學校)를 설립한 것이 대종교 교육활동의 시작이었다.[260] 현천

<hr />

260) 남파 박찬익 전기간행위원회 편,『南坡 朴贊翊 傳記』(서울: 을유문화사, 1989), 126쪽.
　　『중광60년사』(381－3쪽)에 따르면, 대종교측은 종교교육 활동의 출발점을 이시영(李始榮)이 설립한 신흥무관학교(新興武官學校)로 잡고 있다. 신흥무관학교는 1910년 남만 유하현(柳河縣)에서 신흥강습소로 출발하여 통화현 합니하(哈泥河)로 이전하면서 신흥중학교로 개칭되었는데, 주로 군사학(軍事學)과 중등과정(中等課程)을 교수(敎

묵은 1912년 10월 11일에 계화(桂和)와 강원실(姜元實)을 교사로 화룡현 이도구에 동일학교(東一)학교를 설립하고 교장직을 담당하였다. 동일학교에서는 중국어뿐만 아니라 일본어도 교육하였다. 또한 현천묵은 1913년 3월에 화룡현의 구세동에 숭신학교(崇信學校)를 설립하고 교장직을 담당하였다.261) 서일(徐一)은 1913년 4월에 왕청현 춘명사(春明社)에서 명동학교(明東學校)를 설립하고, 1917년에는 중학부(中學部)까지 설치하였다.262) <표15>에서 확인할 수 있듯이 개교일이 파악되지 않았던 대종교 계통의 학교들도 상당수 있었다. 대종교는 총본사를 조선에서 화룡현 삼도구 청파호로 옮기고 사도본사를 조직한 1914년 이후에도 환인현의 동창학교, 무송현의 백산학교, 영안현 동경성의 대종학원, 밀산현의 한흥의숙, 상해의 박달학원 등을 통해 기존의 종교교육을 지속하였다.263)

대종교의 종교교육 경향은 1911년 2월에 만주의 봉천성 환인현(桓仁縣) 성내(城內)에 이주한 윤세용(尹世茸)·윤세복(尹世復) 형제가 사재(私財)로 설립한 동창학교의 교육활동을 통해 확인할 수 있다. 두 형제는 독립을 달성하려면 민족의식이 투철한 학생들이 필요하다는 판단 하에 경제적으로 궁핍한 학생들의 기숙비와 피복비를 지급하며 교육활동을 전개하였다. 교육목표는 역사 교과서와 국어 교과서 등을 통해 항일민족독립정신을 고취하는 것이었다.264) 그러나 일본 영사관과 중국 관헌의 교섭으로 삼 년 만에 학교가 폐지되었고 윤세용·윤세복 형제

授)하였다. 1919년 5월에는 교명을 신흥무관학교로 개칭하고 이범석(李範奭)과 이청천(李靑天)외 2인을 교관으로 하여 개교식을 거행하였으며, 결사체로서 학생들로 구성된 신흥학우단(新興學友團)을 두었다.

261) 姜德相 編,『現代史資料』27(1977), 142面.
262) 박주신, 앞의 책, 262쪽.
263) 중국조선족교육사편찬위, 앞의 책, 38面.
264) 조선총독부,「國境地方視察復命書(1915.4.)」『백산학보』, 제9호, 232-3쪽.

및 이극로(李克魯) 등의 교사이 축출되면서 졸업생은 배출되지 못하였다.[265]

4. 재만 종단의 정착과 종교문화

간도참변 이후에도 조선인들이 북간도로 이주하는 현상은 지속되었다. 그러나 북간도 이외의 지역에서는 여전히 토지소유권이 인정되지 않았기 때문에 중국인들의 황무지를 개간하거나 그들의 토지를 소작하는 생활을 해야만 했다.[266] 따라서 만주 내에서 1920년대 북간도는 한인들에게 "제2의 조선"으로 인식되었다.[267] 그러나 북간도에서도 한인이 "관리에게 토민(土民)에게 도적에게 구축(驅逐) 받고 욕먹고 매맞고 약탈을 당하여 다만 한숨을 쉬고 눈물을 흘리는 속 아픈 정경"을 도처에서 볼 수 있었다.[268] 간도참변 이후 북간도에 정착한 한인의 생활상이 곤란했다는 사실은 다른 지역에서도 이와 유사한 상황이 지속되었음을 시사한다.

재만한인의 생활상을 조선에게 유포시킨 통로 가운데 하나가 기독교였다. 천주교와 개신교는 재만한인의 '물질적' 생활상을 극도로 비참하게 언급하였다. 그리고 이런 상황에 대해 천주교는 신자들에게 금욕적

265) 大倧敎倧經倧史編修委員會, 앞의 책, 384-5쪽, 394쪽.
266) 이종정, 「滿蒙踏査 旅行記(1927)」, 『間島流浪40년』(서울: 조선일보출판국, 1989), 75쪽. 다음의 인용문은 봉천에서 생활했던 한인의 상황을 짐작하게 한다. "최근 양 삼년 이래로는 조선 총독부 전삼시(前三矢) 연락 국장과 장작림(張作霖) 사이에 소위 만주 조선인 취체에 대한 비밀 조약이 체결된 이후로 중국 관민의 압박은 날로 심하게 되어 피땀으로 개간한 이 토지도 그저 중국인에게 물려주고 북으로 북으로 자꾸 들어가게 되었다고 한다."
267) 「간도는 제2의 조선」, 『동아일보』, 1926.5.13. 2면.
268) 김홍일, 「北滿奧旨旅行記(1925)」, 『間島流浪40년』(서울: 조선일보출판국, 1989), 55쪽.

인 생활문화를 강조하였고, 개신교는 재만한인이 '영적'으로 부흥할 수 있는 계기임을 강조하였다. 한편, 신종교는 정교분리 원칙을 표명하면서 탈정치화 경향을 띠었다. 신종교의 탈정치화 현상은 특히 대종교와 원종교의 경우에 두드러지게 나타났다. 천도교는 교정일치(教政一致) 원칙을 지니고 있었기 때문에 대종교와 원종교에 비해 상대적으로 탈정치화 현상이 보이지 않았다. 이러한 탈정치화 현상은 곧 정치와 무관한 자신들만의 종교문화를 형성하는 기반이 되었다.

1) 기독교의 종교문화

(1) 천주교의 종교문화

천주교 성직자들은 빈곤한 이주민들을 동정하는 시각을 갖고 있었다. 1920년에 원산교구에서 뮈텔주교에서 보낸 연말보고서에는 당시의 상황을 "이 많은 가난한 이주민들의 물질적인 처지는 정말 동정이 갑니다. 많은 사람들이 누더기 옷을 입었고, 노자도 없거나 일찍이 약속한 땅을 찾아 어디로 가야할지 헤매고 있습니다"라고 언급되어 있다.[269] 그리고 동료신부들이 간도로 떠나는 조선인들에게 힘든 상황을 대비할 수 있는 가장 기초적인 예비지식이라도 미리 가르쳐 주어야 한다고 호소하고 있다.[270]

그렇지만 천주교회는 간도의 한인 문화에 대해 부정적인 인식을 가지고 있었다. 간도의 종교 상황은 "조선의 축소, 아니 세계의 축소라 해도 과장이 아닐 만치 각 교, 각 유파가 모여 있다. 시설의 완비를 기할 수

---

269) 한국교회사연구소 역편, 앞의 책, 609쪽.
270) 위의 책, 609쪽.

는 없으나 그러나 그것은 거의 다 조선인 중심의 교회이니 용정은 이것 만으로도 가히 정신적 양식의 결핍을 느끼지 않을 것이다"271)라는 언 급처럼 다종교 상황이면서도 기독교의 교세가 강했다. 그러나 천주교 신자들에게 간도는 "문화가 유치하야 다만 암흑시대에 잠겨" 있는 지역일 뿐이었다.272)

천주교 신자들은 만주 정착 과정에서 "즉은 조상에게 제사를 안 드리 고 잡귀신을 공경치 아니하고 남녀 취혼도 대개는 신자끼리만 하고 또 는 별세 사망에 장례의식도 비신자와 다"르게 진행하였다.273) 이런 독 특한 문화 때문에 천주교 신자들은 선교 초기부터 집단촌을 형성하는 경우가 많았다. 용정지방에는 대교동과 하교동 등 5곳, 팔도구에는 수 남촌과 신동흥 등 35곳, 백초구에는 쿨륭산남과 쿨륭산북 등 6곳, 명월 구에는 덕신동과 남거우 등 6곳, 그리고 훈춘에는 석돈하, 두도구에는 토산자와 남교동 등 10여 곳에 교우촌이 생겨났다.274) 천주교 신자들 은 교우촌뿐만 아니라 금융기관 설립을 통해서 상호 유대를 지속했다. 1905년 화룡현 영암촌에 금융기관인 광식회사(후에 연화조합으로 개 칭됨)가 창립되었고, 팔도구에도 식산조합과 협동조합 등이 결성되었 다. 이외에도 천주교 신자들은 공신사, 합동저금계 등의 금융기관들을 설립하였다.275)

간도의 천주교인은 각종 제사 의식을 행하지 않았다. 오히려 "모든 잡 귀신 공경을 금하게 됨으로 현대에 횡행하는 모든 미신을 타파하게 될 것"을 주장하고 있었다. 또한 일주일에 하루를 쉬는 문화가 생겼다. 일요

271) 안용순, 「北滿巡旅記(1940)」, 『間島流浪40년』(서울: 조선일보출판국, 1989), 312쪽.
272) 곽도산, 「間島英岩村敎會」(完), 『카톨릭靑年』, 제24호(1935.5.), 49쪽.
273) 韓興烈, 앞의 글, 『가톨릭靑年』, 41호(1936.10), 69쪽.
274) 위의 글, 69쪽.
275) 『뮈텔주교일기』5, 1912.10.18.

일에 쉬는 이유는 위생, 정신적 향상, 부부애, 자녀의 교육 등이었다.[276]

> 일주일간에 한번도 쉬지 않이하면 위생에 해로울 뿐만 아니라 늘 물질만 생각함으로 정신적 향상이란 것은 있을 수 없습니다. 그보다 늘 가정을 더나 점포나 공장에서 근무하게 됨으로 가정에 자미가 없어지게 되고 부부의 애가 박약해지고 많은 폐해가 발생합니다. 주일날 직히는 것은 위생상 정신상 자녀의 교육상 많은 유익이 있을 것은 또 말할 것 없는 사실니다.

재만 천주교는 아편장사와 아편 흡입을 금지하였다. 절조있는 음주문화는 용납했지만 과음은 금하였다.[277] 그러나 1912년 10월에 훈춘에서 김영렬이 뮈텔 주교를 만나러 왔을 때, 뮈텔 주교가 "그가 좀 취해 있었으므로 내일 만나기로 하고 돌려보"낸 사실을 미루어 짐작하면 간도의 천주교 신자들에게 과음 문화가 없었다고는 볼 수 없다.[278]

(2) 개신교의 종교문화

봉천의 만주야소교전문학교(滿洲耶蘇敎專門學校) 목사로 재직했던 쿡(W.T.Cook)의 「장로교 외국 전도국 보고서」 내용은 1920년대까지 선교사들이 인식한 한인의 생활상을 보여준다.[279]

> 滿洲에 오는 朝鮮移民의 苦痛은 심지어 그들의 不幸을 實際로 目睹하는 사람조차 完全하게 描寫할 수가 없다. 겨울날 零下 四十度의 酷寒中에서 白衣를 입은 말없는 群衆은 或 十餘名 或 二十名 或 五十名式 떼를 지여서 山빗탈을 기여넘어온다. 그들은 滿洲의 樹

---

276) 韓興烈, 앞의 글,『가톨릭靑年』, 41호(1936.10), 71쪽.
277) 위의 글, 71쪽.
278)『뮈텔주교일기』5, 1912.10.18.
279) 李勳求,『滿洲와 朝鮮人』(平壤: 崇實專門學校經濟學研究室, 1932), 103 – 4쪽.

林 많고 岩石 많은 山邊의 瘠薄한 土地로더부터 惡戰苦鬪를 하면서 一條의 生路를 얻기 爲하야 新世界를 차저 저와 같이 몰여 오는 것이다. 거긔에서 그들은 꾸준한 努力으로서 中國人의 田地우에 잇는 山邊不毛地를 광이와 호미질을 하야서 손으로 심고 손으로 거두며 혼히 生을 維持하기에는 到底히 不可能할 草根木皮를 먹으며 살아가는 것이다. 多數한 사람이 食糧不足으로 말미암어 죽엇다. 婦人 小兒뿐만 않이오 靑年들도 凍死하엿다. 그들의 悲慘한 生活 우에는 또 疾病이 닥처왓다. 數名의 朝鮮人이 맨발로 江邊의 깨여진 어름장 우에 서서 바지를 것어올리고 두자나 깊은 어름장이 석긴 江물을 건너가서 저편 언덕에서 바지를 나리고 신을 신는 것을 나는 본적이 잇다. 襤褸한 衣服을 입은 女子들이 身體의 大部分을 露出한 채 幼兒를 등에 업고 간다. 그와같이 없음으로써 彼此에 조곰이라도 體溫을 돕고저 함이다. 그러나 어린아이의 다리는 襤褸한 옷밖으로 나왓기 때문에 점점 얼어부터서 나종에는 조고만한 발고락이 맛부터버린다. 男女 늙은이는 굽은 등과 주름살 많은 얼골노서 곳날줄 모르는 먼길을 거러 나종에는 氣盡脈盡하야 寸步를 옴기지 못하게 된다. 그들 ― 老小强弱을 莫論하고 ― 그 故鄕을 떠나오는 것은 모도다 이 모양이다.

교파별로 차이를 보이고 있지만, 한인들의 '물질적' 생활상을 비참하게 인식한 개신교의 각 교파는 간도참변 이전에 비해 '영적' 부흥회를 수시로 개최하였다. 특히 성결교의 『활천』에서 소개되는 만주 관련 내용은 대부분 부흥회 소식이었다. 예컨대, 이명직 목사는 1933년 7월 12일부터 8월 1일까지 만주를 순회하며, 봉천, 무순, 신경, 하얼빈, 포하, 북릉, 안동 교회에서 대중 부흥 집회를 가졌다.[280] 이건 목사는 1934년 12월 5일부터 15일까지 용정교회 주임 교역자인 조승각 전도사의 초청으로 용정, 조양천, 국자가, 명월구, 도문 등에서 대중 부흥 집회를 개최하였다.[281] 또한 1935년 3월 8일부터 13일까지 성결교회 3회 각 지방

280) 정상운, 앞의 책, 157쪽. 「북中의 만주순회기」, 『활천』 제12권 5호, 54-5쪽.
281) 정상운, 위의 책, 157쪽. 1934년 12월에는 북간도 연길현에 조양천교회가 설립되었

회 의사록(議事錄) 촬요(撮要)에 보면 북부 지방회는 결의 및 협정 사항 중에 중요한 안건으로 장막 전도대를 입북케 하여 관북(關北)과 동만에 집주(集湊)된 민중에 대하여 대대적으로 순복음 구령 운동을 일으키자는 논의들을 전개하였다.282)

성결교와 안식교는 교세 확장을 시도하는 과정에서 다른 교파들에 비해 상대적으로 '전투 정신'을 강조하였다. 만주사변 직후에 성결교회에서 사용되는 '출전(出戰)', '승첩(勝捷)', '싸홈의 기록(記錄)', '군량(軍糧)' 등의 용어를 보면 이들에게 재만 선교활동은 '영적인 전쟁'이었다.283) 만주는 '영적 황무지'이고, 성결교 신자들은 영적 황무지인 만주에 '천국복음'을 '힘써 개척'하여 '장미꽃' 피워야하며, 이를 위해 '깨여서 분기(奮起)하라'는 논리였다.284)

만주를 영적 황무지로 인식하면서 구령 운동을 전개했던 성결교회는 "검은 구름이 개일 날이 업는 만주벌판에서는 이곳저곳에서 주의 용사를 요구"하고 있다는 판단 아래, 하얼빈에 황성택(黃聖擇), 봉천에 장서철(張瑞哲), 포하(蒲河)에 노인(盧忍)을 파송하기도 하였다.285) 성결교회측은 특히 하얼빈과 봉천의 상황에 대해 부정적으로 인식하였다. 성결교회측은 하얼빈은 약 600호의 조선인 거류민이 대부분 아편장사, 연관, 창기업자의 직업을 가지고 있다는 판단 아래 "죄악의 굴혈"로 인식하였고, 봉천은 피난민들의 처참한 상황 때문에 "눈을 가진 자 참아 볼 수 업"는 상황으로 인식하였다.286) 포하는 부락민 전체 25호가 성결교인이었기 때문에 선교를 위한 일종의 전초기지였다.

고, 용정교회와 응성라자교회처럼 북부 지방회로 예속되었다.
282) 『활천』, 제13권 6호, 34쪽.
283) 崔錫模, 「滿洲傳道에 對하야」, 『활천』, 제10권 3호(경성: 활천사, 1932.2), 7쪽.
284) 위의 글, 9쪽.
285) 崔錫模, 「滿洲宣敎의 急先務」, 『활천』, 제10권 8 · 9호 합집(경성: 활천사, 1932.7.), 50쪽.
286) 위의 글, 50쪽.

개신교의 각 교파에서 보이는 전투성의 강약 차이는 말세 의식의 강약 차이에서 비롯된 것이었다. 개신교의 각 교파는 말세의식의 강조 수준에 따라 다른 성격을 지녔다. 성결교와 안식교는 장로교, 감리교, 침례교 등과 달리 '말세의 시급함'을 강조하였다. 성결교는 "말세가 막을 다치려하는 이때에 모든 것이 '시급'을 부르짓지 안는 것이 업다. 그 중에도 우리 전도자의 항일은 맛치 서리(霜)발을 본 추수군과 가티 '어서! 어서!'를 연호할 이때"에 만주 선교가 "급급한 시기", 즉 말세의 위기에 놓여있음을 강조하였다.[287)

성결교의 말세 의식은 만주 선교의 시급성을 강조하는 분위기로 이어졌다. 하얼빈에 파송되었던 황성택도 1932년 8월 31일자의 글을 통해 50만 명 정도의 인구가 거주하는 하얼빈이 북만의 중심도시지만, "사치, 음난, 도박, 아편연(鴉片烟), 음탕함으로 도덕이 결함된 암흑천지", "소돔과 고모라성의 죄악"이 가득한 도시로 묘사했다. 그리고 조선의 성결교 신자들에게 "만주로 오라… 만주로 오라… 만주로 오라… 뛰여오라… 눈을 들어 만주벌판을 보라. 곡식닉어 거둘때가 되엿다… 거둘 때에 속히 거두어서… 속히오라. 만주에 잇는 百만의 령혼을 위하여!"라고 외쳤다.[288) 박계주도 동년 11월에 간도의 종성동교회에서 발생한 김영진(목사)과 김영국(장로) 형제의 순교를 전하면서, 간도에 조선 동포들이 많음에도 불구하고 성결교회가 용정과 옹성라자 두 곳밖에 없다는, 따라서 "[재만한인의] 可憐한 靈들… 그들의 靈은 兄弟姊妹들 全部를 부르고 잇지 않는가… 이 곳의 靈을 爲하야 兄弟姊妹 全部가 出動하자. 眞理의 劍을 잡으라. 信仰의 띄를 굳게 띄고 어서 오너라"라

---

287) 위의 글, 50쪽.
288) 黃聖擇, 「朝鮮에게신 父母兄弟들에게」, 『활천』, 제10권 10호(경성: 활천사, 1932.9.), 51
    −4쪽.

고 주장하였다.289)

만주에서 종교별 또는 교파별 관계는 두 가지 형태를 띠었다. 하나는 다른 교파와 다른 종교를 경쟁자로 여기는 형태였다. 예컨대 장로교와 감리교측에서는 안식교에 대해 기존의 신자들을 대상으로 전도를 벌이는 교파로 인식하며 경계 대상으로 삼았다. 또한 조선뿐만 아니라 만주에서도 개신교인들이 천주교의 교육사업, 의료기관, 구제사업 등에 참여하면서 "新敎人으로써 舊敎 卽 天主敎로 歸化하는 者가 激增되는 일"이 많았기 때문에 천주교 역시 개신교의 경계 대상이었다.290) 천주교는 안식교에 대해서 비판하는 입장이었다. 천주교는 안식교가 단행본과 팜플렛, 즉 월간잡지인『시조』와 묵시록연구, 아서위인, 다니엘서 연구 등을 가지고 꾸준히 전교 활동을 벌이고 있지만, "그들의 주의와 사상은 대부분 우리 가톨릭교회에 대한 중상(中傷)과 무리한 모욕"이라고 판단하였다.291)

2) 신종교의 종교문화

(1) 대종교의 종교문화

대종교는 중광 초기부터 정교분리 담론에 참여하였지만, 1920년대에 종교적 성격을 더 강조하였다. 김교헌이 1922년에 발포한 계명(誡命) 5조항은 대종교가 정교분리 담론 속에서 스스로를 종교 영역에 위치시켰다는 점을 잘 보여준다.292)

---

289) 朴啓周,「間島에서 發生된 慘劇 金牧師兄弟의 殉敎」,『활천』, 제10권 12호(경성: 활천사, 1932.11.), 53−5쪽.
290) 韓聖果,「鮮滿各地敎會巡禮雜感(一)」,『활천』, 제18권 1호(경성: 활천사, 1939.12), 33−6쪽.
291) 安世明,「安息敎와 그 敎理」,『가톨릭靑年』, 36호(1936.5), 17쪽.

1. 종교와 정치는 구분이 懸殊하니 大教를 신봉하는 人은 政界上 輕動이나 妄談함이 不可함. 2. 社會主義와 過激한 言動은 大教門의 主唱煽傳할 바가 아닌즉 切勿浸梁하고, 吾教規例는 보통 集會와 迥 異하니 誤解 妄動함을 不得함. 3. 他教門을 毁謗함은 道義上 不可 할뿐 아니라 先宗師 遺誠가 自在하니 常須 注意하되 勿論 何教門하 고 先哲에게 言辭間 失敬함을 不得함. 4. 天序恪守는 吾教規則인즉 以少凌長하며, 以老輕幼하여 損失體面함을 不得함. 5. 前4項을 違 背하는 者는 卽 我教規를 無視함이니 輕則停教하고 重則黜教함.

위의 인용문 가운데 특히 1번 조항과 3번 조항은 정교분리 담론 속에 서 대종교가 취한 입장을 여실히 보여준다. 김교헌은 계명의 목적을 '대종교의 내부 기강을 확립하고 교우의 신행을 독실하게 한다'는 데에 두었다. 이는 대종교가 '독립을 가장한 종교단체'가 아니라 '일반적인 종교단체'의 성격을 지니고 있었음을 시사한다. 대종교는 중광 초기부 터 만주 활동 시기까지 스스로를 종교 범주에서 인식하면서 정교분리 의 원칙과 종교공동체 간의 상호 독립성에 대한 근대적 인식을 가지고 있었던 것이다.

대종교는 1924년에 윤세복이 제3세 도사교(都司教)에 취임한 이후 의 시기에도 정교분리 담론의 영향 속에 있었다. 그러나 조선총독부경 무국의 극비 문서인 「在外不逞鮮人 ノ 槪況」(1925년 5월)에 따르면 일 제는 대종교의 신자수가 약 4백여 명으로, 그 가운데 도사교인 윤세복 과 교도인 이조호(李祚鎬)·최충호(崔忠浩)·최계화(崔桂華)을 '불령 선인'으로 파악하고 있었다.293) 그렇지만 윤세복은 도사교 취임 이후 특별히 민족운동에 치중한 모습을 보이지 않았다. 오히려 윤세복은 1928년에서 1934년 사이의 은피(隱避) 이전까지 매년 최고의결기구인

---

292) 大倧教倧經倧史編修委員會, 앞의 책, 345 – 6쪽.
293) 韓國史料硏究所, 앞의 책(1986), 194面.

교의회를 개최하여 홍범규제(弘範規制)를 보완하고, 천기(天旗) 등을 제정하는 등 대종교의 종단 내부 정비에 주력하였다.

(2) 원종교의 종교문화

원종교는 신풍(新風) 사건을 취급한 일제의 시각을 통해 확인할 수 있듯이 '기이한 종교'로 인식되었다. 원종교는 1927년에 조선혁명, 세계혁명, 무국을 의미하는 ABC운동을 전개하면서 총사를 북만 지역으로 옮기려고 계획하였다.[294] 그러나 김중건 외 원종교 간부 6명은 동년 3월 11일 두도구에서 체포되었다. 기관지인 『신풍(新風)』과 기타 서류들은 압수되었고 김중건과 원종교 간부 5명은 용정 총영사관으로 압송되었다.[295] 김중건과 원종교 간부들이 체포되고 『신풍』과 다른 서류들이 압수된 이유는 원종교가 '『신풍』을 비밀리에 발행하여 공산주의, 무정부주의를 선전 고취한다'는 혐의 때문이었다.[296] 김중건은 동년 5월 26일 총영사관재판소에서 열린 공판에서 원종교를 '종교 기관'으로 설명하였고, 일제도 불온사상을 선전한 '기괴한 종교'로 인식하였다.[297]

김중건과 원종교 간부들은 석방되었지만, 신풍 사건은 원종교를 종교로 보는 당시의 인식을 보여주는 것이었다.[298] 당시 재만한인도 김중건을 '새롭게 종교를 창립하고 이에 몰두하여 독립운동을 외면하는 사람 또는 독립군의 수령'으로 인식하고 있었다.[299] 원종교는 기성종교

---

294) 「笑來 金中建先生 抗日闘争 略史」, 앞의 책, 53쪽.
295) 위의 책, 53-4쪽. 이 사건은 현재 새바람[新風] 사건이라고 표현된다.
296) '불온주의 선전의 원종교 간부 등 6명 본 관서 검사국에', 『間島新報』, 1927.3.24. 3면.
297) '기묘한 종교를 창설하여 불언 사상을 선전', 『間島新報』, 1927.5.27. 3면.
298) 『間島新報』, 1927.6.2.3면; 1927.10.15.3면.
299) 조경한, 「재만 독립군과 김중건」, 『나라사랑』, 제24집(서울: 외솔회, 1976), 96쪽. 김춘선, 「소래선생의 반일활동유적지를 찾아서」, 『개혁의 이론과 독립운동(2)』(서울: 태성, 1995), 91쪽.

비판을 통해 자기 영역을 구축하려고 하였다. 후천개벽사상의 영향을 받아 원종(元宗) 출현을 기준으로 선천과 후천을 구분한 것이나 극원철학에서 극신(極神)을 인격화한 것 등은 원종교가 스스로를 종교 범주에서 이해하고 있었다는 것을 의미한다.300) 1928년 간도총영사관에서도 원종교를 비적(匪賊), 구체적으로 표현하면 불령선인(不逞鮮人)과 사상단체지만 동시에 종교 단체라고 인식하였다.301) <표16>의 내용처럼 원종교가 불령선인과 사상단체로 분류된 것은 일제가 김중건이 불령선인의 집단인 대진단(大震團) 단장(團長)으로서 민족자결주의를 주창하고 있다고 판단했기 때문이다.302)

<표16> 불령선인조사: 원종교의 경우(1920년대)

단체명	위치	설립일	간부명	회원수	주의와 강령
元宗教 總法司	延吉縣 守信鄉 平崗基城村	1921.10.1.	元符室道令: 金仲建 宗務主任: 金 瑗 學務主任: 崔衆星 醫務主任: 李成智 財務生任: 金仁化 外務主任: 洪殷植 庶務主任: 金 洪 生務主任: 白 玩	90	원종교의 교화로 사회를 통할(統轄)하려는 이상을 지향함.
元宗教 地方宗務課	延吉縣 守信鄉 四道溝 鎭豊村	1922.6.1.	主任: 金承郁 總務(庶務委員):朴尙浩 財務委員: 朴丕善 學務委員: 朴良根	88	상동
元宗教 地方宗務課	延吉縣 守信鄉 黃直老隱坪	1922.6.12.	講師: 許炳軒 講師: 李允淵	20	상동

300) 최봉룡, 「소래선생의 원종사상과 종교관」, 『개혁의 이론과 독립운동』, 5집(안양: 소래선생기념사업회, 2005), 118 - 29쪽.
301) 『吉林省東部地方の狀況』(京城: 朝鮮總督府, 1928), 410面.
302) 위의 책, 410面, 442面. 관련 표에서 원종교 관련 내용만 추출하여 재구성하였음.

김중건은 1928년 봄에 북만으로 향했고, 영고탑(寧古塔) 등지에서 신민부(新民府) 소속의 김좌진(金佐鎭)과 대종교의 윤세복(尹世復)을 찾아가 항일단일전선 결성을 주장하기도 하였다.[303] 그러나 이런 주장이 좌절되자, 김중건은 1929년 봄에 팔도하자(八道河子) 황무지를 개간하여 공작분유제도(共作分有制度)로 운영되는 농촌주의촌인 어복촌(魚腹村)을 건설하였다.[304] 또한 조직을 정비하여 중앙부(中央部)를 두고 중앙부 산하에 총무행(總務行), 학무행(學務行), 내무행(內務行), 외무행(外務行), 농무행(農務行), 의무행(醫務行), 법무행(法務行), 재무행(財務行)의 8행을 두어 모든 사무를 총괄하게 하였다.[305] 재만 원종교는 조직적으로 도시생활보다 농촌생활을 추구했던 것이다. 이는 당시 한인의 대다수가 농민이었고 개간할 토지들이 있었기 때문이었다.

원종교는 농촌주의를 주장하며 농촌 생활을 지향했지만, 동시에 만주국이 건립될 무렵까지도 민족운동에 참여하고자 하였다. 예컨대, 원종교는 1930년 9월 1일에 진우회(震友會)를 조직하였고, 진우회 산하에 조선 혁명 운동 지도처를 창설하여 독립 운동 단체의 총궐기를 주장하였다.[306] 김중건의 독립운동에 대한 인식은 김중건이 죽음을 당하기 직전인 1933년 3월 초순에 독립군과 나눈 대화와 대진단 비판에 대한 답변에서 확인할 수 있다. 김중건은 한국 독립군에게 50여 명의 신자를 보내면서 '원종주의자(元宗主義者)도 자신들의 당면 의무인 항일 독립에 대한 군사 행동의 시의(時宜)를 잊어서는 안 되며, 이런 맥락에서 곡물과 우마까지도 군자금으로 비축'했음을 밝혔다.[307] 또한 김중건은

---

303) 「笑來 金中建先生 抗日鬪爭 略史」, 앞의 책, 54쪽.
304) 김지용, 앞의 논문, 132 – 3쪽.
305) 「笑來 金中建先生 抗日鬪爭 略史」, 앞의 책, 55쪽.
306) 김지용, 앞의 논문, 133쪽.
307) 조경한, 앞의 글, 98쪽.

다른 독립단체들이 대진단(大震團)을 비판하자 다음과 같이 답변하면서 독립운동에 대한 입장을 밝혔다.[308]

> 나는 義를 아는 者이다. 반드시 될 일이라도 義가 아니면 決코 안할 것이오, 아예 안 될일이라도 義의 所在라면 반드시 할 것이다. 그도 일에 달렸지만 – 나는 獨立運動을 義에 堂堂한 일이라고 보았다. 獨立이 못 되리라고 獨立戰爭을 한 판도 안하려는 그런 沒義氣한 나는 아니다.

위의 인용문에서 확인할 수 있듯이, 김중건은 독립운동 자체를 의로운 일로 인식하였다. 김중건의 논리는 '독립운동이 의로운 일이고, 자신도 의를 아는 사람이기 때문에 비록 독립을 이룰 수 없다고 할지라도 독립운동을 수행해야 한다'는 논리였다. 이 논리는 대진단이 표면상으로 독립운동에 참여하지 않는 것처럼 보이지만, 결국 독립운동과 무관할 수 없다는 일종의 대진단에 대한 변호에서 나온 것이었다.

---

308) 「나의 四十年」, 『笑來의 哲學과 思想』上(서울: 笑來先生記念事業會, 1968), 94쪽, 96쪽.

Ⅳ. 공산주의와 재만 종단의 반공 담론

앞장의 내용은 간도참변을 계기로 조선 종단들이 만주에 정착하는 과정, 그리고 그 과정에서 형성된 종교문화를 고찰하여 제2기 종교운동의 양상과 성격을 드러낸 것이다. 이 장에서는 조선 종단들이 만주 정착 과정에서 공산주의자들의 반종교운동에 대해 어떤 반응 양상을 보였는지를 규명하고자 한다. 이를 위해 구체적인 사례를 통해 재만 공산주의자들의 종교 인식과 반종교운동의 실천 양상을 고찰한 후, 각 종단들이 보였던 차별적인 반응 양상을 검토한다. 그리고 이를 통해 앞장의 내용과 함께 제2기 종교운동의 성격을 종합적으로 규명한다.

1. 공산주의 내의 종교 인식

1) 공산주의 사상의 유입

남·북만 한인사회에 사회주의사상이 유입된 시기는 1917년 러시아 10월 혁명에서 볼세비키가 권력을 장악한 직후였다.[1] 1918년 6월

26일, 하바로부스크(Khabarovsk)에서 김알렉산드라와 뒷날 상해파라고 불리는 이동휘(李東輝), 김립(金立), 김하구(金河球), 주건(朱健), 최동욱(崔東旭), 박응칠(朴應七) 등은 한인사회당(韓人社會黨)을 조직하였다.[2] 또한 1918년에는 중러연합선전부가 조직되고, 그 본부가 만주에 설치되었다. 그리고 1919년 9월에 이르크츠크의 전로한인공산당(All - Russian Korean Communist Party), 동년 12월에 북만주 하얼빈에서 한·중 노동자들의 사회주의단체가 조직되었다.[3]

1919년 3·1운동 직전까지 한인들 사이에는 민족해방운동 방법론을 둘러싸고 대체로 세 가지의 사상적 조류가 있었다. 혈전을 주장하는 주전론, 세계 여론과 동정에 호소하려는 선전론, 교육. 민족 개조. 산업 장려 등을 주장하는 문화운동론이나 실력양성론이 그것이다.[4] 그렇지만 만주에 사회주의사상이 확산된 실질적인 계기를 마련해 준 것은 3·1운동의 실패와 일제의 간도출병으로 인한 무장독립운동의 좌절이었다.[5] 제1차 세계대전 이후 주로 구미 외교론을 통한 민족자결주의론에 희망을 걸었던 재만한인은 3·1운동의 실패 이후 무장독립운동으로 방향을 전환하였다. 3·1운동부터 간도출병 이전까지 북간도와 서간도에 30여 개의 항일무장단체가 등장한 것은 이러한 방향 전환을 의미하는 것이었다.[6]

그러나 일제의 간도출병 이후 무장단체들이 해체되는 과정에서, 특히 북간도의 한인은 독립운동의 새로운 대안으로 사회주의운동에 관심

1) 임경석,『한국 사회주의의 기원』(서울: 역사비평사, 2003), 130쪽.
2) 신주백,「만주 지역 사회주의운동」,『한국공산주의운동사연구』(서울: 아세아문화사, 1997), 222쪽.
3) 임경석, 앞의 책, 131 - 2쪽.
4) 위의 책, 84 - 5쪽(『독립신문』 1919년 12월 2일자 1쪽 참조).
5) 위의 책, 127 - 8쪽.
6) 신용하,「독립군의 청산리독립전쟁 연구」,『한국민족독립운동사연구』(서울: 을유문화사, 1985), 392쪽.

을 기울이게 되었다. 당시 사회주의자들로 변모한 한인의 주장은 '세계 혁명운동의 일환으로서 한국독립운동이 수행되어야 한다'는 것이었다.[7] 일본측에서도 "한국인 적화운동이 점차 왕성해진 것은 간도토벌 이후 특히 워싱턴회의 전후부터"라고 파악하고 있었다.[8] 또한 연길현 와룡동에 있던 창동학교의 한 졸업자는 간도참변 이후, 온 마을에 반일 사조가 대폭 증가하였다고 증언하고 있다.[9]

재만한인에게 1920년대는 파리 강화회의와 베르사유 국제연맹에 대한 신망이 전혀 없어진, 그리고 민족운동보다 사회주의 운동이 관심을 끌던 시기였다. 농민층의 경우에도, 다수의 한인은 일제의 토지수탈 때문에 생존 기반마저도 위협받던 상황에서 자신들의 처지를 동정하며 새로운 세계상을 제시한 공산주의에 호감을 갖기 시작했다.[10] 이처럼 사회주의는 군사노선이 아니라 대중노선, 그리고 구미 열강과의 연계가 아니라 국제 사회주의세력들과의 연계에 기반을 두고 있었기 때문에[11] 한인에게 대안으로 인식될 수 있었다. 고려공산당의 기관잡지 『자유종』의 주필이었던 계봉우의 표현에 의하면, "조선사람의 처지에 있어는 민족주의 운동으로 불어 사회주의적 운동에루 그 방향을 전환(轉換)한다는 것은 력사적 진화의 계단으로 보던지, 시대적 사조(思潮)의 합류(合流)로 보던지, 제국주의적 일본의 속박을 해탈하려는 방편으로 보던지 피할 수 없는 필연(必然)이었다."[12]

상해파 사회주의자들은 고려공산당(1921년 5월)의 결성 이후 조선

---

7) 임경석, 앞의 책, 88쪽.
8) 「間島方面鮮人赤化運動の現勢」, 1922.5.23(김정명 편, 『朝鮮獨立運動』5, 227쪽). 위의 책 129쪽 재인용.
9) 『연변문사자료』 제5집, 72쪽.
10) 윤휘탁, 『일제하 '만주국' 연구』(서울: 일조각, 1996), 47쪽.
11) 임경석, 앞의 책, 129쪽.
12) 계봉우, 「꿈속의 꿈」, 『北愚 桂奉瑀 資料集』1(천원군: 한국독립운동사연구소, 1996), 252쪽.

과 일본의 사회주의자들과 연락하면서13), 그리고 마르크스 – 레닌주의 서적과 간행물을 한글로 번역 · 출판하면서14) 조직의 확장을 꾀했다. 또한 1922년 4월까지 그 산하기관으로 만주에 3개의 지방회, 즉 북간도지방회(본부: 돈화현), 서간도지방회(근거: 길림), 요하현지방회(근거: 요하현)를 설치하였다.15) 3개 지방회에는 정당원 2,149명, 후보당원 981명이 소속되었으며, 소규모의 공산청년회 조직도 편성되었다. 상해파의 재만 조직원의 80%를 포괄했던 북간도지방회가 활동의 중심지였고, 1923년까지 중국 동북지역에서 최대 영향력을 행사하였다. 1923년 이후에는 상해파 외에 이르쿠츠파, 서울파, 북성회파, 만주공청파 등의 사회주의세력이 만주에 발을 내디디면서 한인사회에 공산주의단체들이 조직될 수 있었다.16) 예컨대, 1925년에 창설된 조선공산당의 조직전권 위원으로 1926년에 중앙에서 파견된 조봉암(曺奉岩)과 만주의 상해계 및 화요회계는 영안현 영고탑에서 조선공산당 만주총국과 고려공산청년회 만주총국을 결성했다.17) 다음의 인용문에서 1925년 2월 당시 재만 공산주의운동의 분위기를 확인할 수 있다.18)

> 지난 가을경부터 중국에는 반기독교적 운동이 발흥하여 그 동맹회까지 조직되어 다수의 청년이 그 선전에 종사하여 왔지만, 동삼성에는 아직 이 풍조가 없다가, 최근 상해 중국 청년단에서 동삼성청년단으로 옮겨와서 사회주의를 가미한 격렬한 문구를 나열한 격문이 도래하였다. 각지에 반기독교적 단체가 조직되고, 기독교의 인민 압박적 사실을 지적하

---

13) 위의 책, 252쪽.
14) 中國朝鮮族敎育史編寫組 編, 『中國朝鮮族敎育史』, 24쪽(박주신, 앞의 책, 411 – 2쪽. 재인용).
15) 고려공산당, 「사업성적 · 경비결산 개략보고」, 『조선치안상황』(경성: 조선총독부경무국, 1922), 432 – 3쪽(임경석, 앞의 책, 130쪽에서 재인용).
16) 임경석, 『한국 사회주의의 기원』(서울: 역사비평사, 2003), 130 – 1쪽.
17) 신주백, 앞의 글, 224쪽.
18) 「反基督敎主義の宣傳, 東三省靑年團にも來た」, 『間島新報』, 1925년 2월 26일자.

고, 노동계급에 대해 기독교는 노동자를 사기하여 영원히 자본가를 옹호하고… 학교에 침투하여 교육과 종교를 분리하는 운동을 진행하고 있다.

　사회주의사상에 매력을 느낀 사람들은 주로 청년인텔리 및 학생들이었다. 사회주의 진영에서도 한인이 처한 사회 경제적인 조건 등으로 인해 1920년대에 노동·농민운동이 활발하게 전개될 수 없는 상황이었으므로 청년단체를 중심으로 사회주의사상의 전파와 정치 세력화를 모색할 수밖에 없었다.[19] 특히 1921년 치타 지역에서 개최되었던 고려공산당회의가 상해파와 이르크츠파의 상호 충돌로 결렬된 이후, 1922년에 영고탑(寧古塔)에서 발해(渤海) 및 영안청년회(寧安靑年會)가 조직되자, 각지 청년들은 청년회를 조직하고 청년운동의 기세를 올렸다.[20] 예컨대, 1923년에 상해파 고려공산당에 의해 민족혁명과 공산혁명의 병행을 목적으로 삼는 적기단(赤旗團)이 조직된 이후, 북만노력청년총동맹(1925)과 이에 대립된 북만조선인청년동맹(1926)이 출현하였고, 남만청년총동맹, 동만청년총동맹 등도 출현하였다. 조선총독부경무국의 조사에 의하면, 1920년대에 만주에 출현한 공산주의 단체들은 50여 개가 넘었는데, 그 가운데 청년단체가 많은 부분을 차지하였다.[21]

　조선 경성에서 민족주의진영과 공산주의진영의 타협으로 신간회(1927.2~1931.5)가 조직되기도 하였으나, 만주에서는 공산주의자와 민족주의자 사이의 반목이 신간회 조직 이전부터 더욱 심해졌다. 이 과정에서 양 주의자들은 1927년 9월 26일 해림(海林)에서 통일협의회를 개최하기도 하였지만 서로 다른 노선을 걷게 되었다. 통일협의회가 진행 도중 중국 관헌에 의해 8명의 간부가 검거되면서 해산되었는데, 그

---

19) 신주백, 앞의 글, 222 - 3쪽.
20) 현규환, 앞의 책, 420쪽.
21) 위의 책, 421 - 30쪽.

과정에서 민족주의자는 신간회의 지휘를 받고, 공산주의자는 적로(赤露)고려공산당의 지휘를 받는다는 회의 결과가 나왔기 때문이다.[22]

재만 공산주의운동의 확산 분위기에 타격을 입힌 사건은 '간도공산당 검거사건'이었다. 1927년 10월 '제1차 간도공산당 검거사건'을 계기로 재만 사회주의운동 세력은 크게 화요회계, ML계, 상해계로 분열되었다.[23] 뿐만 아니라 이들은 1928년 9월에 고려공산청년회 만주총국 동만도관계자 72명이 검거되는 '제2차 간도공산당 검거사건', 1930년 2월부터 4월에 이르기까지 용정과 두도구 등에서 시위행진을 통해 삐라를 살포한 이후 5월 30일에 여러 간부들이 체포되는 '제3차 간도공산당 검거사건' 또는 '5 · 30폭동'을 겪어야 했다.[24] 그러나 이 과정에서 공산주의운동의 기세는 꺾이지 않았고, 특히 청년들은 교회와 학교를 기점으로 꾸준히 공산주의를 선전하였다.[25] 1928년 말경까지 재만 사회주의자들은 민족유일당과 자치 기관을 결성하기 위해 노력하면서 동만 지역을 중심으로 반종교 운동을 전개하여 광범위한 인텔리층의 지지를 확보하였고, 농민층에도 사회주의사상을 전파시켰다. 그 결과 사회주의사상은 기층까지 확산되었고, 정의부, 신민부와 같은 민족주의 단체 내에서 이념에 따른 분화 현상이 나타나기도 했다.[26]

2) 공산주의자의 종교 인식

1920년대는 재만 개신교가 이전과 달리 자체 조직을 정비하고, 여러

---

22) 「民族, 共産兩主義者百六十餘名が海林で統一會議開催中」, 『間島新報』, 1927년 9월 16일자.
23) 현규환, 앞의 책, 420쪽.
24) 신주백, 앞의 글, 224쪽. 박청산 · 김철수, 『중국조선족력사』(연변: 연변인민출판사, 2000), 329 – 331쪽.
25) 현규환, 앞의 책, 420쪽.
26) 신주백, 앞의 글, 224 – 5쪽.

지역에 교회, 학교, 병원 등을 설립하면서 세력 기반을 확보한 상태였다. 공산주의자들은 만주에서 주도권을 잡기 위해 이미 세력 기반을 확보한 개신교를 주공격 대상으로 선택하였다. 그리고 개신교를 포함한 종교 비판가 겸 사회주의 이론가를 양성할 계획을 수립하였다.

한인사회당에서 고려공산당으로 재조직된 1920년 당시, 고려공산당은 인재 양성을 긴급한 문제로 인식하였다. "맑쓰-레닌의 혁명적 전략과 전술을 배호지 않으면 안된다는, 로시아 쏘베트의 건설공작을 배호지 않으면 안된다는, 백전백승한 레닌-쓰딸린당의 강철같은 규률을 배호지 않으면 안된다"는 문제 의식이 당 내부에 확산되었다.[27] 계봉우(北愚, 四方子, 뒤바보, 1880~1959)는 이러한 분위기 속에서 김립과 함께 세계혁명의 총참모영인 모스크바 유학 대상자가 되었다. 당시 계봉우는 김립과 함께 모스크바라는 공간보다 "공산주의적 진리" 연구에 매혹되어 있었다.[28]

김립(金立, ?~1922)[29]과 오성묵(吳成默, 1886~1937)[30]의 경우도 주목받을 필요가 있지만, 특히 1920년대에 발생한 반종교운동의 이론

---

27) 계봉우, 「꿈속의 꿈」, 『北愚 桂奉瑀 資料集(1)』(천원군: 한국독립운동사연구소, 1996), 252-3쪽.
28) 위의 책, 253쪽.
29) 강만길 · 성대경 엮음, 『한국사회주의운동 인명사전』(서울: 창작과비평사, 1996), 286쪽. 김립은 1911년 권업회 결성, 1913년 북간도에서 간민회 결성, 그리고 그 해에 왕청현(汪淸縣) 나자구(羅子溝) 대전자(大甸子)에서 동림무관학교(東林武官學校) 설립에 참여하였다. 1918년 3월 하바로프스끄에서 한인사회당 결성회의에 참가하여 선전부장이 되었고, 출판사 보문사(普文社)를 설립하여 사회주의 문헌을 한글로 발행하였으며, 한인사회당 중앙기관지인 『자유종』 발간을 주도하고 주필이 되었다. 1918년 4월 블라지보스또끄 근교에서 신민단(新民團)과 한인사회당을 합동하여 새로이 한인사회당을 결성하고 선전부 담당 중앙위원이 되었다.
30) 위의 책, 286쪽. 오성묵은 1913년 간민회 결성에 참여하고, 1915년 연해주로 이주한 후 김알렉산드라를 통해 사회주의 사상을 수용하였다. 이후 1918년 4월 한인사회당 결성에 참여하였고, 1920년 아무르주 한인공산당 기관지인 『신세계』의 편집을, 1929년 1월 소련공산당 극동국 및 쏘비에뜨 집행위원회 한글 기관지인 『선봉』의 사장이 되었다.

적 토대를 마련한 계봉우라는 인물에 주목할 필요가 있다. 계봉우는 사회주의를 수용하기 이전부터 이미 조선의 여러 종교에 대해 많은 관심을 가지고 있었기 때문에 반종교운동의 이론적 토대를 제공할 수 있었다. 계봉우는 이미 한인사회당 입당 이전부터 동학(천도교), 사주, 점, 관상법, 그리고 개신교에 대해 알고 있던 인물이었다. 그는 학당 시절에 전봉준에 대한 소문을 듣기도 했으며, 부적으로 인한 치병의례와 칼춤을 직접 보기도 했고, 입도까지 시도했으나 강령이 되지 않아 "동학군"이 되지 못했다.[31] 그리고 이후 사주 보는 법, 점치는 법, 관상법 등을 공부하기도 하였다.[32] 그러나 그러한 공부에 만족하지 못했던 계봉우는 주변에 떠돌던 사주가, 점술가, 관상가에 대한 긍정적인 소문을 "세상을 미혹하는 놈들이 지어낸 신화(神話) 비슷한 거짓말"로 이해하게 되었다.[33]

한편 계봉우는 사회주의에 매력을 느끼기 이전부터 "예수가 한우님의 아들로서 세상 사람의 죄를 대신하여 십자가에 못박혀 죽었다"는 교리가 '황당'하다는 이유로 개신교를 불신하고 있었다. 그러나 1908년 동경 유학생 모임인 태극학회(太極學會)의 영흥지회를 결성하고, 서북학회(西北學會)와 신민회(新民會)에도 가입한 계봉우는 이동휘의 영향뿐만 아니라 일제가 공포한 보안법을 피하고자 개신교 신자가 되었다.[34] 계봉우는 자신이 개신교인이 된 계기를 "보안ㅅ법이… 등을 밀어서"라고 언급한다.[35] 그러한 고백에도 불구하고 그의 눈에 비친 당시 개신교는 "문명하고, 단결력이 튼튼하고, 사랑이 많고, 집회 또는 언

---

31) 계봉우, 앞의 책, 93쪽.
32) 위의 책, 94쪽.
33) 위의 책, 95쪽.
34) 조동걸, 앞의 글(1996), 4쪽.
35) 계봉우, 앞의 책, 135쪽.

론의 자유가 있는 단체"였다.[36] 이러한 인식을 가진 계봉우는 다니던 교회 안에 소학교를 신설하고, 함흥 예수교 영생중학교의 교편을 잡기도 하였다.[37] 그리고 1911년 이동휘(李東輝)·정창찬(鄭昌贊)과 더불어 간도로 망명하여 소영자(小營子)에 가족과 함께 정착한 후에도 교육사업과 개신교에 전념하였다. 예컨대, 계봉우는 1911년에 태어난 아들 이름을 베드로라고 지을 정도였고, 이동춘(李同春)·윤해(尹海)·김립이 주도하는 간민교육회가 설립한 학교의 교과서편찬위원으로 활동하였으며, 간민회(墾民會)의 교육기관인 길동기독학관에서 조선역사와 조선지지(朝鮮地誌)를 직접 가르쳤다.[38] 그리고 간민교육회에서 1912년에 명동학교의 정재면, 창동학교의 남공선(南公善)과 함께 교과서를 집필하는 등 간민회가 해산될 때까지 활발한 활동을 전개하였다.[39]

계봉우는 1916년에 간도에서 체포되어 조선으로 압송된 후, 1919년에 평양신학교에 진학할 결심까지 하였으나 포기하고 고향으로 돌아와 원산항을 통해 연해주로 망명하였다. 당시 연해주에는 10월 혁명 이후 레닌 정부의 영향력과 사회주의 사상이 확산되고 있었다. 뿐만 아니라 한인사회당이 농촌지역이나 지하로 잠입하였던 잔존세력을 재정비하고 있었다.[40] 40세를 넘긴 계봉우는 1920년 4월 김립의 권유에 따라 한인사회당에 입당하였다. 당시 김립은 일본 사회주의자인 행덕추수(幸德秋水)의 『사회신수』(社會神髓)라는 책을 계봉우에게 권했고, 계봉우는 그 책의 내용에 심취하면서 사회주의를 접하게 되었다. 계봉우는 이

36) 위의 책, 135-6쪽.
37) 위의 책, 136쪽.
38) 조동걸, 앞의 글(1996), 5쪽.
39) 劉秉虎, 「北愚 桂奉瑀 研究」, 『코리아학 연구』, 總第八期(北京: 北京大學朝鮮文化研究所, 2000), 140-5쪽.
40) 위의 책, 145-6쪽.

책을 읽은 후 자신의 입당 동기를 다음과 같이 설명하고 있다.

> 조선민족이 일본의 기만에서 해방되어 만일 완전한 독립을 얻자면, 만일 진정한 자유를 누리자면, 그러고서 또 자손만대에 가장 안전한 생존권을 전하자면 사회주의적 혁명의 밖에는 다른 길이 더 없다는 그것이 입당의 동기가 되었다.[41]

1920년 초에 한인사회당이 고려공산당으로 개편된 이후에도, 계봉우는 고려공산당이 이르크츠크 북방에 독립군 기지를 건설하는 작업에 참여하는 등 활발한 활동을 전개하였고, 유물사관에 입각하여 조선의 역사를 체계화하는 작업을 수행하였다.[42] 특히 종교 영역을 비판하려는 취지에서 무신동맹의 일원으로 활동하던 계봉우는 오성묵의 요청을 받아 1929년 7월부터 1930년 2월 3일에 걸쳐 반종교운동의 논리적 토대로서 『과학의 원수』를 집필하였다. 이 책은 계봉우가 "우리 조선의 반만년 미신을 폭로시킨 것뿐"이었고, "제3전선에 당면한 투사에게 적(敵)의 정형을 알게 하는 재료"와 여러 투사들의 "수기응변하는 그 전략의 참고 자료"를 만들고자 집필한 것이었다.[43]

『과학의 원수』라는 책제목에서 알 수 있듯이, 사회주의 이론가였던 계봉우는 '종교가 과학의 원수로서 미신에 해당된다'는 관점, 즉 종교를 과학과 정면으로 대치되는 것으로 파악하였다. 이 책의 목차를 통해보면, 계봉우의 사유 속에 나타난 '미신'은 샤머니즘, 조상숭배, 유교, 불교, 『정감록』에 대한 신앙, 도교, 음양술수, 예수교, 구력과 절일에 대한 신앙, 통속적 신앙 등이었다. 그리고 계봉우는 과학성의 여부를 기준

---

41) 계봉우, 앞의 책, 251쪽.
42) 劉秉虎, 앞의 책, 157쪽.
43) 계봉우, 『과학의 원수』(서울: 학민사, 1999), 15쪽(친필원고는 독립기념관에서 보관).

으로 기존의 종교배척운동과 사회주의자들의 과학적 반종교운동을 구분하였다.

> 1884년에 예수교가 처음 들어오자, 그 후부터는 예수교 목사는 그 교도가 죽으면 그 죽은 사람의 골을 깨고 망경단을 빼어간다느니, 또는 눈을 빼어간다느니의 횡설수설이 적지 아니하였습니다. 그러한 것들은 과학적 반종교운동이 아니므로 아무 가치도 줄 것이 없습니다.[44]

계봉우는 개신교의 확장 방식을 어떻게 인식하고 있었는가? 계봉우는 대원군의 척화설(斥和說)이 무너진 이후 '예수교의 미신'이 조선 반도에서 점점 그 세력을 펴게 되었고, 개신교가 자신의 세력 확장 방식으로 세 가지를 전개하였다고 보았다.[45] 첫째는 샤머니즘, 유교, 불교 등 개신교 이외의 종교와 공개적으로 투쟁을 벌이는 것이었다. 둘째는 배재학당, 숭실학교, 청년회 등의 교육기관을 설립하는 것이었다. 셋째는 병원, 구제회 등의 자선사업을 실시하는 것이었다. 계봉우는 이런 상황 때문에 '조선의 문명이 예수교로 말미암아 된다'는, 더 나아가 '조선 국권의 회복도 예수교를 믿지 아니하면 안 된다는 어리석은 사람들의 말'이 조선에서 나돌았다고 증언한다. 그러나 계봉우는 이들의 배후에 '하느님이 도우셔야 조선 국권을 다시 찾는다'고 강조하는 '종교적 소부르조아 정치가들'이 있다고 보았다.[46] 계봉우는 조선인들이 "예수교의 등 뒤에는 자본주의가 있고, 자본주의가 식민지를 점령할 때 예수교가 그 앞잡이가 되는 것을 알지 못"했다는 논리를 가지고 있었던 것이다.[47] 이는 계봉우가 개신교를 자본주의의 주구(a mere tool of capitalism)로 인

---

44) 위의 책, 188쪽.
45) 위의 책, 188쪽.
46) 위의 책, 188쪽.
47) 위의 책, 189쪽.

식했음을 보여준다. 즉 자본주의는 개신교라는 미신을 배후에서 만들어내면서 과학적 인식을 마비시키고 자신들의 체제를 유지하고 있다고 본 것이다. 따라서 사회주의를 수용한 계봉우에게 개신교는 없어져야 할 미신이었던 것이다.

계봉우의 논리는 과학과 신화라는 대립적 이분법에 기초하고 있다. 과학의 영역과 신화의 영역을 대립적으로 이해했던 계봉우는 종교가 신화라는 기초 위에 서 있는 건물이기 때문에 개신교인들이 '모세 오경'의 '창세기'를 신화로 취급한다면 별 문제가 없다고 보았다. 그러나 계봉우에게 문제는 개신교인들이 창세기의 내용을 이전부터 당시까지 과학상 입증된 사실처럼 믿는다는 점이었다. 계봉우는 다윈의 진화론이 발표된 이후 과학이 그것을 용서할 수 없다고 보았다.[48]

계봉우가 『과학의 원수』를 집필할 당시 '예수라는 인자(人子)'의 존재에 대한 긍정설과 부정설이 있었는데, 계봉우는 부정설을 취했다. 이때 부정설이란 "모세교 ─ 바리새교 ─ 에 대한 개혁을 단행하던 세례 요한과 같은 자가 구약시대부터 그들이 기다리던 메시아를 빌어서 없는 그 무엇의 하나인 예수를 만들어" 냈다고 보는 설이다. 계봉우는 과학적 근거, 즉 단세포 생물과 다세포 생물의 생식법에 근거한 인류 발생론에 근거하여 예수라는 인자의 출생을 부정하면서 사회주의자들이 부정설을 지지할 수밖에 없는 이유를 과학(생물학)을 통해 제시하고 있다.[49] 그 결과 계봉우는 "하느님이 본래 없는 것과 같이 예수도 또한 없는 것입니다. 만일 하느님이 있다면 예수도 있었을 것입니다. 그러나 하느님도 없고 예수도 없습니다"라고 고백하고 있다.[50] 이런 논리는 기

---

48) 위의 책, 190─1쪽.
49) 위의 책, 211─7쪽.
50) 위의 책, 208─9쪽.

본적으로 근대 과학에 대한 신봉에서 비롯된 것이었다. 계봉우는 "하느님이란 없다는 과학의 증명을 믿기 때문에 그 아들 예수도 없다"고 믿는다는 논리를 내세웠던 것이다.[51] 결국 1932년 10월 간도의 종성동교회 사건이 시사하듯이, 공산주의자들에게 기독교를 포함한 종교는 "阿片吸煙者와 같이 人類에게 害毒을 끼치는 宗敎"로 인식될 수밖에 없었다.[52]

계봉우 이외의 다른 재만 공산주의자들도 종교에 대해 반과학적인 미신이라는 부정적인 인식을 가지고 있었다. 1926년 2월 용정 시내에서 문우회(文友會)와 신우청년회(新友靑年會) 등 5개 단체가 연합하여 반기독교강연회를 개최한 적이 있었다. 당시 강연 제목들을 보면 공산주의자들이 기독교에 대해 어떤 관점을 지니고 있었는지를 확인할 수 있다. 당시 강연 제목들의 일부는 "최면술과 기독교"(주채희), "사회의 毒菌인 기독교"(여남수), "기독교 신자는 害毒"(최명호), "기독교는 魔術"(김병용) 등이었다.[53] 이 연제들은 공산주의자들이 기독교를 최면술과 마술에 불과한 재만 사회의 독버섯으로, 그리고 기독교신자를 재만 사회에 해로운 독을 끼치고 있는 존재로 인식하고 있음을 보여준다. 이외에도 재만 공산주의자들은 러시아정부의 영향을 받아 '종교가 국민의 건전한 정신을 미혹하여 그 생산능력을 저하시키는 장애물'이며, '공산주의에 위반되는 영역'이라는 인식을 가지고 있었다. 나아가 재만 공산주의자들에게 영향력을 행사했던 러시아도 1928년 12월에 국민정신을 통일한다는 이유로 각 종교시설을 몰수하고 신앙 행위에 가담하는 자에게 10년 이상의 징역에 처한다는 종교취체령을 발표하였

---

51) 위의 책, 217쪽.
52) 朴啓周, 앞의 글, 『활천』, 제10권 12호(경성: 활천사, 1932.11.), 53쪽.
53) 「注目に値すべき 反基敎の運動と基敎復興會との關係」, 『間島新報』, 1926년 2월 23일자.

다.[54] 이러한 분위기 속에서 1920년대 말까지도 재만 공산주의자들은 계봉우의 경우처럼 종교를 반과학적 미신으로, 그리고 자본주의의 주구로 인식하였다.

2. 반종교운동의 실천 양상

1) 교회 파괴 운동

언론매체를 통해 반종교운동이 전개되었던 국내와 달리, 1920년대에 사회주의자들의 활동이 상대적으로 자유로웠던 시베리아와 간도에서는 반종교운동이 직접적인 형태인 폭력과 유혈사태로 전개되었다.[55] 공산주의 세력들은 계봉우의 경우를 통해 살펴보았지만, '종교=비과학적인 미신=자본주의의 주구'의 논리에 입각하여 반종교운동을 전개하였다. 당시 자본주의가 공산주의 세력에게 타파의 대상으로 인식되었다는 점을 고려할 때, 자본주의의 주구인 종교를 파괴하려는 공산주의자들의 태도는 예상된 것이었다.

동아기독교회(침례교)의 경우, 총부로부터 만주의 길림성의 개척전도 사명을 받고 길림성 지역으로 파송된 이창희, 박문기, 김이주, 그리고 윤학영 전도사가 1925년에 길림성에 잠복중이던 한국독립당원(공산당원)에게 일제의 밀정으로 오인을 당한 사건이 발생했다.[56] 그리고 1928년 10월 14일에는 40호로 구성된 간도의 종성동에 무장 공산당원 30여 명이 난입하여 모든 부락민을 종성동교회당에 회집시킨 후 교인

---

54) 『間島新報』, 1928년 12월 22일자.
55) 장창진, "일제하 민족문제 논쟁과 반종교운동"(서울: 서울대 석사논문, 1994), 94-5쪽.
56) 朴啓周, 앞의 글, 『활천』, 제10권 12호(경성: 활천사, 1932.11.), 53쪽.

과 비교인(非敎人)을 구분하여 배치한 다음, 김영진 목사와 그의 형인 김영국 장로에게 배교를 강요하였는데, 결국 두 형제가 불응하자 이들을 살해한 사건이 발생했다.[57] 박계주에 의하면 간도 종성동교회의 김영진 목사는 공산주의자들에게 죽임을 당하기 직전에 "우리 兄弟가 오늘 죽임을 當하는 것은 하나님의 뜻이며 將次 다음 世上의 榮光을 받을 터이오니 여러 家族과 信徒들은 조곰도 落望치 말고 그 믿음을 게을니 하지 마시오"[58]라는 최후 유언을 남겼다. 계속해서 박계주는 "主님을 깨닷지 못하고 虐殺을 當하매 現世에서도 地獄의 生活이엿지만 來世에서도 勿論 地獄의 生活을 持續할 것이다. 아ㅡ 이 얼마나 한 血族으로써 血淚를 짜아내지 않으랴"[59]라는 절규를 통해 중국 패잔병, 비적, 공산당에게 죽어가는 조선인 동포들의 죽음을 보도하였다.

특히 1921년 남만노회의 성립에도 불구하고, 1920년대 남만지역의 교회는 당시 재만 공산주의 세력의 반종교운동 때문에 눈에 띠는 성장을 보이지 못했다.[60] 1922년 2월에 시베리아노회가 조직된 이듬해에 최흥종 목사가 본국으로 소환되고 공산당의 박해를 받아 교회가 위축되었으며[61], 1924년에 오소리지방에서 목회하던 권승경 전도사가 공산당에 체포되어 사형선고까지 받은 사건도 있었다.[62] 또한 방화초 교회에서 박창선 장로의 귀가 잘린 사건도 발생하였다.[63] 이런 상황에서 시베리아의 장로교선교는 1929년에 막을 내리게 되었다.[64] 남만노회장의 총회 보고 서두가 "과거 1년간에 남북만 각 교회와 사역자가 토인

57) 위의 글, 53-5쪽.
58) 위의 글, 54쪽.
59) 위의 글, 55쪽.
60) 한국기독교역사연구소, 앞의 책(1990), 116쪽.
61) 「죠선예수교쟝로회총회 뎨12회 회록」, 1923, 19쪽.
62) 「죠선예수교쟝로회총회 뎨13회 회록」, 1924, 89쪽.
63) 「죠선예수교쟝로회총회 뎨17회 회록」, 1928, 105쪽.
64) 「죠선예수교쟝로회총회 뎨18회 회록」, 1929, 69쪽.

의 압박이며 도적의 위협이며 로시아로부터 넘어 오는 무신(無神)·유물(唯物)론의 혼잡한 사회 사조가 풍미하는 중에"65) 등으로 시작하는 것은 이러한 상황을 증언하고 있다. 이외에도 남만의 삼원포 지역에서는 "주일예배에 가는 교우의 성경책을 빼앗서 길가에 던지"는 일이 예사로 발생했으며66), 교회당을 정치선전으로 이용하는 데에 불응한 교직자들이 살상되었다.67) 또한 1932년 남만주지방 장로교회의 신도 25명 순교사건과, 1933년 남만주 마둘령(嶺)에서 선교사 핸더슨(L. P. Henderson)의 순교사건 등이 발생했다.68)

동만 지역의 개신교도 반종교운동으로 막대한 피해를 입었다. 동만 지역에서는 1931년에 교회당 13여 처가 방화되고 4명의 교인이 피살되었다.69) 감리회의 경우, 기독교조선감리회의 출현 직후인 1931년 12월에 만주선교연회가 조직되었지만, 1932년 배형식 감리사의 보고에 의하면 당시 동만지방의 피해는 심각하였다. 배형식은 "지방을 순행하며 직접 간접으로 보고 들은 바를 말하건대, 금년 5월 이후로 간도 일대에 각종 동란이 사방으로 궐기하였는데, 그 동란의 명색은 구국군, 대도회, 홍창회, 공산당 등 4비(匪)이며, 폭동이 매일 일어나 주민의 재산 침탈, 인가 방화, 인질 납치, 인명 학살 등 악행을 일삼고 있다. 그들은 도적이니 유산자니 반공주의자니 종교마춰자니 하는 구실을 내세워 흉악한 만행을 저지르고 있다"70)고 보고하고 있다.

---

65) 「죠션예수교쟝로회총회 데19회 회록」, 1929, 115쪽.
66) 「죠션예수교쟝로회총회 데19회 회록」, 1930, 82쪽.
67) 「죠션예수교쟝로회총회, 데21회 회록」, 1932, 120쪽.
68) 김린서, 七 聖徒 殉敎의 피, 『신앙생활』, 1932. 10.
69) 동만노회 상황보고, 「죠션예수교쟝로회총회 데21회 회록」, 1932, 103쪽.
70) 「기독교조선감리회 만주선교연회 제2회 회의록」, 1932, 27쪽(유동식, 앞의 책, 606-7쪽 재인용).

2) 사립학교 접수 운동

1917년 초반까지 동북3성에 설립된 한인사립학교는 종립학교를 포함하여 화룡현・연길현・훈춘현 등에 모두 236소에 달했지만[71], 사회주의자들은 1910년대까지의 학교교육을 부르주아 민족주의사상에 기초한 자본주의적 교육으로 인식하였다. 청소년들과 민중들을 계급적으로 각성시키지 못하였으며, 사회적・민족적 해방투쟁의 방향을 명확히 제시해주지 못하였다는 인식 때문이었다.[72] 따라서 이들은 사립학교를 접수하여 투쟁의 본거지로 삼고자 하였고, 1922년부터 천도교 계통의 동흥중학교를 필두로 각 사립학교에서 종교교육을 반대하는 반종교운동을 확산시켰다. 특히 학교 내에서 반종교운동은 동맹휴학의 양태로 표출되었다. 예컨대, 유교계 학교인 대성중학교의 경우 1923년 4월에 공산주의 영향을 받은 학생들이 유교 의식과 공맹의 도의를 반대하여 4일 동안 동맹휴학을 감행하였다.[73]

또한 1925년에 설립된 왕청현 신흥동의 북흥학교에는 처음부터 조선공산당원들이 파견되기도 하였다. 그들은 교학과 과외활동을 통하여 학생들에게 맑스－레닌주의를 선전하였으며, 사회활동이 있을 때면 사생들을 조직하여 참가시켰다. 1929년 10월 19일, 러시아 10월 사회주의 혁명절 기념활동을 계기로 천도(天圖) 철도 부설반대와 대감자순경국 무기탈취를 목적으로 하는 군중시위활동 및 반주구투쟁 대회에도 전교사생이 모두 참가하였다.[74]

---

71) 姜德相 編,『現代史資料』27(1977), 141－65面.
72) 朴文一,「1906～1919年其間 中國 東北朝鮮族人民들의 私立學校敎育運動과 그의 歷史的 役割」,『국사관논총』제15집(경기: 국사편찬위원회, 1990), 187－8쪽.
73) 박주신, 앞의 책, 414쪽.
74)『연변문사자료』제5집, 166－7쪽. 1931년 9・18 사변 후 학교는 잠시 폐교되었으며, 1932년 4월에 백초구 일본영사분관 병력들이 학교 소재지 마을을 소각할 때 교사가 없어졌다.

공산주의자들의 학교 접수 운동은 비조직적으로 이루어진 것이 아니라 조선공산당의 치밀한 계획하에 조직적으로 진행되었다. 예컨대, 동만 지역의 경우를 살펴보면 조선공산당의 5파, 즉 상해파, 만공파(만주공산), 화요파, 서울파, 북풍회파는 각각 접수할 학교를 배분받고 있었다. 천보산(天宝山) 분서장(分署長)의 보고에 의하면, 돈화현성(敦化縣城)에 만주총국을 설치한 상해파는 연길현 용정천의 동흥학교와 진성학교를 담당하였다. 남만의 반석현(磐石縣)에 본부를 둔 만공파는 용정촌의 대성학교와 중국성립사범학교를 담당하였다. 북만의 영안현(寧安縣) 동경성(東京城)에 본부를 둔 화요파는 개척리의 원종학교를 담당하였다. 동만의 연길현에 근거지를 마련하고 있었던 서울파는 용정촌의 신흥사박문관을 담당하였다. 그리고 연길현 용정촌에 본부를 둔 북풍파는 용정촌의 토성보노동야학원과 대교통야학원과 신흥학교를 담당하였다. 이 내용을 정리하면 <표17>의 내용과 같다.[75]

<표17> 동만의 조선공산당 담당 교육기관

조공 5파	담당 교육기관 (연길현의 경우)
상해파	용정촌 東興學校, 倒木溝 震成學校
만공파 (만주 공산)	용정촌 大成學校, 局子街 支那省立師範學校
화요파	개척리 元倧學校
서울파	용정촌 新興社博文館
북풍파	용정촌 土城堡 勞動夜學院, 大敎洞夜學院, 頭道溝 新興學校

공산주의 세력들은 특히 종교와 관련된 학교를 대상으로 침투하여

---

75) 姜德相 編, 『現代史資料』29(東京: みすず書房, 1977), 547-551面. 「東滿に於ける朝鮮共産黨 各派の近況に關する件」의 내용을 필자가 표로 재구성하였음.

종교와 교육의 분리를 주장하였는데, 특히 개신교계 학교의 몇몇 사례를 『연변문사자료』를 중심으로 살펴보면 다음과 같다. 우선, 용정에 있었던 명동학교의 경우이다. 1901년 4월 규암재(圭岩齋)에서 1908년 4월 서울 상동청년학관 출신인 정재면을 초빙하면서 개신교계 학교의 모습을 갖춘 용정의 명동학교 학생들은 1920년대 초 용정의 각 중학교에서 일기 시작하여 명동 일대에 파급된 사회주의의 영향을 받게 되었다.[76] 명동학교의 학생들뿐만 아니라 명동학교 졸업생들과 명동에 사는 한인들은 사회주의사상의 영향으로 학교가 종교(교회)의 속박에서 벗어나야 한다고 주장하였다. 1924년에는 당시 유명한 사회주의자인 김사국이 명동에 체류하면서 수차 연단에 올라 사회주의 사상을 선전하였고, 명동학교 8기 졸업생 송산우도 연해주로부터 명동일대에 와서 조선 공산당 지하활동을 벌였다. 종교와 교육의 분리 담론 속에서 1928년에 김약연이 교장직을 사임하고 용정으로 떠나자, 명동학교(교장: 오을렬)에서 성경과는 폐지되었다. 그리고 진보적 교원들을 초빙하고 강연회와 토론회도 자주 열었으며 소년회 활동도 활발히 전개하였다.[77]

북일(北一)중학교에서는 공산주의 세력의 핵심 인물들이 교직을 담당하기도 하였다. 북일중학교는 1916년 1월에 연해주에서 한국사회당을 조직한 이동휘가 1917년 1월에 훈춘현 대황구에 와서 양하구(梁河龜)와 김남극(金南極)과 협상하여 세운 학교이다.[78] 이 학교에는 군사교원들이 있었는데, 그 가운데 1920년에 이동휘와 함께 레닌의 접견을 받았던 김립(金立)도 있었다. 그리고 영어교원인 이영(李英)도 조선공산당 중앙집행위원회 위원이었다. 비록 학교에서는 일제의 감시에 대

---

76) 『연변문사자료』 제5집, 83쪽.
77) 위의 책, 88-9쪽.
78) 위의 책, 254쪽.

처하기 위하여 외국 선교사들과 협조하여 성경과를 설치하였고, 매주 일요일 오전에 예배를 진행하였지만[79], 당시 만주에서 확장되던 공산주의의 흐름을 탈피하기에는 역부족이었다.

은진중학교에서도 1925년에 학생들의 반종교운동이 일어났다. 학생들은 1926년 가을부터 학교측에 성경과 수업을 담당하는 목사의 해임을 건의하였으며, 성경과를 폐지할 것을 요구하면서 동맹휴학을 선포하였다. 성경과 폐지에 대한 요구를 거부하자, 150여명의 재학생들은 1927년 4월 25일에 일제히 자퇴를 선언한 후, 공산주의를 가르치는 대성중학교와 동흥중학교로 전학을 하기도 하였다.[80]

1908년에 건립된 연길 와룡동의 창동(昌東)소학교에서는 1910년대 초반이 지나면서 교사들이 먼저 맑스주의를 공부하고 전파하였으며, 1923년에 용정을 중심으로 맑스주의를 연구하는 군중성적조직이 성립되자 야학 등을 통하여 민중들에게 러시아 10월 사회주의혁명의 경험과 새로운 민족해방투쟁이론 선전하였다. 특히 창동학교의 한 졸업자는 간도참변 이후, 온 마을에 반일사조가 대폭 증가하였으며, 『빠리꼼뮨』, 『3천리』, 『비판』, 『레닌의 이야기』 등의 소책자들이 환영받았고, '종교는 민중의 아편이고 과학은 인류를 해방한다'는 노래가 유행했다고 증언하고 있다.[81] 1926년에는 기존의 교가를 조공당원인 박창익의 작사에 러시아 2월혁명곡을 붙인 교가로 고쳐 학생들에게 사회주의사상을 고취시키기도 하였다.[82] 또한 1930년 와룡동에 중국공산당의 한 지부가 건립될 때 제1대 서기에 창동학원의 교원인 지봉하가 임명될 정도로 창동학원의 교사들과 사회주의의 관계는 밀접했다.[83] 이와 관련

---

79) 위의 책, 204-5쪽.
80) 박주신, 앞의 책, 415-6쪽.
81) 『연변문사자료』 제5집, 71-2쪽.
82) 위의 책, 58쪽.

하여 용정학교에서 학교교육과 종교교육의 분리 움직임에 동참한 학생들의 활동 여파로 창동학교에서도 집에서 성경을 보고 기도를 드렸다는 이유로 몇 명의 교사들이 권고사면을 당하게 되었다.[84]

1920년대 왕청현에는 종교단체에서 설립한 학교, 즉 성경과를 설치한 학교가 5개소였다. 교재는 주로 이동휘와 계봉우가 만든 것이었다.[85] 1920년대 후기에 학교 교육에는 질적인 변화가 일어나기 시작하였다. 각지에서 활약하고 있는 조선공산당인들에 의해 맑스-레닌주의가 전파 되었는데 그들은 학교 내부에서 맑스-레닌주의를 선전하였고 밤이나 여유시간을 이용하여 사회활동에 참가하였다. 1927년 10월부터 간도공산당검거사건이 연이어 생기자 그들은 이곳저곳에 피신하는 수밖에 없어서 그 전처럼 활동하지 못했다. 1930년 3월에 조공 만주총국이 해체되면서부터 그들의 조직적 활동마저 정지되었다. 그러나 그때부터 왕청현 경내에 중공 기층조직이 건립되면서 신흥, 춘흥 등 학교에 당원들이 파견되어 맑스-레닌주의 선전사업이 다시 전개되었다. 공산주의자들이 재개한 활동 정도는 일제가 『민성보(民聲報)』, 『간도일보(間島日報)』, 『간도신보』 등의 기사에서 공산당이 '철도와 용정 시가의 발전소를 파괴하고 동만 일대에 산재한 민회(民會)와 보통학교의 지교인 보조 서당을 박멸하려 한다는 전례에 없는 조직적 계획'을 가지고 있었다고 서술한 것을 통해 짐작할 수 있다.[86] 많은 학교의 사생들은 일선 근로대중과 함께 당조직에서 조직, 지도하는 각종 반일혁명투

---

83) 위의 책, 28쪽.
84) 위의 책, 56쪽.
85) 위의 책, 158-9쪽.
86) 김기림, 「間島紀行(1930)」, 『間島流浪40년』(서울: 조선일보출판국, 1989), 118쪽. 당시의 보도에 의하면, 공산주의자들은 보조 서당을 "종교와 동양(同樣)으로 생장하려는 어린 제너레이슌(제너레이션)에게서 발랄한 생명의 화염을 거세하는 아편과 같은 마취제이며 방화기"로 인식했다고 한다.

쟁에 참가하면서[87], 반종교운동에 계속 참여하였다.

1920년대에 민족자결주의론에 대한 기대와 무장독립운동의 흐름이 약해지면서 한인에게 새로운 희망으로 떠오른 사회주의는 종교 비판을 통해 자신들의 활로를 모색하였다. 사회주의자들에게 종교가 자본주의의 주구로서 인식되었기 때문에 반종교운동은 자본주의를 비판하고 자신들의 출구를 여는 중요한 사업으로 인식되었다. 이런 맥락에서 공산주의자들은 개신교 조직에 못지않게 자체의 세포조직을 통해 반종교운동을 조직적으로 치밀하게 전개하였다. 공산주의자들에게 만주와 조선은 별개로 존재하는 공간이 아니었다. 개신교는 만주를 선교 공간으로 인식했지만, 조공당 시기의 공산주의자들은 조선연장주의(朝鮮延長主義)의 입장을 가지고 있었다. 조선연장주의란 만주와 국내의 차별적인 조건에 주목하지 않고 만주지역이 국내의 연장에 불과하다는 관점을 바탕으로 만주를 국내의 "특종지대"(特種地帶)로 간주한다는 입장이다.[88] 이들이 중국의 행정체계인 성(省) - 현(縣) - 향(鄉) - 갑(甲)을 무시하고 국내의 행정체계인 도(道) - 군(郡)을 따라 당(黨)의 하위조직을 결성했다는 점은 조선연장주의를 반증하는 것이었다. 조공만주총국 동만도간부 내지는 동만도구역국, 또는 왕청군간부라는 명칭도 여기에서 연유한다. 1928년 5월 재중국한인청년동맹(在中國韓人靑年同盟)이라는 통일적 청년단체가 만주에서 결성되었지만 청총(靑總)의 공식적 하부조직이 아니라 유기적 연계를 가질 뿐이라는 수정된 조선연장주의를 주장하는 경우도 있다.[89] 그렇지만 무엇보다 이들의 주장은 연장주의의 입장, 즉 조선과 만주를 이질적인 공간으로 바라보지 않았다는 공통

---

87) 『연변문사자료』 제5집, 163쪽.
88) 姜德相 編, 『現代史資料』 29(1977), 526面.
89) 신주백, 앞의 글, 225쪽.

점을 지닌다. 조공 시기의 공산주의자들은 연장주의의 입장에서 종교 교육을 반대하는 반종교운동을 진행할 수 있었던 것이다.

3. 재만 종단의 반공 담론

반종교운동은 중국과 일본에서 이미 시작된 바 있었다. 1911년 손문 중심의 공화주의자들이 유교의 정치 사회적 기반들을 해체하면서 근대적인 국민 국가로 탄생시킨 중국에서는 1913년에 공포된 치안 조례를 통해 정교 분리를 단행한, 그리고 그 이듬해부터 시작된 제1차 세계대전 기간에 고조된 민족운동이 1919년 5・4운동으로 절정에 다다른 상황이었다. 중국 전역에는 1900년대 초반까지도 개종자(convert)라는 용어가 외국인과 동의어로 취급받던 분위기가 형성되었고, 이로 인해 기독교 신자들은 배척을 받아야만 했다.[90] 이러한 분위기는 1920년대에 사회주의자들의 영향과 함께 강력한 반기독교운동으로 발전하였는데, 반기독교운동이 특히 1922년부터 1925년 사이에 최고조에 달하면서 중국 주재 선교사들의 2/3 이상이 중국을 떠나야만 했다.[91] 반면 1890년에 신도적인 틀에 유교 윤리를 결합시켜 교육 칙어를 발표한 일본에서도 1890년대에 반기독교운동이 발생하였다. 또한 러일전쟁 시기에는 반천주교 감정이 고조되기도 하였다.[92]

일본과 중국의 기독교 신자들은 자신들도 애국자이며 자신들이 신봉하는 종교 역시 제국주의의 주구가 아니라는 사실을 입증해야 하는 부

---

90) 최성일 편역, 앞의 책, 139쪽.
91) 김용자, 「교황 비오 11세와 동양 선교 정책」, 『한국교회사논문집』 II(서울: 한국교회사연구소, 1985), 210쪽. 강인철, 「식민지 정권과 교회: 토착화의 종교 정치학」, 『한국 천주교회사의 성찰과 전망』(서울: 한국천주교중앙협의회, 2000), 224-8쪽.
92) 강인철, 위의 글, 224-9쪽.

담을 안게 되었다. 이러한 부담은 민족주의의 흐름을 받아들인 '종교민족주의'와 연결되었다. 신자들은 선교사들에게 권한의 이양과 더 많은 자율권, 심지어 교리의 민족주의적 재해석을 요구하기 시작하였다.[93]

1920년대 만주에서 발생한 반종교운동은 중국 본토 또는 일본의 경우와 다르게 전개되었다는 점에서 주목된다. 1920년대 만주에서는 국가적인 차원 또는 반외세적인 차원이 아니라, 공산주의 신봉자들에 의해서 반종교운동이 진행되었기 때문이다. 반종교 운동은 1920년대에 조직을 정비하고 학교를 설립하면서 교세 확장을 추진한 재만 종단들에게 부정적인 변수였다. 공산주의는 때에 따라서 종교와 연합하는 태도를 보이기도 했지만, 근본적으로 종교 자체를 부정하는 입장을 가지고 여러 방식으로 공격을 했기 때문이다.

공산주의 운동은 농촌의 종교인에게도 위협으로 다가왔다. 1920년대 이후 재만 농민들은 죽음의 공포 속에서 밤을 지새우는 경우가 많았다. "幸여나 오늘밤도 '無事히 지내였으면?'하고 蒼天을 向하야 '하나님이여 도라보소서'하고 呼訴하는 一般良民들의 앗쓸한 밤"이 만주 농촌에서 생활했던 종교인의 밤이었다.[94] 다음의 인용문은 공산주의자들의 공격을 받았던 만주 농촌의 상황을 보여준다.

무서운 요때 아니나다를가 기호마추는 共黨들의 電燈불 이山에 번쩍 저山에 번쩍하드니 갑자기 우루룽 땅당한다. 땅! 이것은 共黨 決死隊들의 銃소리! 땅땅땅땅 이것은 日軍의 機關銃소리! 쾅! 이것은 滿軍의 野砲소리! 펑! 이것은 共黨들의 人造爆彈소리! ... 疲困한 몸을 平和한 寢牀에 던지고 단꿈을 꾸든 農夫들은 子女들을 깨워가지고

---

93) 위의 글, 229쪽.
94) 梁英鍵, 「滿洲農村의 一夜」, 『카톨릭靑年』, 제17호(1934.10.), 59쪽.

고양이 맞난 쥐와 같이 굴속으로 속절없시 드러가고 金蘭같이 사랑하든 貴한 子息을 위험한 危險한 自衛團에 보낸 父母들은 '어이고 우리 아들이 어떻게 되나'하면서 걱정하는 소리! 熱心한 信者들의 上等痛 悔! 아해들의 비는 소리! 야단야단하야 이것이 정말 야단이다.95)

대다수의 재만 종교단체들은 공산주의에 대해서 부정적인 반응을 보일 수밖에 없었다. 반종교운동이 진행되었던 1920년대에 공산주의자들의 위협을 경험한 재만 종교인 사이에 반공 담론이 형성되었고, 그 담론의 내용은 부정적인 내용으로 가득 찰 수밖에 없었다. 재만 종단들이 공산주의 사상을 부정적으로 인식하게 된 상황을 좀 더 구체적으로 살펴보면 다음과 같다.

1) 기독교의 반공 담론

⑴ 천주교의 반공 담론

1920년대에 급속한 발전을 보인 천주교는 공산주의자들의 활동으로 농촌의 신자들이 도시로 이동하였고, 따라서 공소, 야학, 강습소, 사립학교 등이 갑자기 줄어든 상황을 접해야 했다.96) 심지어 천주교에서 경영하던 해성학교(海星學校)에서도 학교교육과 종교를 분리하자는 반종교운동이 발생하기도 하였다. 또한 간도에서 성당이 방화되고, 신부가 살해당하고, 신자들이 잡혀가 돈을 요구받거나 살해당하는 상황에서 공산주의자들이 경계하던 일본군이 "할아버지와 같이 믿든" 존재가 되기도 하였다.97) 특히 중국공산당과 중국국민당의 제1차 국공합작 기

---

95) 위의 글, 59쪽.
96) 韓興烈, 앞의 글, 15쪽.
97) 梁英鍵, 앞의 글, 『카톨릭靑年』, 제17호(1934.10.), 58쪽.

간(1924~27) 중인 1925년 5 · 30사건[98]은 간도 일대의 공산주의자들에게 활력소가 되었고, 이 과정에서 간도 천주교 신자들의 활동은 위축되었다. 다음의 인용문은 당시 공산주의자들의 활동으로 인한 간도 천주교 신자들의 상황을 말해준다.[99]

> 공산주의에 오삼십폭동이 일어나자 간도일대는 공산주의에 붉은 물결이 흉흉하게 구비처 돌게 되었다. 그러하다보니 우리지방에도 천주교를 신봉하려든 모 청년들도 진리의 교를 배척하고 악마의 그물에 거리낌없이 걸려 성교촌이라고 부르던 본촌(영암촌 - 필자주)을 적색화하려고 별에별 수단을 다 응용하야 그물을 치니 그 그물에 걸리는 자가 적지 않았다. … 이렇다보니 신앙을 보존하는 교우는 참으로 풍전등화의 위험이 한 두 번이 아니였다.

1930년대 초반에도 간도의 천주교회는 원산의 덕원 신학교에 재학 중인 간도 신학생들이 공산주의자들 때문에 개학 후에야 출석하는 상황, 그리고 공산주의자가 간도 신학생을 납치하여 돈을 요구하는 상황을 접해야 했다.[100] 1920년대부터 공산주의자들의 활동으로 부진 상태에 있었던 훈춘의 육도포(六道泡)교회는 1932년 8월에 공산주의자들의 습격을 받았고, 1934년에 본당과 신부 주택이 공산주의자들에게 소진되면서 신자들도 흩어지게 되었다.[101] 또한 대령동(大領洞) 근처의 공소 강당인 학서동(鶴捿洞) 성모당이 공산주의자들에게 소진되었고,

---

98) 제2차 국공합작(1937~45)이 일본제국주의에 대한 통일전선의 조직이 주 목표였다면, 제1차 국공합작(1924~27)은 서구 제국주의 열강에 대한 통일전선의 조직이 주 목표였다. 반제국주의 운동의 연결선상에서 제1차 국공합작 시기에 상해에서 발생한 1925년 5 · 30 사건의 영향으로 중국인 기독교인과 외국인 선교사가 함께 진행하던 교육 사업과 교회 활동에는 위기감이 돌았다. 김수진, 『중국 개신교회사』(서울: 홍성사, 1999), 73쪽.

99) 곽도산, 앞의 책(1935.4.), 49쪽.

100) 『경향잡지』, 제28권 790호, 1934.9.27.

101) X生, 앞의 글, 『가톨릭靑年』, 41호(1936.10), 36쪽.

1935년 3월에는 대령동(大領洞) 성당이 공산주의자들의 방화로 전소되어 신자들이 흩어졌다.[102]

교회뿐만 아니라 교육 분야에서도 천주교회는 공산주의자들의 영향을 받아야 했다. 간도의 천주교회는 공산주의자들의 활동으로 학교가 없어졌고, 학생들도 상당수 감소되었다고 판단했다. 실제로 1931년 5월에는 대랍자해성학교의 사무실도 공산주의자들의 활동으로 전소(全燒)되는 상황을 경험해야 했다.[103] 다음의 인용문은 공산주의자들의 교육 파괴 활동에 대한 천주교 신자들의 인식을 보여준다.

> 「三一運動」以後 盛하는 向學熱 發興하는 敎育熱이 彼此에 交互作用을 일으킨 바 되어 朝鮮에와 같이 間島에도 學校가 叢立하던 當時에는 天主敎會의 校數가 近五十箇所였었다. 그렇던 것이 共産黨의 「五三暴動」以來로 閉鎖되는 學校가 接踵하야 現況과 같은 校數의 減殺를 봄에 이른 것이다. 그 生徒數도 減下되여 現在 二千一百餘名이다.[104]

> 쏘비엣 국가에 적생사상이 간도에는 충일하야 물드른 분자들은 살인 방화 약탈에 가진 것을 감행하야 인심을 소요케 농촌에 산재한 각 현립 공립 사립 학교는 태반 폐지케 되고보니 유지한다는 학교도 자연 공포에 쌓이여 부진상태를 면치 못하게 되었다.[105]

천주교는 반종교운동의 원천이면서, 반종교운동이 가장 극심한 나라가 러시아라고 판단하였다. 천주교가 러시아를 비판하는 이유는 "무신론에 중독된 쏘비엣정부"가 "종교를 신봉한다는, 종교례식을 행한다

---

102) 韓興烈, 앞의 글, 17쪽.
103) 곽도산, 앞의 책(1935.5.), 49쪽.
104) 金炳燦, 앞의 글,『가톨릭靑年』, 41호(1936.10), 50쪽.
105) 곽도산, 앞의 책(1935.5.), 49쪽.

는 단순한 리류로서 무수한 인명을 그와가튼 악형으로써 학살"[106]하여 "천주와 영혼과 후세생활에 대한 신앙을 사람의 마음에서 빼"낸다고 보았기 때문이다.[107] 간도 선교 40주년의 기념 강연에서 반종교운동에 대해 언급한다는 것은 1930년대에도 간도에서 여전히 반종교운동이 지속되었음을 말해준다. 천주교는 무신론자들을 포함하여 반종교운동을 일으킨 공산주의자들의 활동을 '마귀의 행동'으로 간주하고 그들에게 "단련된 종교적 세계관을 보여"주어야 한다는 입장을 취했다.[108] 천주교회에서 공산주의 사상을 배척하는 이유는 공산주의 사상이 "남의 재물을 탐치 말나"는 십계명에 의거할 때 각 개인의 소유권을 인정하는 천주교의 교리에 배치된다고 판단했기 때문이다.[109] 이런 맥락에서 천주교는 기독교정신이 "物質的 행복을 唯一한 목적으로 삼는 社會主義나 唯物主義를 밧드는 共産主義와는 正反對"이며, 나아가 "그리스도는 富者를 共産主義者들과 갓치 富裕하기 때문에 저주하신 것"이라고 주장했다.[110]

(2) 개신교의 반공 담론

반종교운동이 전개되면서 개신교 내에서는 다양한 반응 양상이 나타났다. 개신교 내에서는 대체로 반종교운동을 전개하는 공산주의자들에 대해 '기독교의 진수(眞髓)도 모르고 교회가 조선에 대한 과거의 공헌도 몰라보고 함부로 날뛰는 무리'이며, '경거망동'을 하는 무리라고 비

---

106) 「宗敎迫害의 側面相」, 『가톨릭靑年』, 9호(1934.2), 45쪽.
107) 安世明, 「가톨릭敎會와 現代思想─四十週年記念講演」, 『가톨릭靑年』, 41호(1936.10), 62쪽.
108) 위의 책, 62쪽.
109) 韓興烈, 앞의 글, 『가톨릭靑年』, 41호(1936.10), 71쪽.
110) 吳基順, 「聖書上으로 본 共産主義」(一), 『가톨릭靑年』, 5호(1935.10), 20쪽, 23쪽.

판하는 목소리가 높았다.[111] 그러나 1925년경부터『청년』과『기독신보』에 소개되기 시작한 일본의 기독교사회주의자인 가가와 도요히코(賀川豊彦)의『애와 노동』,『애와 사회』,『기독교사회주의론』등에 영향을 받아 신흥우, 김경하, 김윤경 등처럼 기독교와 사회주의를 결합시킨 기독교사회주의를 주창한 일부 개신교인들의 목소리도 있었다.[112] 예컨대, 1923년 당시 YMCA 학생부 간사였던 이대위는 기독교와 사회주의가 유일신관과 유물사관, 자유의지론과 경제결정론 등에서 차이를 보이지만 현 사회질서의 폐해를 개조하려는 목적은 동일하다고 주장하였다.[113] 또한 기독교계가 자본주의와 독재주의를 타파하고 예수의 사회복음, 즉 천국이 지상에 임하여 신사회(新社會)가 창출될 수 있도록 노동자와 농민을 중심으로 개혁에 착수해야 한다고 주장하였다.[114] 한편으로 한석원 목사처럼 공산주의 사상이 '금후의 주의'에 불과한 일시적인 것이니 관심을 두지 말자는 목소리도 있었다.[115]

공산주의자들의 반종교운동에 대한 다양한 반응 속에서 재만 개신교는 부정적인 반공 담론에 참여할 수밖에 없었다. 비록 계봉우, 오성묵, 김립 등처럼 개신교에 몸을 담았던 사람들이 개신교를 부정하며 공산주의를 적극 수용하기도 했지만, 재만 개신교는 반종교운동으로 인한 직접적인 피해 당사자였기 때문이다. 개신교 내에서는 "殘惡을 極에 달한 共産黨의게 몽치에 맞아 죽은 殉敎者, 정수리에 못박혀 죽은 殉敎者, 머리 가죽을 벗겨 죽은 殉敎者, 말 못할 虐殺을 當한 女殉敎者, 幾十幾

---

111) 묵봉, 「반종교운동과 이에 대한 기독교회의 태도를 회고하는 나의 소견」, 『청년』 7권 1호(1927.2), 42쪽.
112) 김권정, 「1920~30년대 기독교인들의 사회주의 인식」, 『한국기독교와 역사』 5호(서울: 한국기독교역사연구소, 1996), 97-8쪽.
113) 이대위, 「社會主義와 基督教思想」, 『청년』 3-5(1923.5.), 9쪽.
114) 이대위, 「나의 理想하는 바 民族的 教會」, 『청년』 3-6(1923.6.), 15쪽.
115) 한석원, 「금후의 주의는 되겟지오」, 『개벽』, 제63호(1925.11), 72쪽.

百에 達하엿다"116) 등의 많은 내용들이 보고되는 상황에서 공산주의에 대해 부정적인 담론이 형성되었다. 만주에서 다른 종교보다 상대적으로 큰 교세를 확보하고 있었던 개신교는 그 만큼 더 많은 피해를 입을 수밖에 없었고, 그 존립기반까지도 위협받는 상황이었다. 따라서 개신교는 각종 지면을 통해 공산주의를 맹렬하게 비난하는 언설들을 등장시켰다.

1920년대부터 확산된 공산주의자들의 반종교운동 속에서 개신교는 자신의 근거지를 파괴하려던 공산주의를 적으로 인식할 수밖에 없었고, 내부적으로 여러 언설들을 통해 끊임없이 반공 관념과 이미지들을 형성하였다. 주목할 점은 반공 담론으로 자본주의 사상과 민주주의 사상이 공산주의 사상보다 여러 면에서 우위에 있는 것으로 설정되면서 개신교인들의 내부 유대가 강화될 수 있었다는 것이다. 반종교운동은 대다수 개신교인들에게 '새로운 적(敵)'을 창출시킨 계기였고, 개신교는 이 계기를 통해 새로운 적을 등장시키면서 이들을 타자로 설정하여 내부적으로 정체성을 강화시키는 효과를 얻었던 것이다.117)

1928년 12월 10일 코민테른 집행위원회 정치서기국이 채택한 한국 공산주의 운동 지침서인 '12월 테제' 이후, 기존의 협력대상이었던 기독교 지식인들까지 적극 타도되어야 할 '민족개량주의자'로 규정되면서 반종교운동은 과격성을 띠게 되었다. 이 시기 반종교운동의 목표는 '종교병근 퇴치운동'(宗教病根 退治運動) 또는 '종교 파괴운동'(宗教破壞運動)이었다.118) 공산주의자들이 전개한 반종교운동의 과격성으

---

116) 김인서, 「北滿教會에 나타난 하나님의 攝理」, 『信仰生活』(1936.4.), 3쪽.
117) 장규식, 『일제하 한국 기독교민족주의 연구』(서울: 혜안, 2001), 383쪽. 개신교계의 기독주의와 반유물론적 태도와 활동은 이후 기독교계 내부에 냉전의식이 자리잡히는 계기가 되었다.
118) 민경배, 『한국기독교 사회운동사』(서울: 한국기독교출판사, 1983), 213쪽.

로 피해를 입은 기독교계에는 각종 언론을 통해 그 피해상황이 보고되면서 '12월 테제' 이전보다 반공 담론의 강도가 높아졌다.

반공 담론을 통한 내부 연대 효과를 얻고 있었던 개신교는 '12월 테제' 이후 1930년대에도 공산주의에 대한 비판을 강화하면서 반공 담론의 수위를 높였다.[119] 박계주가 "滿洲曠野에서 支那敗殘兵에게, 匪賊에게, 共黨에게 虐殺 當하는 生命이 數千에 넘는다. … 九天에 사모치는 나의 同胞의 哭聲 애달프다. 洪水같이 밀녀오는 애꾸진 生命의 血潮는 歷史 페一지를 물들인다"[120]고 표현했듯이, 만주사변 이후에도 공산주의자들은 계속해서 개신교를 공격했기 때문이었다. 1930년대 초반에 반종교운동이 격렬해지자 기독교사회주의를 표명했던 신흥우조차도 반종교운동이 '종교도덕 일체를 파괴하려는 것'으로 이해하면서 이를 비판하였다.[121] 1930년대에 전개된 반종교운동은 이전의 종교비판 차원을 넘어 전투적 무신론에 입각한 종교투쟁으로 전개되었기 때문에 사회주의에 호의적이었던 개신교계 인물들도 기독교를 옹호하면서 반유물론적 입장을 표명하게 되었던 것이다.[122]

개신교 교단 가운데에서도 재만 반종교운동에 대한 장로교측과 감리교측의 입장은 유사했다. 이들에게 "共産黨이 數千名式 或은 數百名式 몰여단니면서 掠奪과 暴行이 無所不至"한 공간이 바로 만주였다.[123] 두 교단이 결성한 '예수교연합공의회'의 1932년 9월 "사회신조" 내용

119) 강원돈, 「일제하 사회주의 운동과 한국 기독교」, 『일제하 한국기독교와 사회주의』 (서울: 한국기독교역사연구소, 1992), 57쪽.
120) 朴啓周, 앞의 글, 『활천』, 제10권 12호(경성: 활천사, 1932.11.), 55쪽.
121) 신흥우, 「新思潮의 批判」, 『新生』 5-5(1932.5.), 7쪽.
122) 장규식, 앞의 책, 209쪽, 382-3쪽. 사회복음의 토착화와 수양동우회 개조론의 연장선상에서 신간회에 참여했던 기독교계 인사들은 1928년 예루살렘 국제선교대회를 거치며 마르크스주의와 구별되는 기독교적 사회실천의 이론으로 '기독주의'를 표방하였다.
123) 「만주소식」, 『신학지남』, 15권 3호(경성: 신학지남사, 1933), 400쪽.

을 보면 두 교단이 반종교운동에 대해 유사한 입장에 있었다는 점을 확인할 수 있다. 두 교단은 "일체의 유물교육, 유물사상, 계급적 투쟁, 혁명수단에 의한 사회개조와 반동적 탄압에 반대한다"는 공식적인 입장을 보였다.[124] 이에 비해 반종교운동에 대한 성결교회측과 안식교측의 입장은 약간의 독특성을 보인다.

성결교회는 당시의 반기독교운동에 대한 원인을 타종교의 타락, 즉 동방정교회의 타락에서 찾아내려고 하였다. 현대의 반기독교운동은 러시아의 동방정교회가 여러 차원에서 부패하여 발생한 것이었는데 조선과 기독교로 확대되었다는 주장이다.[125] 아울러 성결교회측은 현대의 반기독교운동이 '예수가 강림하던 그 순간부터' 시작되어 베들레헴과 로마를 거쳐 각 선교지에서 있어 온 것이기 때문에 전혀 새로운 사상과 운동이 아니며, '사단의 운동'일 뿐이라고 주장하였다.[126] 반기독교운동을 '사단'(satan)의 운동이라고 규정한 것은 성결교회측이 신자들에게 미칠 수 있는 반종교운동의 효과를 축소하기 위한 것이었다. 성결교회측은 '사단'의 반기독교운동이 발생한 형태를 구체운동(具體運動)과 사상운동으로 구분하였다.

> 사단의 反基督運動에 두 가지가 잇나니 具體運動과 思想運動인대 아직은 사단의 直接行動이 나타나지 못하는 以上 사람의 思想中에서 運動하나니 無神論, 共産主義, 無政府主義, 宗敎·道德·法律破壞主義, 自由戀愛主義 等은 다 사단의 潛行運動이다.[127]

위의 인용문은 성결교회측이 반기독교운동을 비판하면서 동시에

---

124) 강원돈, 앞의 책, 55쪽.
125) 이명직, 「反基督運動은 웨니러날가」, 『활천』, 제9권 8·9호(경성: 활천사, 1931.7), 2쪽.
126) 위의 글, 2쪽.
127) 위의 글, 3쪽.

'무신론, 무정부주의, 종교·도덕·법률파괴주의, 자유연애주의' 등
도 비판의 범위에 포함시키고 있다는 것을 보여준다. 성결교회측은 반
종교운동을 반기독교운동으로 한정하면서 당시 조선에 등장한 새로운
사상들을 '사단'의 사상운동 범주에 포함시켰던 것이다. 성결교회측은
반기독교운동을 "惡의 絶頂"으로 이해하면서, 악이 절정에 달한 원인
을 기독교가 생명과 구원과 성결을 잃어버리고 "儀式的 宗敎"로 흘렀
기 때문이라고 진단하였다.[128] 이런 현상은 곧 "예수의 再臨이 갓가왔
다"는 재림설로 연결되었고, 반기독교운동이 곧 경성(警醒)의 기회라
는 주장으로 연결되었다.[129]

이명직은 1934년 6월에 영국에서 주(州)의원 선거를 앞두고 사회당
과 영국성공회 주교인 아담스 사이에 발생했던 반종교선언 논쟁을
1934년 10월 『활천』에 소개하도록 하였다. 당시 영국 사회당은 두 가
지 이유에서 공립학교에서 종교교육을 금지해야 한다고 주장하였다.
하나는 종교에서 가르치는 내용이 비과학적인 것으로 허위라는 것이었
다. 다른 하나는 종교가 제1차 세계대전 당시 전쟁 분위기를 조성하였
다가 세계대전 후 반전 움직임에 동참하였으나, 전쟁의 움직임이 발생
하자 다시 전쟁 분위기를 조성했다는 것이다.[130] 아담스 주교는 논쟁을
벌이는 대신, 성서의 여러 구절을 언급하는 것으로 대응하였다.[131] 성
결교회측이 이 내용을 보도한 것은 아담스 주교의 답변을 통해 "反宗敎
者들의 所謂 科學的 探索이니 硏究이니 하는 것을 그 根柢로부터 넘겨
트리고 그 虛僞를 證明하고도 나머지가 잇"다는 입장을 성서 구절을 통

---

128) 위의 글, 3쪽.
129) 위의 글, 3쪽.
130) 姜致奉, 「反宗敎宣言과 敎會의 答辯」, 『활천』, 제12권 8·9호 합집(경성: 활천사, 1934.10.), 78쪽.
131) 위의 글, 78쪽.

해 표명하기 위한 것이었다.132)

성결교회측은 성서(살후2:7)에서 말하는 '불법(不法)의 기미(幾微)'
가 곧 적화사상(赤化思想)이라고 판단했고, '불법의 기미'에 "高等批
評, 新神學, 無敎會主義, 超敎派主義"외에, "現社會制度를 否定"한다
는 "所謂 虛無主義, 無政府主義, 共産主義"를 포함시켰다. 그리고 이러
한 사상들은 "將次 出現할 敵基督에서 發源한 것"이기 때문에 "防赤運
動을 爲하야 靈的으로 一大同團結"을 맺어야 한다고 주장했다.133) 또
한 성결교회측은 공산주의가 "宗敎를 無視... 宗敎撲滅에 運動을 도와
주고 無神論을 奬勵하여 人生의 前途를 暗黑化시키고 絶望의 구렁에
던지고... 道德을 無視"하여, 결국 "이 精神과 制度는 반듯이 人類를 禽
獸化시키는 것이며 大不幸에 모라넣는 것"이기 때문에 공산주의를 비
판하면서 방공(防共)과 방첩(防諜)을 해야한다고 주장하였다.134)

안식교측은 무정부사상과 함께 무신론을 지구상에 퍼지고 있는 '말
세의 징조'로 이해하면서 자신들의 선교를 "하느님의 수업"을 위해
"전선을 유지ᄒᆞ고잇는" "쇼수의 정규병"이라고 주장했다.135) 이는 안
식교측이 공산주의와 자신들의 관계를 전쟁 범주로 인식하면서 신자들
에게 승리 의식을 도출해내기 위한 것이었다. 안식교측은 공산주의가
"基督敎를 反對하며 하느님을 攻擊하는 共産主義의 計劃은 人類의 幸
福과 文化의 進步를 阻止하는" 것이라고 주장했다.136) 나아가 공산주
의와 합작한 무신론주의가 "基督敎를 滅한 後 스스로 國家의 宗敎가 되
었다"고 역비판을 가하는 모습을 보였다.137)

132) 위의 글, 78쪽.
133) 李鍵, 「敎界의 防赤運動」, 『활천』, 제15권 8·9호 합집(경성: 활천사, 1937.7), 1-2쪽.
134) 「防共防諜」, 『활천』, 제18권 1호(경성: 활천사, 1939.12), 2-3쪽.
135) 「죠선합회 선교부보고」, 『敎會指南』, 제12권 7호(경성: 시조사, 1927), 16쪽.
136) 夫斗悅, 「共産主義는 宗敎를 이길 수 있는가」, 『時兆』, 제27권 12호(경성: 시조사,
1937.12), 7쪽.

안식교측은 성결교회의 경우처럼 공산주의의 원천지로 러시아를 주목하였다. 그러나 러시아에서 정교회가 없어지지 않은 경우를 예로 들면서 러시아조차도 종교를 이길 수 없다는 역비판을 가하였다. 비록 '문화의 생명인 종교(기독교 - 필자 주)'가 국제공산주의자들의 주장으로 크게 위협을 받고 있지만, '공산주의의 본거지'로서 유물론과 무신론에 근거하여 종교를 아편으로 보면서 '20년 동안 반종교운동을 벌여온 소련에서도 절반 이상이 하느님을 믿는 것을 보면 공산주의가 종교를 이길 수 없다'는 논리를 펼쳤던 것이다.[138] 나아가 안식교측은 '하느님을 거역'한 공산주의자들이 "얼마 아니하야 審判을 받을 것"이며, "우리는 이 때에 宗敎運動을 일으키는 同時에 하느님을 順從하여야 할 것을 부르짖"어야 한다는 종말론으로 연결시켰다.[139] 즉 "現下의 反宗敎運動이나 사람들이 信仰에서 떠나는 現狀과 共産主義의 宣傳은 亦是 우리가 사는 이 時代가 어떠한 時代인 것을 가리쳐주는 一個의 徵兆"라는 주장이었다.[140]

2) 신종교의 반공 담론

공산주의자들의 반종교운동에 대한 대응으로 기독교 내에서는 반공 담론이 유통되었다. 반종교운동에 대해 '러시아에서조차 종교가 부흥되고 있다는 것은 공산주의적 반종교운동의 이상이 실패할 것을 의미한다'[141]는 한용운(韓龍雲)의 주장을 보면 불교 역시 반종교운동에 대

---

137) 王大雅, 「露西亞의 共産主義; 무서운 赤色의 威脅 - 反宗敎運動」, 『時兆』, 제28권 5호(경성: 시조사, 1938.5), 12 - 3쪽.
138) 夫斗悅, 앞의 글, 『時兆』, 제27권 12호(경성: 시조사, 1937.12), 4 - 7쪽.
139) 위의 글, 7쪽.
140) 王大雅, 앞의 글, 『時兆』, 제28권 5호(경성: 시조사, 1938.5), 14쪽.
141) 한용운, 「공산주의적 반종교 이상은 과연 실현될 것인가」, 『불교』, 11권, 불교사(신판), 1938, 4 - 6쪽.

해 호의적이지 않았다. 신종교도 종교 영역 내에 있는 존재였기 때문에 공산주의자들의 반종교운동에 대해 무심할 수가 없었다. 그러나 기독교에 비해 반종교운동에 대한 신종교의 태도는 다소 복잡한 양상을 띠고 있었다. 대종교, 원종교, 천도교의 경우를 살펴보면 다음과 같다.

(1) 대종교의 반공 담론

대종교는 1920년대에 공산주의 사상에 대한 반대 입장을 문서로 명확히 표명하였다. 간도참변이 진행되자 1920년 말에 총본사를 화룡현에서 밀산(密山)으로 이전한 대종교는 1922년 2월 14일에 "司內의 紀綱을 確立하고 敎友의 信行을 篤實하게 하기 爲하여" 위리령(委理令)으로 계명 5조항을 공포하였다. 계명의 내용은 크게 세 부분으로 구성되었다. 첫 번째는 정교분리 원칙에 입각하여 "政界上 輕動이나 妄談함이 不可"하다는 것이고, 두 번째는 사회주의와 과격한 언동(言動)을 금지한다는 것이고, 세 번째는 다른 종교를 훼방하지 말라는 것이었다.[142] 특히 계명 5조항 가운데 두 번째 조항의 내용, 즉 "사회주의와 과격한 언동은 대종교가 주창하는 바가 아니며, 일반 [사회주의] 집회에 참여하지 말라는 것"이 공산주의에 대한 대종교의 공식 입장이었다.[143]

대종교의 반공 의식은 1920년대 후반에 북만주에서 가장 규모가 큰 독립운동 단체로 성장했던 신민부(新民府)의 경우를 통해서도 확인할 수 있다. 신민부는 대종교가 1922년 4월 북만주의 영안현 남관(南關)으

---

142) 大倧敎倧經倧史編修委員會, 앞의 책, 345-6쪽.
143) 위의 책, 345-6쪽. 나철 당시 대종교는 대종교포명서를 통해 고구려 등의 국가가 단군을 숭배했을 때 흥성했고, 불교와 유교의 확산으로 단군이 잊혀지면서 쇠망했다는 정교일치에 가까운 인식을 나타냈다. 이와 달리 김교헌은 종단 차원에서 정교분리론을 통해 대종교를 정치와 무관한 '종교'라고 강조한 것이었다.

로 이주한 이후인 1925년 3월 10일 역시 영안현의 영안성 내에서 조직되었다. 남만주의 정의부·참의부와 어깨를 나란히 하여 5년 동안 존속한 신민부는 1920년대 후반 북만주에서 공산주의 단체들이 발호하고 있을 때 민족주의 노선을 표방하였다.[144] 이는 신민부의 중앙집행위원회 위원장이었던 김혁(金赫) 이하 김좌진·나중소(羅仲昭)·조성환(曺成煥)·윤복영(尹復榮)·오상세(吳祥世)·박성태(朴性泰)·정신(鄭信)·최호(崔灝)·유현(劉賢) 등 10명이 대종교의 간부 또는 신자였기 때문이었다. 대한독립군단의 김좌진 계열과 대한독립군정서 출신으로 신민부에 가담한 인물들뿐만 아니라, 신민부의 일반 구성원 가운데에도 대종교 신자들이 많았다.[145] 신민부가 민족주의 노선을 표방할 수 있었던 것은 일면 대종교의 반공 의식 때문이었다.

(2) 원종교의 반공 담론

원종교도 마르크스주의를 신랄하게 비판하는 입장이었다.[146] 1925년 용정 등 각지에서 반종교운동이 벌어졌을 때, 공산주의자들은 화룡현 개척리의 김소래와 변론하기도 하였지만, 1926년에 공산주의 영향을 받은 원종교학교 학생 20여명이 원종교 반대 성명을 발표하면서 탈퇴한 사건이 발생하였다.[147] 공산주의에 대한 원종교의 입장은 1927년 신풍 사건으로 열린 총영사관재판소의 공판 과정에서 확인할 수 있다. 당시 검사는 원종교가 『신풍』을 발간하여 사회주의, 무국주의(무정부주의), 공산주의를 선전한다고 주장했다. 그러나 재판장은 원종교가 종교이며, 인류사회의 순자유와 순평등을 주장하는 '자연의 무국'으로

---

144) 박환, 「신민부에 대한 일고찰」, 『역사학보』 108집(서울: 역사학회, 1985), 88쪽.
145) 위의 글, 101-3쪽, 132쪽.
146) 이평림 외 3인, 「소래 선생의 참모습」, 『나라사랑』 24집(서울: 외솔회, 1976), 113쪽.
147) 김택·김인철, 『조선길림족』(연변: 연변인민출판사, 1995), 683쪽.

간주하여 무죄 판결을 언도했다.[148) 또한 1933년 3월 20일경에 조선인 공산군과 중공군이 제시한 김중건 살해 목적, 즉 '김중건이 마르크스주의의 적으로, 철저한 반공 노선에 서 있기 때문에 회유의 여지가 없으며 적화 운동에 방해가 된다'는 점은 원종교의 반공 입장을 반증한다.[149)

(3) 천도교의 반공 담론

대종교와 원종교가 반공 담론에 참여한 것에 비해 천도교는 공산주의자들의 반종교운동을 다르게 이해하였다. 러시아의 반종교운동에 대해서도 "過去의 宗敎가 太半以上 其 信仰이 虛僞"를 지니고 있기 때문에, 즉 러시아는 '진리'가 아니라 '허위'를 비판하는 것이며 "萬若 眞理의 新宗敎가 잇다하면 그들이 眞理 그것까지도 排할 斥理가 업슬"것이라고 이해하였다.[150) 즉 '인습적(因襲的) 종교와 신종교의 구분법'[151)을 지녔던 천도교인들은 반종교운동이 주로 내세를 지향하는 기존 종교를 비판하는 것으로, 나아가 현세에서 지상천국을 희망한다는 면에서 천도교와 공산주의 사이에 별다른 마찰이 없다고 이해했던 것이다.[152)

공산주의와 천도교측의 연계는 천도교연합회 활동을 통해 확인할 수 있다. 오지영 · 유공삼 · 홍병기 · 윤익선 · 김상묵 · 최동희 · 이상우 등을 중심으로 구성되어 손병희와 그 사위인 정광조 등의 견제세력이었던 천도교연합회는 천도교의 종지인 인내천(人乃天)이 사회주의와

---

148)『間島新報』, 1927.5.27.3면; 1927.6.2.3면.
149) 김지용, 앞의 논문, 134쪽.
150) 이철,「無宗敎라야 有宗敎」,『개벽』, 제37호(1923.7), 35쪽.
151)「將來할 新社會와 因襲的 宗敎及道德」,『개벽』, 제36호(1923.6), 2−11쪽.
152) 임형진,『동학의 정치사상−천도교 청우당을 중심으로』(서울: 모시는 사람들, 2004), 273쪽.

유사하다고 인식하였으며, 이동구·이동락·김봉국·최동희 등도 1926년 4월 5일 고려혁명당 결성에 참여하는 등 공산주의자들과 연계하여 활동을 전개하였다.[153)

최시형의 아들로 천도교연합회에서 구심점이었던 최동희는 1918년 6월 길림성 집안현에 도착하여 각 지역을 순회하면서 유동설(柳東說)에게 조선의 독립에 러시아 공산주의자들의 지원이 필요하다는 말을 들었고, 1919년 3·1운동 후인 4월 1일 귀국하여 정광조에게 만주의 개간사업과 독립운동기지에 필요한 자금을 요청하기도 하였다.[154) 또한 1920년에는 '만주에 5,000여 호의 대조선인부락을 건설하여 학교와 교육기관을 설립하고 병영을 건설하여 동지를 훈련하면서 중립국을 건설'하고 러시아 공산주의자들과 결탁하여 일본과 개전을 벌인다는 계획까지 설립하였다.[155) 이동락은 1925년 4월경에 만주로 건너가 천도교연합회 상무간사인 송헌(宋憲)과 김봉국, 홍병기(洪秉基)와 최동희 등의 종법사, 그리고 정의부 간부들과 협의하여 고려혁명당을 창당하고 조선의 독립운동과 만주의 적화운동을 전개하였다.[156)

천도교측의 공산주의에 대한 호의적인 태도는 중국 관헌들에게도 경계의 대상이었다. 예컨대, 1926년 2월 천도교청년당원 조기간(趙基栞) 등 3명이 하얼빈에서 해삼위로 가다가, 공산주의자라는 혐의로 중국 관헌에게 체포되어 하얼빈 소재 일본총영사관으로 인도되었다.[157) 또한

153) 조규태, 「1920년대 천도교연합회의 변혁운동」, 『한국근현대연구』 4집(서울: 한국근현대사학회, 1996), 234쪽, 241-3쪽.
154) 최정간, 「비운의 혁명가로 살다 간 동학 교주의 아들」, 『사회평론』(서울: 사회평론사, 1992.3.), 131-223쪽. 최동희는 1910년 일본 와세다대학 정경학부에서 수학하는 과정에서 사회주의 관련 강의를 듣고 사회주의를 호의적으로 인식하게 되었다.
155) 慶北警察部, 『高等警察要史』(1934), 200쪽. 조규태, 앞의 글, 221쪽에서 재인용.
156) 「百日天下에 公開된 高麗革命黨事件, 李東洛逮捕로 正體가 露現」, 『중외일보』, 1927년 11월 4일자.
157) 『조선일보』, 1926.2.27. 2면.

1926년 4월에 흥경현 백기보(白旗堡)에서 개최된 천도교종리원이사회에서 '만주 적화 선전책'이 토의되었다는 이유로 흥경현 중국관헌이 천도교인 16명을 구속하여 봉천으로 압송한 일도 있었다. 이 때문에 장작림은 재만 천도교 포교에 대해 금알(禁遏)정책을 취하였고, 조선 천도교총본부에서는 기밀위원회를 열어 구속된 16명의 석방책과 금후 재만 천주교포교방책을 마련하기 위해 장작림에게 특사(特使)를 파견하였다. 그리고 재만 천도교도에게 가까운 시일 내에 임시대회를 개최하여 장작림의 '오해'를 풀게 할 것을 지시하기도 하였다.[158]

고려혁명당 사건은 재만 천도교의 공산주의 인식을 잘 드러낸다. 1928년 고려혁명당 사건의 재판 과정에서 천도교연합회 소속인 이동구(李東求)는 '특권계급에 의해 신음하는 세계대중을 세계적으로 규합하여 이상적 사회(理想的社會), 즉 자유평등과 호상부조(互相扶助)를 기초로 하는 사회를 건설'하기 위해 고려혁명당에 참여했다고 답변하였다.[159] 뿐만 아니라 1928년 10월경 경성지방법원에 송치된 제2차 간도공산당사건 관계자들이 일부 석방된 후, 1929년 1월 22일에 김유일, 김하옥, 서윤평 등의 공산주의자들이 '동만청년단체'를 조직하기 위해 용정 천도교당 내에 다수의 동지를 집합시켜 발기준비위원회를 개최하기도 하였다.[160]

만주 신빈과 용정에 지방 종리원을 두었던 천도교 신파측처럼, 만주

---

158) 「北滿の天道敎徒が張氏に緩和運動」, 『間島新報』, 1926년 4월 27일자.

159) 『조선일보』, 1928.10.8. 2면. 고려혁명당(高麗革命黨)은 1925년 8월 만주에서 정원흠(鄭元欽)의 발의로 "조선을 ○○케 하며 사유재산(私有財産) 제도를 부인한 후 공산주의 제도의 사회를 실시"하고자 정의부(正義府)와 형평사(衡平社)와 천도교의 연합 조직이었다. 고려혁명당에 가담한 천도교 신자들은 이동구(李東求, 45세), 김봉국(金鳳國, 39세), 이동욱(李東郁, 39세), 이동락(李東洛, 39세), 송헌(宋憲, 39세), 홍병기(洪秉箕, 60세), 유공삼(柳公三, 32세) 등이었다.

160) 「一時屛息した間島の鮮人思想團體 また蠢動し何事か劃策. 第三次共産黨事件の關係者らが市內で東滿靑年團体の發起會」, 『間島新報』, 1929년 1월 23일자.

길림에 지방 지부를 두었던[161] 천도교연합회측은 공산주의자들과 연합 활동을 전개하는 과정에서 교도들을 길림으로 집단 이주하여 공동부락을 건설하게 하였다. 오지영은 1925년 1월 이후 천도교연합회원들을 만주로 이주시켰고, 1926년 3월경에도 전북 익산의 천도교연합회원 230여 명을 길림에 이주하게 하였다. 또한 1926년 9월경에는 황해도 서흥 지역의 천도교연합회원들이 길림성 액목현 교하(蛟河)로 이주하였고, 1927년 2월경에는 김봉국(金鳳國)의 주도로 평남 성천(成川) 지역의 천도교연합회원들이 길림으로 이주하였다. 총독부에서는 천도교연합회원들이 만주로 이주하여 공동부락을 건립한 것을 고려혁명당의 세포단체를 조직하기 위한 것이라고 파악하였다.[162]

이러한 일련의 사건들은 재만 천도교가 공산주의에 대해 호의적인 태도를 지니고 있었음을 보여준다. 고려혁명당의 결성 등 한국공산주의 운동에 한 획을 그었다고 평가되는[163] 천도교연합회는 무한한 개인의 자유 실현과 자유연합주의를 추구했다는 점에서 코민테른의 지령과 당의 명령에 따르던 일반 공산주의자들의 사상과 달랐다. 그러나 계급적 차별제도를 없애고 신인간사회를 수립하려는 목적에서 천도교연합회는 고려혁명당에 참여하여 공산주의자들과 연합 활동을 전개할 수 있었던 것이다.[164]

지금까지 살펴보았듯이 신종교는 천도교의 경우를 제외하면 기독교의 경우처럼 공산주의에 대해 부정적인 입장을 보였다. 천도교를 제외한 재만 신종교도 반공 담론의 영역 내에 있었던 것이다. 천도교측이

---

161) 朝鮮總督府, 『吉林省東部地方の狀況』(京城: 朝鮮總督府, 1928), 67−8쪽. 최길성·장상언 공역, 『조선의 유사종교』(대구: 계명대학교출판부, 1991), 63−5쪽.
162) 『동아일보』, 1926년 7월 31일자 ; 8월 4일자 ; 9월 9일자. 조규태, 앞의 글, 238−9쪽 참조.
163) 임형진, 앞의 책, 172−3쪽.
164) 조규태, 앞의 글, 235쪽.

공산주의 사상에 대해 비교적 우호적인 태도를 보였던 것은 기성종교와 자신들을 차별화하려는 전략에서 비롯된 것이었다. 그러나 대종교와 원종교의 경우에서 확인할 수 있듯이, 대부분의 신종교는 자신들의 존재 기반인 종교 영역을 침범하는 공산주의 사상에 대해 관대할 수 없었다.

Ⅴ. 만주국의 정치 이데올로기와
재만 종단의 대응 양상

지금까지 앞에서 서술한 내용은 민족운동에 활발하게 참여했던(Ⅱ장) 재만종교인들이 간도참변 이후 종단차원에서 특정 종교문화를 형성했고(Ⅲ장), 공산주의자들의 반종교운동을 접하는 과정에서 강한 반공 인식을 지니게 되었다는(Ⅳ장) 것이었다. 이 장에서는 만주에 정착한 종단들이 만주국의 정치 이데올로기를 경험하면서 보였던 반응 양상을 고찰한 후, 제3기 종교운동의 성격을 규명하고자 한다. 이를 위해 먼저 만주국의 정치 이데올로기의 창출 과정을 살펴본 후, 이에 대한 각 종단들의 차별적인 반응 양상을 규명한다.

1. 만주국의 왕도낙토론 창출

1) 만주국 건국 경위

일본 관동군(關東軍)은 1931년 9월 18일에 봉천(奉天; 瀋陽) 교외 지역인 류조호(柳條湖)의 만철선로가 폭파된 것을 계기로 그 다음날에 봉천성을 침략하여 개전(開戰) 반년 동안 만주의 주요 부분을 점령하였다. 이 만주사변(滿洲事變)에는 세계대공황의 여파 속에서 일본이 자본주의의 활로를 모색하고, 중국 국민혁명의 급진전에 의해 초래된 만몽권익의 위기상황을 타개하고, 대소·대미전을 위한 지구전의 거점을 마련하는 등 여러 이유가 복합되어 있었다.[1] 국제연맹은 만주사변이 국제법 위반이며, 그 도화선이 된 류조호(柳條湖) 사건에 대해 영국인 리튼(Lytton)을 단장으로 하는 리튼조사단을 파견하기로 결정하였다. 그러나 1932년 1월 말에 일본과 중국 사이에서 발생한 상해(上海)사변이 국제연맹에 속한 국가들의 관심을 자국의 권익 보호로 돌리는 계기가 되면서 류조호사건에 대한 관심은 약화되었다.[2]

관동군은 침공 직후 곧 일본유학 경험이 있는 구 동삼성(東三省)의 인물들로 봉천·길림·흑룡강·열하 4성의 지방치안유지위원회와 독립 성정부를 구성하게 한 후, 이들을 주체로 동북행정위원회를 결성시켰다.[3] 동북행정위원회는 위원장 장경혜(張景惠), 위원 장식의(藏式毅)·마점산(馬占山)·희흡(熙洽)·탕옥린(湯玉麟)·능승(凌陞)·제왕(齊王)으로 구성되었고 1932년 2월 18일 '동북행정위원회선언'을 통해 그 존재와 역할을 구체적으로 드러냈다.[4] 그리고 1932년 2월 29일 봉천 자치지도부에서 전만건국촉진연합대회를 개최한 직후[5], 장경혜

1) 임성모, 「일본-만주국」, 『역사비평』(서울: 역사문제연구소, 1995년 봄호), 178쪽.
2) 1932년 1월 29일 조계(租界)를 경비하던 일본 해군육전대(海軍陸戰隊)와 중국 제19로군(路軍) 사이에 전투가 벌어졌고, 일본은 동년 2월 중순에 3개 사단의 육군을 파병하여 3월 중순 중국군을 상해 부근에서 퇴각시켰다. 영국·미국·프랑스·이탈리아는 여러 이유로 정전 협의를 추진하였으나 조인 예정일(4월 29일)에 윤봉길의 폭탄사건으로 일본의 파견군사령관이 사망함으로써, 5월 5일 정전협정이 성립되었다.
3) 임성모, 앞의 논문, 178쪽.
4) 外務省情報部 編, 『滿洲建國諸法令』(東京: 外務省情報部, 1932), 1-3面.
5) 「滿洲國政府大同元年重要日誌」, 『滿洲國年鑑』(大連: 滿洲書院, 1933), 40面.

는 1932년 3월 1일 만주국정부의 이름으로 '만주국 건국선언'을 발표하였다.[6] 선통제(宣統帝) 부의(溥儀)는 3월 8일에 장춘에 도착한 후, 9일에 육군대장 장해붕(張海鵬)이 주도한 건국식전과 집정 취임식에서 '만주국집정선언'을 선포하였다. 집정 취임식 이후, 만주국정부는 3원 8부(三院八部)와 참의부(參議府) 설치, 정부조직법을 포함한 각종 법률 발표, 각 국에 독립선언서 발송, 징병제의 원칙 하에 군대의 정비, 일본어의 필수교과 지정 등을 한 달만에 진행하면서 근대 국가의 체제를 마련하고자 하였다.[7]

장경혜는 봉천에서 동북신정무위원회(東北新政務委員會)를 주도하였다. 이 위원회는 신교육 5대 건설 방침으로 회복 원상, 개선 내용, 정돈 제도, 독립 경비, 의무 교육을 내세웠는데, 정돈 제도에 선인(鮮人) 교육에 대한 내용이 삽입되었다. 또한 동북신정무위원회에서는 신교육 3대 근본 교육 방침으로 공영화적(共榮化的) 교육, 직업화적 교육, 일어화(日語化)적 교육의 보편주의, 필요주의, 점진주의를 내세웠다. 이는 한인의 교육을 정돈하고 다시 점진적으로 일어화 교육에 주력한다는 의미를 포함하는 것이었다.[8] 그러나 당시 한인은 한·만·몽·일·백계노인(白系露人) 다섯 민족의 대표자들로 구성된 참의부에 소속되지 못하는 정도의 취급을 받고 있었다.[9]

만주국 건국을 주도했던 자들은 건국제 직전까지 봉천을 중심으로 꽃 마차와 자동차를 이용하여 각종 선전 삐라를 살포하도록, 그리고 거리마다 전기 장식과 표어로 장식하도록 하면서 신국가 건설의 분위기

---

6) 外務省情報部 編, 앞의 책, 3－6面.
7) 「滿洲國政府大同元年重要日誌」, 앞의 책, 1－2面, 24面. 만주국의 중앙 조직인 3원은 국무원(國務院), 입법원(立法院), 감찰원(監察院)이며, 8부는 민정부, 외교부, 군정부, 재정부, 실업부, 교통부, 사법부, 문교부인데, 8부는 일본의 각 성(省)에 상당한다고 한다.
8) 신영우, 「滿洲紀行(1932)」, 『間島流浪40년』(서울: 조선일보출판국, 1989), 133－4쪽.
9) 위의 글, 135쪽.

를 조성하였다. 이들은 만몽 각지에 학생들을 파견하여 건국 촉진 대회를 개최하게 하였고, 1932년 2월 29일에 흑룡강성의 각 대표들과 몽고 대표까지 참석하게 하여 전만(全滿) 촉진 건국 연합 대회와 전만 촉진 건국 대시위 운동을 진행하였다.[10] 이 가운데 특히 1932년 2월 28일에 각 현의 대표자 회의에서 만주국 건설과 관련하여 채택된 결의문의 내용을 살펴보면 다음과 같다.[11]

1. 현하 대세에 적합한 신국가를 건설하고 민중 의지에 즉할 원수를 추거(推擧)할 것.
2. 철저적 군벌의 세력 급(及) 기일절 가정(苛政)을 근절할 것.
3. 왕도주의로 신정설시(新政設施)의 표준으로 할 것.
4. 동아 민족의 융화를 계(計)하여 국가의 기초를 확립할 것.
5. 산업의 개발에 치중하여 신국가의 부원(富源)을 개척할 것.
6. 직업 교육을 실시하여서 인민 생계를 유복히 할 것.

이 결의문 내용은 만주국 건설에 바탕이 되었을 뿐만 아니라 만주국의 초기 향방을 결정짓는 이정표 역할을 하였기 때문에 주목된다. 만주국정부는 건국선언 결의문 내용을 구체화하였다. 만주국정부는 건국선언에서 국가의 원수(元首), 즉 집정(執政)이 최고 통치권자가 되는 군주국체(君主國體)[12], 전제군주정체에 대해 제한군주정체를 선포하였다.[13] 제한군주정체란 군주가 통치권을 무제한이 아니라 국가의 기본조직법에 포함된 일정한 규준(規準)에 따라 행사하는 것을 의미한다.[14]

---

10) 위의 글, 135-9쪽. 이 대회 이후에 각 대표 학생 청년단 등은 100여대의 자동차에 탑승하여 시내를 돌면서 수십만 매의 삐라를 살포하였다. 그러나 중국인들은 이들을 멀리서 방관할 뿐 협조하는 모습을 보이지 않았다고 한다.
11) 위의 글, 137쪽.
12) 尾上正男, 『滿洲國基本法大綱』(東京 : 郁文社, 1940), 63-4面.
13) 위의 책, 64面.
14) 위의 책, 65面.

만주국의 정치원리도 결의문에 따라 왕도정치(王道政治) 실현, 일만 불가분 일덕일심(日滿不可分一德一心) 실현, 그리고 민족협화(民族協和) 실현 등 세 가지로 구상되었다.15) 이 정치원리 이면에는 건국 당시에 만주국이 당면한 문제가 있었다. 만주국 건국의 정당성을 확보하면서 구심점이 될 만한 이념을 창출하는 문제, 만주국의 구성원인 다민족(多民族) 간의 갈등 해소와 융화 문제, 그리고 공산주의 등 각종 사상을 통제하면서 일본과 유대를 강화하는 문제가 그것이었다. 만주국의 정치원리는 이 세 가지의 당면 문제를 해결하기 위한 노력의 일환이었다.

정치원리 가운데 첫째, '민족협화 실현'은 일제와 만주국이 국가의 구성원인 다민족 사이의 갈등을 인식하고 있었음을 보여준다. 만주는 봉금(封禁) 해제(解除) 이후로 한족(漢族)의 이주가 격증하여 오히려 원주민인 만족(滿族)과 몽고족(蒙古族)의 수를 넘어선, 그리고 이주 조선인과 일본인의 숫자가 매년 증가하고 있던 공간이었고, 따라서 서로 다른 민족의식을 지닌 구성원들 사이에 갈등이 늘 발생할 수 있는 공간이었다. 또한 장학량의 군벌(軍閥) 세력이 이미 한족을 본위로 한 배외정책을 시행하였기 때문에 만주국 건국 이전부터 민족 간의 갈등은 잠재되어 있는 상태였다. 또한 1931년 보고에 의하면 동삼성의 재만한인은 각 성정부(省政府)에서 자신들을 공산주의자들로 간주하고 치안 방해의 구실로 과중한 과세와 학대와 살해를 함부로 한다고 인식하고 있었다.16) 이런 갈등 상황에서 잠재된 민족 간의 갈등을 해소하면서 민족 간의 융화를 실현하는 것은 신흥 만주국의 중요한 과제 가운데 하나일 수밖에 없었다. 만주국정부가 국기명(國旗名)을 '신오색기(新五色旗)', 연호(年號)를 '대동(大同)'으로 명명한 것도 다민족 간의 갈등 해소와 융

---

15) 위의 책, 74-84面.
16) 김석찬, 「만주조선인정황」, 『신학지남』, 13권 4호(경성: 신학지남사, 1931), 402쪽.

화 문제와 관련된 것이었다.

둘째, '왕도정치 실현'은 만주국이 건국의 정당성을 확보하고 이념적인 구심점을 마련해야 하는 문제에서 비롯된 것이었다. 서양과 동양이 대치되는 상황에서 왕도정치는 서양의 패도정치와 상반되는 정치원리였고, 방벌(放伐)혁명과 역성혁명을 가능하게 하는 정치원리였다. 또한 만주국정부가 민본주의(民本主義)에 의한 정치를 표방한 것도[17] 양혜왕(梁惠王)의 고민에 대한 맹자의 대답처럼[18], 즉 어느 특정 민족을 본위로 하지 않는 유교의 왕도 개념과 연결되는 것이었다.[19] 일제와 만주국정부는 서양과 대치되는 상황에서 반서양적이면서 구심점이 될 만한 사상을 덕스러운 왕의 이미지를 강조하는 유교의 왕도 개념에서 찾아낸 것이다. 1934년 3월 제정(帝政)이 수립되면서 고친 연호인 '강덕'(康德)도 유교의 왕도를 상징하는 것이었다. 민족협화에서 '협화'도 『서경』(書經) '요전'(堯典)의 "협화만방"(協和萬邦)에서 비롯된 개념이었다.[20] 일제와 만주국정부는 왕도 개념이 민족협화의 문제까지도 해소할 수 있는 정치원리라고 판단했던 것이다. 다음의 인용문은 이러한 점을 잘 드러내준다.[21]

> 要컨대 '王道'는 五族協和, 國民思想의 統制, 推誠善隣의 三大內容의 增加換置를 어든 然後에 비로소 新毅力과 新光輝를 發揚하야 모든 特殊的 現實을 料理整理하고 光明一路에 向하야 濶步大進할 수 잇을 것이다. 그리하야 이 '王道'의 治下에서 協和理想이 具現되고 國民思想이 健全한 發達을 遂하고 國防의 危機가 永消

---

17) 小山貞知 編,「新國家組織大綱」,『大業·滿洲國の建設』(大連: 滿洲評論社, 1932), 150−1面.
18) 『孟子』梁惠王(上): "是使民養生喪死無憾也 養生喪死無憾 王道之始也"
19) 『書經』洪範: "無偏無黨·王道蕩蕩·無黨無偏·王道平平·無反無側·王道正直"
20) 임성모,「만주국 분단지배와 국민동원의 견인차」,『민족문제연구』, 13권(서울: 민족문제연구소, 1996), 24쪽.
21) 李英成,「王道解說」,『在滿朝鮮人通信』, 제4호, 1936, 22쪽.

되여 滿洲國은…… 福地樂土로 化하야 無量한 幸福을 우리에게 齎
來하게 될 것이다.

셋째, '일만불가분 일덕일심 실현'은 만주국 건국의 실제 세력인 일
본과 모종의 관계를 설정하는 문제에서 비롯된 것이었다. 만주국정부
는 일본과 유대를 강화할 때 어떤 방식으로 어느 선까지 나아갈 것인지
를 고민해야 했다. 만주국정부는 일본의 보호막 아래에 존재하는 국가
로 존립하는 방식을 선택하였다. 만주국이 내세운 일만불가분 일덕일
심의 정치원리는 만주국이 일본의 건국정신인 팔굉일우(八宏一宇) 정
신에 기반을 둔 국가라는 논리를 지닌 것이었다.22)

2) 유교적 왕도낙토론의 창출

만주국의 왕도낙토 실현은 새로운 건립 이념이자 사상이었기 때문에
기존의 민족주의와 공산주의 등 여러 사상들을 통제하는 문제에서 시
작되었다. 만주국정부는 '사상의 중요성'에 주목하고 사상운동에 대한
대책 수립에 고심하였다. 만주국정부는 사상 통제를 위해 불령선인(不
逞鮮人)과 비적(匪賊), 그리고 사상범(思想犯)들을 확대 생산하였다.
1940년대에는 반만항일사상(反滿抗日思想)의 취체를 위해 만주국 사
법부에서 검찰진(檢察陳) 구성을 강화하였다. 뿐만 아니라 만주국 내의
취체만으로는 소기의 성과를 거두기 어렵다는 판단 하에 조선과 일본
과 만주국의 치안계, 검찰관, 심판관의 합동 모임을 개최하려고 시도하
기도 하였다.23) 이러한 점은 만주국이 근대 국가의 체제를 정비하는 과
정에서 사상의 통일과 통제에 중요성을 부과하였음을 말해준다.

---

22) 曺元煥, 「協和運動과 在滿朝鮮人」, 『在滿朝鮮人通信』, 제70호, 1939, 21쪽.
23) 「思想運動對策樹立, 日滿支를 一丸化 五,六月頃 三個國會議開催」, 『滿鮮日報』, 1940.3.20.

근대 국가의 체제를 정비하는 과정에서 만주국정부는 사상적인 구심점을 창출하고, 이를 통해 이질적인 사상들을 주변화시키는 것을 과제로 삼았다. 만주국정부는 구성원들의 사상 분열 상태가 지속되면 "國家의 基礎도, 協和理想도, '王道' 主義도 모다 何等 意義를 保有치 못하게 될 것"[24)으로 판단하였다. 또한 만주국정부는 "混亂한 思想을 收拾하는대는 政令도 刑辟도 軍威도 何等效力을 發生치 못하는 것이다. 思想을 制勝하는대는 오직 思想이 잇을 뿐"[25)이라는 인식을 가지고 있었다. 이에 따라 만주국정부는 구성원들의 사상 분열 상태를 종식시키는 방식으로 이질적인 사상을 강제로 통합하거나, 특정 사상들을 강제로 폐기하는 방법만을 선택한 것이 아니라 구심점이 될 만한 새로운 사상을 창출하는 방식을 선택했던 것이다. 이때 서양과 대치하고 있었던 만주국이 선택할 수 있는 새로운 사상은 일제와 만주국이 보기에 서양의 통치인 패도(覇道)에 대응되는 동양적인, 반서양주의를 나타내는 기호여야 했다.[26)

만주국정부는 "국민정신의 적정한 지도를 도모하기 위하야 극히 복잡한 국내 각종 종교의 지도통제를 당면의 선결문제"로 간주하였고, 이러한 문제의식에 따라 "건국이래 예의(銳意) 종교의 개모(概貌)조사에 착수하야 그 종류계통 봉신(奉信) 상태를 연구조사"하였다.[27) 만주국정부는 2번에 걸쳐 종교조사를 실시하였는데, 제1기 조사가 1939년에 완료되었고, 다시 1940년부터 6년 계획으로 제2기 조사에 착수하였다. 만주국에서 대대적으로 종교조사를 실시한 것은 만주국정부가 '종교의 적정한 지도'를 통해 국민정신을 선도(善導)할 수 있다고 인식했기

---

24) 李英成, 앞의 글,『在滿朝鮮人通信』, 제4호(興亞協會, 1936), 21쪽.
25) 위의 글, 21쪽.
26) 한석정·임성모, 앞의 논문, 177쪽.
27)「今年부터 六個年間 第二期 宗敎調査實施, 各種宗敎指導統制의 前提」,『滿鮮日報』, 1940.3.16.

때문이다.[28] 이러한 문제의식과 인식은 만주국이 국민의 사상을 종교가 선도할 수 있다고 판단했음을 말해준다.

만주국정부가 사상 창출 작업에 도구로 이용한 것은 다름 아닌 유교였다. 이는 만주국정부의 많은 훈령이 주로 부성애적(paternalistic) 유교 용어로 이루어졌다는 점에서도 확인할 수 있다.[29] 만주국정부가 중국 대륙에서 5·4운동 이후 지식인들에게 극심하게 비판받았던 유교를 선택한 이유는 유교를 통해 지주계급의 지지를 얻고자 한 점도 있었다.[30] 그러나 보다 큰 이유는 만주국이 "孔敎振興에 依한 國民의 道德 涵養"[31]을 통해 국민들에게 결집을 위한 단일한 이상향을 제공하려고 하였기 때문이다. 만주국이 선택한 유교의 이상적 개념은 왕도낙토였다. 만주국정부의 건국 이념인 왕도 개념은 위로는 "天命을 受한 人"이, 안으로는 "民心을 總攬하고 帝位에 登하야", 아래로는 "天下를 統治함에 그 統治의 가장 善美한 方道"[32]를 지칭하는 유교의 세계관에서 나온 것이었다. 왕도의 요강(要綱)은 『대학』(大學)의 경문(經文)에서 비롯되었으며, 왕도의 요체(要諦)로서 경문의 첫 번째 구절에 등장하는 '명명덕'(明明德), '친민'(親民), '지어지선'(止於至善)이 선택되었다.[33] 자기를 수양하고, 백성을 다스리고, 지극한 선에 머무는 것은 밝은 덕을 밝히는 왕도의 근본이라는 논리였다.[34]

부의의 집정 취임식 직전에 동북행정위원회장이 발표한 '만주국 건국선언'은 '예교(禮敎)를 숭상'하며 '왕도주의를 실행'하겠다는, 그리

28) 위의 글 참조.
29) 한석정·임성모, 앞의 논문, 177쪽.
30) 한석정, 「동아시아 국가 만들기의 연결 고리: 만주국, 1932-1940」, 『중국사연구』, 16권(서울: 중국사학회, 2001), 129쪽.
31) 李英成, 「王道解說」, 『在滿朝鮮人通信』, 제4호, 1936, 21쪽.
32) 위의 책, 16쪽.
33) 射山小川平吉, 『王道覇道と皇道政治』(東京: 廣文堂書店, 1935), 64-5面.
34) 위의 책, 65面.

고 '만주국 집정선언'은 종족간의 차별과 국제간의 쟁투를 '도덕'과 '인애(仁愛)'를 통해 제거하여 왕도낙토를 실현한다는 취지의 내용이었다.[35] 만주국정부는 왕도낙토의 실현을 위해 사해동포(四海同胞), 천하일가(天下一家), 물아일체(物我一體), 천인합일(天人合一)을 지향하는 유교 사상의 핵심 이념인 인애 개념을 선택한 것이었다.[36]

만주국이 유교의 왕도 개념을 통해 단일한 이념을 창출하기 위한 방식은 몇 가지로 구분된다. 첫째는 유교식의 교육을 시행하는 것, 둘째는 유교의 각종 의례를 재현하는 것, 셋째는 효자, 절부(節婦)와 현부(賢婦), '덕행이 높은' 고령의 노인들을 찾아내어 표창을 주고 '모범'으로 삼는 것이었다. 그리고 넷째는 수양을 위한 각종 협조단체를 만들어내는 것이었다. 구체적으로 만주국의 사상 창출 방식을 살펴보면 다음과 같다.

첫째, 유교 교육의 차원에서 만주국 정부는 '예교의 존숭'을 표면에 내걸었다. 만주국정부는 건국 직후인 1932년 3월 25일에 원령(院令) 제2호로 민정부(民政府)에게 예교 존숭(尊崇)을 위해 각 학교과정에서 사서효경(四書孝經)을 사용하라는 교육방침을 지시하였다. 이에 민정부는 동년 4월 18일에 각 성(省)과 구(區)의 장관들에게 교육과 교과서편찬 등이 민정부의 문교사(文教司)의 허가에 의해 이루어져야 한다는 훈령을 내렸다.[37] 만주국 문교부에서는 건국 직후부터 1934년까지 '전국교원강습회'를 개최하고 강연과 자료를 통해 건국의 정당성을 왕도주

---

35) 小山貞知 編,「新國家組織大綱」,『大業・滿洲國の建設』(大連: 滿洲評論社, 1932), 151−5面. '滿洲國建國宣言'과 '滿洲國執政宣言'의 원문 참조.

36) 금장태,『유교의 사상과 의례』(서울: 예문서원, 2000), 125−8쪽.

37) 樋山光四郎,『新興滿洲國の實相』(동경: 偕行社編纂部, 1932), 25−6面. 1932년 7월 7일에는 교령(教令) 제57호로 교과서편심위원회(教科書編審委員會) 관제를 공포하였는데, 특히 교과서편찬 작업은 배일(排日)교육과 배일기사를 없애기 위한 작업이기도 하였다. 樋山光四郎,『新興滿洲國の實相』(동경: 偕行社編纂部, 1932), 27面.

의로 설명하였다.[38] 경학은 각급 학교, 그리고 관리들과 교사들의 승진 시험에도 필요한 교과목이 되었다.[39] 나아가 만주국정부는 관리 양성을 위해 국무원 총무청의 관할 하에 대동학원(大同學院)을 건립하고 1932년 7월 31일부터 일본인과 만주국인으로 구성된 95명의 학생들과 함께 제1기 교육을 시작하였다. 대동학원의 최종 목적은 '대동'이라는 명칭이 시사하듯이 "왕도국가의 실제적 건설"이었다.[40] 이 모든 작업은 '예교의 존숭'을 위한 만주국정부의 교육방침, 즉 예속사업(禮俗事業)의 일환이었다.

둘째, 유교 의례의 재현을 위해 만주국정부는 1932년 6월 24일 민정부훈령 제125호로 각 성구공서(省區公署)와 신경특별시정공서(新京特別市政公署)에게 기존의 공자묘와 부속 건물 등 사당의 상황을 조사하도록 하면서, 조사일람표를 발송하였다.[41] 만주국정부의 논리는 '근래에 성인의 도가 쇠미해지고, 유학과 석존의 예는 폐기되어 행해지지 않고 있어서 묘우(廟宇)가 황무해지고 만정(滿庭)에 초목이 무성해지고 있는 이 때에 '공자묘(孔子廟)를 설치하는 것은 공교(孔敎)를 존숭하여 인류의 윤리를 나타낸다'는 것이다.[42] 만주국정부는 전국에 공자묘를 설치하고 공자묘에서 유교 윤리의 의례적 재현을 시행하여 국민들의 시선을 집중시키려고 한 것이었다. 이러한 의도로 만주국정부는 공자묘를 조사하여 복구(復舊)에 필요한 보조를 하거나 신축계획에 대해서도 가급적 보조를 하려고 노력하였다.

건국 첫 해인 1932년 9월(음력 8월)에 집정 부의가 직접 석전제(釋奠

---

38) 滿州國文敎部 編, 『普及建國精神之敎育資料』(新京: 滿州國文敎部, 1932–34).
39) 한석정, 앞의 논문, 129쪽.
40) 樋山光四郎, 『新興滿洲國の實相』(동경: 偕行社編纂部, 1932), 27–9面.
41) 위의 책, 31–2面.
42) 위의 책, 31–2面.

祭)를 거행할 정도로 공자 제사는 중요한 국가 의례가 되었다.43) 만주국 수도인 신경과 각 지방공사에 공자의 사당(文廟)이 세워졌고, 만주국정부는 제례의 수칙을 마련하여 미리 관공서와 학교 등의 기관에 시달하였다. 매년 봄과 가을에 수도 신경과 모든 성, 시, 현공서에서 공자의 제사를 지내는 풍경이 연출되었다.44) 성, 시, 현장이 공자에 대한 제사의 의식의 진행을 맡고, 학생들은 교장의 인솔 하에 참례하여 건국정신과 충효의 유교 윤리를 되새겨야 했다.45)

만주국 국무원 총무과에서 1935년 말에 집계한 바에 따르면, 각지에 71개의 공자묘가 있었을 정도로 만주국정부는 공자묘의 존재를 부각시켰다.46) 만주국정부는 "왕도건국대정신"에 기초하여 국민정신을 함양한다는 취지로 문묘제사(文廟祭祀)의 부흥을 강조하였다. 매년 공자묘에서는 춘추 상정일(上丁日)에 전국적으로 성대한 제전(祭典)이 집행되었다. 또한 제전에 사용되는 아악(雅樂) 보존을 위해 신경(新京) 서이도가(西二道街) 문묘에 국악사(國樂社)가 설치되었으며, 국악사에서 학생들이 양성되기도 하였다.47) 만주국정부는 유교 의례를 재현하면서 공자묘, 즉 문묘를 만주국 국민의 숭앙(崇仰)관념의 상징으로, 또한 국가의 중요한 의전(儀典)이 집행되는 성스러운 공간으로 변모시켰던 것이다.

셋째, 만주국정부는 예교(禮敎), 그 가운데에서도 효·제·인·의

---

43) 『성경』, 1932. 9. 28. 한석정, 앞의 논문, 130쪽에서 재인용. 문묘(文廟)에서 공자(孔子:文宣王)를 비롯한 4성(四聖) 10철(十哲) 72현(七十二賢)을 제사지내는 의식인 석전(釋奠)은 '채(菜)를 놓고(釋), 폐(幣)를 올린다(奠)'는 의미에서 석채(釋菜)로, 음력 2월과 8월의 상정일(上丁日:첫째 丁日)에 거행한다는 의미에서 상정제(上丁祭)·정제(丁祭)라고도 한다.
44) 『만주국정부 공보』, 1932.2.11: 1933.9.6. 한석정·임성모, 앞의 논문, 177쪽에서 재인용.
45) 위의 글 참조.
46) 國務院總務廳統計處 編纂, 『滿洲國年報』(新京: 國務院統計處, 1936), 480面.
47) 위의 책, 476面.

(孝・悌・仁・義)를 밝힌다는 명분하에 효자, 현부, 절부, 열부 등을 찾아 표창식을 거행하였다. 1932년 7월 1일에는 민정부 훈령 제135호로 현부(賢婦)와 절부(節婦)와 효자(孝子)를 조사하되, 이미 표창을 받은 자와 표창을 받지 않은 자를 포함하여 원적(原籍), 연령, 사실 내용, 가족 등을 조사하고 사진을 동봉하여 송부할 것을 시달하였다. 현부, 절부, 효자는 예교를 밝히고 풍속을 교화시킨다는 논리였다.[48] 만주국정부는 '동양에서 이전부터 전해오던 효제인의(孝悌仁義)를 선양'한다는 목적 하에 효자와 절부 이외에도 사회의 교화(教化)에 공적이 있는 자를 선정하여 표창하였다. 1934년에는 효자 53명, 절열부(節烈婦) 337명, 의행자(懿行者) 28명으로 총 418명, 1935년에는 효자 16명, 절열부 96명, 사회 교화 공적자 28명으로 총 140명이 표창을 받고 왕도낙토를 위해 노력하는 일종의 모범이 되었다.[49] 만주국정부는 매년 유교의 기호인 "효자"들을 널리 찾아서 공개적으로 표창했으며, 충, 효, 목민관(牧民官), 애민(愛民) 등 유교 용어를 끊임없이 남발할 정도로 유교를 국가사업의 중요 지침으로 삼았다.[50] 1934년 부의의 즉위식은 290명의 효자와 절부에 대한 표창으로 장식되었다. 1940년 2월에도 '전만(全滿) 선행자 표창'이 이루어졌고, 동년 6월에도 '효자 절부 의업 등의 표창잠행규정'이 제정되었다. 그리고 동년 7월에도 간도성에서 효자와 절부에 대한 표창식이 진행되었다.[51]

만주국정부는 1934년에 80세 이상의 노인 119명을 선정하여 술과 음식을 베풀고 노장(老章)을 수여하는 표창식을 거행하였다.[52] 이 행사

---

48) 樋山光四郎,『新興滿洲國の實相』(東京: 偕行社編纂部, 1932), 32-3面.
49) 國務院總務廳統計處 編纂, 앞의 책, 476面.
50) 한석정・임성모, 앞의 논문, 177쪽.
51) '全滿善行者表彰',『滿鮮日報』1940.2.8. '孝子節婦義僕等의 表彰暫行規定制定',『滿鮮日報』1940.6.19. '間島省에서 孝子節婦表彰',『滿鮮日報』1940.7.16.
52) 國務院總務廳統計處 編纂, 앞의 책, 476面.

는 단순히 경로자 우대 행사라기보다 경로자 가운데에서도 '경로예절(敬老禮節) 차원에서 덕행(德行)이 높다'고 판단된 사람들을 추출하여 선전하기 위한 일종의 '모범 만들기' 작업이었다. 만주국정부는 왕도낙토 실현을 위해 '효제이호범상자청선(孝悌而好犯上者靑鮮)이라는 공자의 논리'를 부각시키면서 국민에게 효제의 정신을 이식시키려고 한 것이었다.[53]

넷째, 만주국정부 교화사업의 일환으로 영화교육[電影敎育], 라디오교육, 교화건설지정촌(敎化建設指定村) 건설, 각 성공서(省公署)에 사회교육지도자 양성을 위한 강습회 개최 등을 실시하였으며, 한편으로 동자단(童子團), 청년단, 부녀단(婦女團) 등의 교화 및 수양단체를 결성하였다.[54] 특히 중앙의 본부와 각 지방의 지방연맹으로 구성된 동자단은 1932년 9월에 결성된 만주국동자단연맹(滿洲國童子團聯盟)에서 시작되었는데, 건국된 해부터 일본에서 강사를 초빙하여 교육을 받았다. 1935년 말 자료에 의하면, 동자단은 간도성을 제외한 8개 성(省)과 2개 특별시[新京, 哈爾濱], 북만특별구[1936년 3월 1일 특별구 폐지] 등 9곳에 지방연맹을 결성하였는데, 이들은 '청소년에게 봉공(奉公)과 봉사 정신을 철저하게 함양시킨다'는 목적을 가지고 있었다.[55]

만주국정부는 특히 만국도덕회만주총회(滿洲道德會滿洲總會)와 공학총회(孔學總會)를 통해 유교 정신을 확산시키려고 하였다. 만국도덕회만주총회는 본부를 신경(新京)에 설치한 후 각 성에 성총합회(省總合會)를, 다시 분회(分會)와 지회(支會)를 둔 전국적인 조직이었다. 이 단

---

53) 위의 책, 476面.
54) 위의 책, 474-5面.
55) 위의 책, 475面. 가장 활발한 활동을 벌였던 동자단봉천성지방연맹을 포함하여 총 동자단 지방연맹의 단체 수는 178개, 단장 이하 간부지도자의 수는 198명, 그리고 단원의 수는 15,855명이었다.

체는 주로 중소학교(中小學校), 민중학교(民衆學校), 강연소 등 각종 교육시설을 경영하면서 유교 정신을 확산시켰다.56) 또한 공학총회는 본부를 봉천(奉天)에 두고 부근의 각 현(縣)에 지회를 둔 조직망으로 구성되었다. 이 단체는 공자의 가르침 전파, 유학 강습, 잡지 출판 등을 강령으로 삼고, 일정 회비와 교육수준, 그리고 과거시험 합격 등을 입회조건으로 하였다. 비록 만주국정부가 사신(士神)계급을 손에 넣기 위해 공학회라는 단체를 만들었다는 지적도 있지만57), 무엇보다 이 단체는 '공성의 교를 보급'하는 것이 주된 목적이었다.58)

만주국정부가 유교를 통해 국가의 구심점이 될 만한 사상을 창출하는 과정에서 적극 협력한 단체는 협화회였다. 내선일체(內鮮一體)를 지향한 동화 정책을 추진하면서 재일조선인의 전시동원을 주도했던 일본의 중앙협의회와 달리, 만주국협화회(協和會)는 만주국 건립 해인 1932년 7월에 신경의 국무원에서 창립된 친일단체이자 국민동원조직이었다.59) 실질적으로 만주국협화회는 왕도낙토와 민족협화를 지배이데올로기로 내건 관동군의 만주국 지배 구상과 만주청년연맹의 재만일본인 민간운동이 상호 결합됨으로써 이루어졌다.60) 협화회는 협화정신에 따라 단일민족 단체를 허가하지 않는다는 입장을 가지고 있었기 때문에 협화회 청립시 42명의 이사에 1명의 조선인도 포함되었다.61) 1938년 12월에 치외법권이 철폐되면서 협화회봉천민회분회와 조선인의 협화회청년단과 국방부인회가 해산된 후 그 회원들이 아무 반발 없이 해당 지역의 단체에 편입된 것도 "協和精神에 基하야 單一民

---

56) 위의 책, 476面.
57) 『만주국정부 공보』, 1935.7.21. 한석정·임성모, 앞의 논문, 177쪽에서 재인용.
58) 國務院總務廳統計處 編纂, 앞의 책, 476面.
59) 임성모, 앞의 글(1996), 23-5쪽.
60) 위의 글, 23쪽.
61) 위의 글, 25쪽.

族의 團體를 許하지 안"는다는 초기의 입장 때문이었다.[62]

협화회는 "滿洲國이 永久히 日本과 一體가 되어 國內에 居住하는 各 民族이 다 和睦하야 兄弟가 되고 全國民의 合作에 依하야 스사로 道義 國家를 完成하여 나아가서는 世界人類에 새로운 政治理想을 보이여 世 界의 平和를 圖한다고 하는 遠大한 理想下에 結成된 滿州의 國家的 團 體"[63]라는 자기 인식을 가지고 있었다. 협화회가 만주국의 국가적 단 체라는 자인식을 가지고 있었다는 것은 그만큼 협화회가 만주국정부의 시책을 국민들에게 선전하는 선무공작(宣撫工作)에 주력하였음을 의 미한다. 실제로 협화회는 존립하는 동안 만주국정부의 왕도낙토, 민족 협화, 그리고 일만불가분 일덕일심 실현을 표면에 내세우면서 선무공 작에 주력하였다. 협화회관에서는 왕도낙토 건설을 위한 각종 모임뿐 만 아니라 종교보국, 전도보국, 신앙보국을 위한 각종 모임이 이루어졌 다.

2. 만주국의 황도낙토론 재창출

1) 황도낙토론의 창출 논리

유교의 왕도주의는 일제와 만주국에게 장점과 단점을 모두 제공해줄 수 있는 개념이었다. 장점은 왕도 개념이 덕을 잃은 군주를 내쳐도 거리 낄 바 없다고 하는 방벌(放伐)사상으로 만주국 건국에 정당성을 제공할 수 있다는 것이었다. 탕임금과 무임금의 예를 들어 어떻게 제후가 천자 를 시해할 수 있는가에 대한 제선왕의 질문에 맹자가 군주가 아니라 인

---

62) 曺元煥,「協和運動과 在滿朝鮮人」,『在滿朝鮮人通信』, 제70호, 1939, 22쪽.
63) 위의 글, 21쪽.

의를 실천하지 못한 필부를 죽였을 뿐이라고 답한 것처럼[64], 만주국정부에게도 왕도정치를 실현하지 못한 중국정부를 응징한 것뿐이라는 논리가 가능했던 것이다. 일제와 만주국정부는 손문(孫文)이 주도한 신해혁명(辛亥革命)이 역성혁명의 전통을 계승했지만 혁명 이후에 왕도주의에서 일탈하였고, 이러한 일탈이 만주사변을 통한 만주국 건국으로 본 궤도를 찾았다는 논리를 폈다. 즉 중국에 왕도의 형체가 전혀 남아있지 않으며[65], 만주사변은 중국의 일탈을 바로잡기 위한 일종의 역성혁명이라는 논리였다. 이러한 논리를 펴기 위해 관동군은 만주사변을 역성혁명으로 정당화해 주는 왕도주의를 도입했던 것이다.[66]

유교의 왕도주의에서 허용된 방벌혁명이 만주국 건국 당시에 일제와 만주국정부에게 장점으로 작용했다면, 만주국 건국 이후에는 오히려 단점으로 작용할 수 있었다. 방벌혁명은 만주국 건국의 주체세력에 대한 '또다른 혁명의 가능성'을 인정하는 것이었기 때문이다. 이 때 '또다른 혁명의 가능성'이란 바로 통치자의 입장에서 보면 '반역의 가능성'을 의미하였고, 이 가능성을 제거하는 일이 통치자의 입장에서 중요한 문제였다. 따라서 일제와 만주국정부는 표면에 왕도주의를 내세우면서도 동시에 왕도주의의 혁명 가능성을 제거할 수 있는 또다른 사상을 만들어낼 필요가 있었다. 일제와 만주국이 내부적으로 혁명의 가능성을 제거하기 위해 새롭게 선택한 사상이 황도주의였다. 황도주의에서 '황도'는 천조대신(天照大神)의 현현(顯現)인 '천황도'(天皇道)의 약칭이다.[67] 관동군사령부는 1936년에 부의(溥儀)의 첫 번째 방일(訪日)을 계

---

64) 『孟子』, 梁惠王章句 下. 齊宣王問曰 : 湯放桀, 武王伐紂, 有諸? 孟子對曰 : 於傳有之. 曰 : 臣弒
   其君可乎? 曰 : 賊仁者謂之賊, 賊義者謂之殘, 殘賊之人謂之一夫. 聞誅一夫紂矣, 未聞弒君也.
65) 田崎仁義, 『皇道日本と王道滿洲』(東京: 斯文書院, 1933), 93 - 4面.
66) 駒込武, 『植民地帝國日本の文化統治』(東京: 岩波書店, 1996), 241 - 9面. 保坂祐二, 『日本帝
   國主義의 民族同化政策 分析』(서울: J&C, 2002), 261 - 2쪽.
67) 射山小川平吉, 『王道覇道と皇道政治』(東京: 廣文堂書店, 1935), 147 - 8面.

기로 발포된 「회란훈민조서」(回鑾訓民詔書)를 근거로 '왕도정치가 중
국의 왕도사상에 입각한 정치가 아니라 천황의 마음을 정치상에서 구
현 완성하는 것을 이상으로 삼는 철인정치'이며, 만주국 건국이 '황도
에 입각한 것'이라고 주장하였다.[68]

　왕도 개념과 황도 개념에는 유사한 점도 있었지만 차이점이 있었다.
유사한 점은 군주와 백성의 관계가 부모와 자식의 관계가 되고, 부모의
마음[親心]과 자식의 마음[子心]이 중요하다는 것을 인정하는 것이었
다. 차이점은 황도 개념과 달리 왕도 개념이 혈육으로 이어진, 즉 '낳아
준' 부모와 자식이 아니었기 때문에 발생한다. 이를 확대 해석하면 황
도에는 '방벌혁명이 절대로 불가능하지만 왕도에는 불행히도 방벌혁
명이 있을 수 있다'는 논리로 이어진다.[69] 혈육으로 연결되어 있기 때
문에, 자식으로서 낳아준 부모를 져버릴 수 없는 것이 천륜이기 때문에
황도 개념에서는 선양방벌(禪讓放伐)과 역성혁명의 가능성이 인정되
지 않는다는 것이다. 일제는 스스로에게 '개벽 이래 순수한 황도의 국
가', 혈육으로 맺어진 국가라는 점, 그리고 왕도의 국체가 아니기 때문
에 선양방벌의 가능성이 전혀 없음을 강조하였다.[70] 일제와 만주국정
부가 1930년대 중반부터 왕도 개념과 황도 개념을 연결시킨 것은 방벌
혁명을 제거하기 위한 필연적인 논리였다.

　'일본은 신도의 나라인 신국(神國)이고, 신국은 황도의 나라'라는 의
미에서 일제와 만주국이 선택한 황도는 다른 아닌 신도였다.[71] 그러나
이 때의 황도는 신도 가운데에서도 "순수신도"(純粹神道)로서 교파신

---

68) 保坂裕二, 「滿洲國における三種の支配理念考察」, 『日本學報』, 44輯(서울: 韓國日本學會,
　　2000), 546−7쪽.
69) 田崎仁義, 앞의 책, 53−4面.
70) 위의 책, 94面.
71) 위의 책, 56面.

도를 포함하는 개념이 아니었다.[72] '비순수신도'(非純粹神道)가 유교, 불교, 도교 등과 혼합된 것이라면 순수신도는 다른 것들과 혼합되지 않은 것이었다.[73] 만주국이 내부적으로 선택한 황도는 종교단체인 교파신도가 아니라 '일본 고유의 사상'의 집합체인 국가신도를 의미했다.

만주국정부는 1930년대 중반부터 국가신도의 이상인 황도낙토를 실현하기 위해 노력하였다. 그 노력은 일제와 만주국의 위기 상황인 1937년 중일전쟁 시기를 전후하여 표면화되었다. 황도낙토 실현은 만주국 각지에 신사를 건립하는 일에서 시작되었다. 신사에서 행해지는 각종 의례의 효과를 통해 만주국 구성원들의 시선을 한 지점에 집중시켜야 했기 때문이다.

만주에 신사(神社)가 건립하기 시작한 것은 1930년대가 아니라 그 이전인 1900년대였다. 일본인은 집단 거주 지역에 거의 예외 없이 하나의 신사를 건립하는 문화를 지니고 있었다. 1905년의 러일전쟁 직후에 최초로 안동(安東)신사, 1908년에 천산(千山)신사, 1909년에 요양(遼陽)신사와 무순(撫順)신사 등이 건립되었다. 재만 신사는 조선 각지에 건립된 신사처럼 내지연장(內地延長) 차원에서 건립되었기 때문에 제신(祭神), 사전(社殿)의 양식, 제사(祭祀)도 일본과 동일한 모양이었고, 봉사하는 신직(神職)도 일본의 신직과 별 차이가 없었다. 다만 만주의 신사에는 일본의 경우와 달리 곳곳에 납골당(納骨堂)과 충령탑(忠靈塔)이 설치되었다. 이것도 전몰자(戰歿者)를 제사하기 위한 것으로 일본의 초혼사(招魂社)에 상응하는 것이었다.[74]

1910년대 전반기의 중·일 제휴 관계 때문에 만주에 건립되는 신사

---

72) 위의 책, 57面. 일제는 황도를 설명하기 위해 신도를 순수신도(純粹神道)와 비순수신도(非純粹神道)로 구분하였다.
73) 위의 책, 57-8面.
74) 小笠原省三, 『海外の神社』(東京: 神道評論社, 1933), 221面.

의 수가 증가하였지만, 후반기에 중·일 관계가 악화되면서 그 수가 감소하였다. 만주사변 직전인 1929년 1월 만주신직회(滿洲神職會)의 발표에 따르면, 관수신사(關水神社, 1908.10. 창립)와 금도비라신사(金刀比羅神社, 1918.11.창립) 등 관동주에 10사(社), 와방점신사(瓦房店神社, 1912.12.창립)와 영구신사(營口神社)등 만철 부속지에 31사, 영사관 관할지에 1사 등 총 42사가 있었다. 제신으로는 대물주신(大物主神)·숭덕천황(崇德天皇)·사대주신(事代主神)·천조황대신(天照皇大神)·대국주신(大國主神)·명치천황(明治天皇) 등이 있었고, 그 가운데 천조황대신을 모신 곳이 가장 많았다.[75] 1929년 1월 당시 간도에는 용정촌, 백초구, 천보산, 훈춘 각지에 4사, 하얼빈에도 신사가 있었다.[76]

만주국 건국 이후 신사의 건립 수가 다시 증가하였다.[77] 만주국 건국으로 신사 건립은 새로운 기운(機運)을 맞이했지만, 신사가 본래 재만 일본인을 위한 것이었기 때문에 '만주국의 신사'로 거듭나야 한다는 주장이 제기되기도 하였다. 제신, 사전의 양식, 제사의 양식 등을 정할 때 '만주의 풍토·습속, 역사를 고려해야 한다'는 주장이었다.[78] 이러한 논의 가운데에서도 만주국에서 신사 설립 풍토가 지속되었지만, 만주국의 신사를 지향한 노력의 흔적은 보이지 않았다. 대만사무국감리과(對滿事務局監理課) 조사에 따르면, 1940년 7월 당시까지 만주국의 신사 설립 상황은 <표18>의 내용과 같다.[79]

---

75) 위의 책, 244-56面.
76) 위의 책, 224面. 간도와 하얼빈에서 신사(神社)는 '신사'(神祠)로 불렸다.
77) 近藤喜博, 『海外神社の史的研究』(東京: 明世堂, 1943), 273-4面.
78) 小笠原省三, 앞의 책, 221-4面.
79) 近藤喜博, 앞의 책, 274-5面.

<표18> 만주국 신사 설립 연대표(1940년7월)

設立年代	設立社數	設立年代	設立社數	設立年代	設立社數
1905	1	1918	1	1931	1
1906	—	1919	3	1932	1
1907	—	1920	4	1933	6
1909	2	1922	2	1935	9
1910	—	1923	1	1936	19
1911	—	1924	3	1937	16
1912(大正1)	1	1925	1	1938	9
1913	1	1926	—	1939	21
1914	3	1927	—	1940	9
1915	9	1928	—	不詳	2
1916	2	1929	1		
1917	1	1930			

<표19>의 내용은 만주에서 신사의 수가 1930년대, 특히 1936년 이
후에 급증하였음을 보여준다. 이는 부의가 일본을 방문한 이후 관동군
사령부가 왕도낙토와 황도낙토의 연계성을 주장한 것과 맞물린다.
<표19>에는 만주국의 지역별 신사의 수를 연대별로 정리한 것으로
씨자(氏子)의 수까지 포함되어 있다.[80] 특히 비고란의 내용을 통해
1900년대부터 1930년대까지 각 시기별 신사명과 수를 파악할 수 있다.

<표19> 만주국의 지역별 신사의 수와 씨자(氏子)의 수(1910~30년대)

所在地	神社數	氏子戶數(합계)		비고
		1939	1940	(神社名과 設立年度; 年度는 뒤의 2자리만 기재함)
新京特別市	2	2,500	6,500	'10년대: 新京(15), 新京稻荷(20)
吉林省	13	10,114	13,149	'10년대: 范家屯(15), 公主嶺(16) // '30년대: 敦化(32), 吉林(34), 蚊河(34), 德惠

80) 위의 책, 276-91面. 필자가 신사 명칭과 설립연도 부분을 압축하여 재구성하였음.

				(36), 新站(36), 奶子山(37), 磐石(38), 豊滿(38), 大日向(40), 八道河子(40), 泉頭(40)

奉天省	37	19,792	43,455	'00년대: 千山(08), 遼陽(09), 撫順(09) //
				'10년대: 本溪湖(12), 瓦房店(12), 草河口(14), 鞍山(14), 大石橋(14), 蘇家屯(14), 朝陽鎮(14), 海城(14), 橋頭(15), 鐵嶺(15), 態岳城(15), 奉天(15), 昌圖(15), 開原(15), 本溪湖惠比須(19), 郭家店(20), 煙台(20), 營口(20), 連山關(20) //
				'20년대: 惠比須(22), 四平街(18), 新台子(22), 鄭家屯(23) //
				'30년대: 本溪湖稻荷(31), 西安(35), 蓋平(35), 山城鎮(36), 新屯(38)興京(39), 靑原(39), 梅河口(39), 西豊(39), 鐵嶺稻荷(不詳), 新民(不詳)

安東省	6	2,952	5,102	'00년대: 安東(05) //
				'10년대: 雞冠山(15), 劉家河(17), 通遠堡(19), 鳳凰城(19) //
				'30년대: 五龍背(39)

熱河省	8	3,433	3,433	'30년대: 承德(34), 灤平(35), 凌源(35), 圍場(35), 赤峰(36), 葉柏壽(36), 興隆(36), 平泉(37)
錦州省	3	2,491	6,000	'30년대: 錦州(34), 北票(38), 阜新(39)
牡丹江省	4	4,452	3,782	'30년대: 橫道河子(37), 牡丹江(38), 滿洲諏訪(39), 蘭崗(40)
東安省	11	1,967	7,477	'30년대: 永安(38), 勃利縣(38), 朝陽屯(38), 密山(39), 廣島(39), 態本(39), 湯原茨城(39), 同江(40), 依蘭(40), 大八州(40), 國礎(40).
北安省	9	2,335	2,110	'30년대: 龍鎭(33), 北安(35), 克山(37), 嫩江(38), 綏稜(37), 綏化(36), 海倫(36), 四國(39), 白家(40)
通化省	2	400	400	'30년대: 通化(37), 輯安(39)
興安南省	2	482	482	'30년대: 通遠(34), 王爺廟(36)
興安東省	3	683	685	'30년대: 扎蘭(36), 博克圖(37), 索倫(37)

興安北省	2	954	954	'30년대: 海拉爾(36), 滿洲里(37)
龍江省	6	4,100	3,427	'30년대: 齊齊哈爾(34), 洮南(36), 白城子(36), 昂昂溪(37), 訥河(37), 寧年(37)
濱江省	5	9,135	11,020	'30년대: 哈爾濱(35), 五常(36), 安達(37), 雙城(37), 九州(39)
間島省	13	9,167	9,167	'20년대: 間島(25), 百草溝(29) // '30년대: 圖們(33), 榮溝(33), 頭道溝(33), 明月溝(33), 朝陽川(34), 延吉(35), 開山屯(36), 汪淸(39), 土門子(39), 琿春(37), 新秋田(39)
三江省	9	2,123	3,672	'30년대: 彌榮(33), 富錦(35), 勃利(36), 林口(36), 千振(36), 佳木斯(37), 興山(39), 杏樹(39), 靜岡(39)
黑河省	2	3,450	3,450	'30년대: 黑河(36), 孫吳(39)
計	137	80,530	124,265	1900년대 12곳, 1910년대 21곳, 1920년대, 1930년대

만주사변 직후부터 일만일체(日滿一體)의 차원에서 신사 수가 급격히 증가하였다는 지적도 있지만[81], 실질적으로 신사 수가 증대되기 시작한 것은 <표21>에서 확인할 수 있듯이 중일전쟁 직전인 1936년부터였다. 한편 1940년 7월 현재에 건설중인 신사도 있었다. 금주성(錦州省) 내에 대호산(大虎山)신사, 손가만(孫家灣)신사, 구방(溝幇)신사, 호국(護國)신사, 목단간성 내에 녹도(鹿道)신사, 신안진(新安鎭)신사 등 6곳이 그것이었다.[82] 1940년 7월 현재 만주국 신사에는 약 23종류의 제신(祭神)이 있었는데, 그 가운데 명치천황(明治天皇)을 제신으로 모신 신사의 수가 74곳, 대국주명(大國主命)을 제신으로 모신 신사의 수가

---

81) 위의 책, 274面.
82) 위의 책, 291面.

30곳, 그리고 신무천황(神武天皇)을 모신 신사의 수가 5곳이었다. 무엇보다 주목할 점은 천조대신(天照大神)을 제신으로 모신 신사의 수가 127곳으로 가장 많았다는 점이다.[83] 이러한 현상은 일본이 만주국을 천조대신과 그 현신인 천황을 정점에 두는 황도낙토의 상징물로 만들기 위한 것이었음을 의미한다.

2) 황도낙토론의 창출 방식

일본은 1940년 4월 15일부로 내각총리대신과 외무대신의 이원적 관할 하에 만주에서 일본인 교육과 신사행정을 담당해오던 대사관 교무부를 관동국(關東局)의 외국(外局)으로서 재만교무부로 승격시켰다. 그리고 동시에 내각 직속으로 변경하여 종래 23인의 전임(專任)을 55인으로 확충하고 예산을 종래의 두 배인 38만원으로 책정하였다.[84] 이러한 행정 조치는 신도의 세계관을 토대로 왕도낙토를 황도낙토로 변형시키려는 일본의 의도를 반영한 것이었다. 이러한 행정 조치가 일본이 만주국에서 일본식 교육과 신사행정을 확충하고 강화하기 위한 것이었다는 주장은 이러한 의도를 보여주는 것이다.[85]

만주국의 사실상 지배자인 관동군사령부는 만주국을 황도낙토로 만들기 위하여, 특히 많은 한인들에게 황도낙토의 이상을 이식시키기 위하여 다양한 방식으로 신도를 이용하였다. 첫째, 일제와 만주국정부는 신앙 계통에서 일본과 만주가 비슷하다는 주장을 펼쳤다. 일제와 만주

---

83) 위의 책, 297 – 8面.
84) 「日本人敎育·神社行政의 擴充强化에 邁進!, 十五日移管된 在滿敎務部」, 『滿鮮日報』, 1940.4.16. 특히 일제는 학교증설에 관심을 보여왔는데 1938년도에는 1,200만원이 학교증설예산으로 편성되던 것이 1939년과 1940년에는 2,200만원으로 증가하였다. 이 결과 1940년에는 중학교 7교, 전만소학교 120교의 증설을 보게 되었다.
85) 위의 글 참조.

국정부는 1939년 12월 14일에 일본 특유의 것이라고 믿어오던 전방후원경(前方後圓境)이 만주의 개원현(開原縣)과 조선의 강원도에서 발견되었고, 일본에만 있다고 학계에서 믿어오던 신역(神域)의 표시이며 고대 신사(神社)의 자취인 신롱석(神籠石)이 만주인이 가장 신앙하는 대석교(大石橋) 술진산(述鎭山)에서 발견되었다고 선전하였다.[86] 그리고 "日滿兩國의 關係가 神代時代에서부터 이미 密接하야 왔던 것이 明白히 되엇"으며, "古代의 日滿兩國民이 信仰系統에서 同一"하다고 주장하였다.[87]

이와 관련하여 만주제국경축위원회에서는 1939년 12월 26일 협화회중앙본부 제1회의실에서 제2회 상임간사회를 개최하여 만주국 개척관계 및 일본 관계의 경축사업계획에 대해 논의하였는데, 이 과정에서 1940년 2월 11일부터 3일간에 걸친 강원(橿原)신궁 제전(祭典)에 만주국 내의 각 관계기관 대표자를 파견하여 일만(日滿) 일덕일심의 완성을 꾀한다는 내용이 결정되었다.[88] 이러한 주장들은 일만일체의 이념을 강조하기 위한 일종의 제스처였다.

둘째, 영령들을 신사에 합사하는 작업이 실시되었다. 만주에서 영령을 기리는 작업은 1930년대 초반에 이미 진행되고 있었다. 1933년경 여순, 대련, 요양, 봉천, 안동의 다섯 지역에 청일전쟁·러일전쟁·만주사변에서 사망한 약 10만의 영령들을 안치한 충령탑이 설립되었다. 일본인이라면 반드시 각 지역의 신사와 충령탑에 참배해야 했을 정도로 충령탑과 신사, 그리고 일본은 밀접한 연관을 지니고 있었다.[89] 그

---

86) 「日滿一如는 神代부터, 大石橋述鎭山에서 神籠石을 發見, 滿洲는 日本과 信仰系統同一」, 『滿鮮日報』, 1939.12.14.
87) 위의 글 참조.
88) 「橿原神宮盛典에 滿洲國代表派遣」, 『滿鮮日報』, 1939.12.28.
89) 이광수, 「滿洲에서(1933)」, 『間島流浪40년』(서울: 조선일보출판국, 1989), 180쪽.

러나 중일전쟁 이후에 일제는 영령들을 일본의 신사에 합사하는 작업까지 시도하였다. 예컨대, 관동부사령부는 1939년 11월 18일에 전투 중에 사망한 만주국 육군 헌병 중위 최세창(崔世昌)을 관동군사령부 사무촉탁(事務囑託)으로 임명하고 정국신사(靖國神社)에 합사할 것을 결정하였다. 그리고 동시에 전사 장소와 가장 가까운 지역의 충령탑(忠靈塔)에 합사하고 유족들에게 제자료(祭資料)를 하사하여 정국신사의 합사대제에 초대하기로 결정하였다. 이는 최세창이 후배용사들에게 모범이 될 만한 혁혁한 전공을 세웠다는 이유에서였다.[90] 뿐만 아니라 관동군사령부의 결정에 대해 최세창의 유족들은 문중의 영광으로 받아들인다는 입장을 표명했다. 이러한 일련의 작업들은 관동군사령부가 '모범 만들기'를 통해 만주국을 황도낙토화하려는 시도였다.

일본에서도 만주사변과 중일전쟁에서 사망한 병사 12,000명의 영령(英靈)을 정국신사에 합사할 것과 1940년 4월 23일부터 5일간 임시대제(臨時大祭)를 거행하기로 결정하였다. 이는 '흥아(興亞)의 초석'인 '모범 만들기' 위한 일종의 제스처였다.[91] 또한 일본 충령현창회(忠靈顯彰會)에서는 '호국의 영령을 영원히 현창'한다는 명분으로 1940년 4월부터 상해, 북경, 장가구(張家口) 등 20여 곳에 충령탑 건립, 그리고 25곳에 공양탑(供養塔) 건립 을 결정하였다. 또한 동시에 적병으로 사망한 중국군 병사 수십만명의 영령들을 위로하기 위하여 충령탑과 공양탑 건립을 충령현창회 사업의 일환으로 새롭게 첨가하였다. 이는 '그릇된 항일분자의 수하에서 선봉이 되어 죽어간 적병의 어두운 영령들을 대하는 황군의 따뜻함과 온후(溫厚)함의 이미지, 그리고 이를 통해 어인자(御仁慈)의 이미지를 강조하기 위한 제스처였다.[92] 또한 1940년

---

90) 「故崔陸軍憲兵中尉 關東軍囑託에 任命, 靖國神社와 忠靈塔에 合祀」, 『滿鮮日報』, 1939.12.3.
91) 「興亞의 英靈 萬二千 靖國神社에 合祀」, 『滿鮮日報』, 1940.3.6.

3월 8일에는 만주국 최초로 남녀 한 쌍이 동월 17일에 신경신사에서 완전한 일본식으로 신전결혼(神前結婚)을 거행한다는 기사를 내보냈는데[93], 이러한 보도 역시 신사가 만주국인들에게 언제나 열려있다는 인자(仁慈)한 이미지를 만들기 위한 것이었다.

1940년 3월에는 정국신사 임시대제의 제전위원장을 군사참의관 겸 해군대장으로 정하고, 4월 23일에 초혼제(招魂祭)를 지낸 후 5일간에 걸쳐 임시대제를 시행되었다. 이 때 만주사변과 중일전쟁 이후 1938년 5월 말일까지 "전사 전상사 전병사(戰死 戰傷死 戰病死)"를 정국신사에 합사하기로 결정되었다.[94] 육군은 12,629주(柱), 해군은 170주로 총 12,799주가 합사되었다. 영령들이 "존귀한 흥아건설의 초석(礎石)으로 된 륙해군인 국속의 영령"[95]이라는 것이 합사 이유였다. 만주국 남령(南寧) 중앙경찰학교 교정에도 순직 경관 3,000여 주(柱)를 합사하기 위해 경찰후원회의 후원 하에 경찰영령사(警察英靈詞)가 건립되었고, 전만 경무청장회의가 열리는 17일 오전에 신식(神式)으로 성대한 신전제(新殿祭)와 진좌제(鎭座祭)[96]의 거행계획을 세웠다.[97] 이러한 일련의 작업들도 '황민'을 선전하기 위한 일종의 모범 만들기였다.

셋째, 충령탑 세우기 작업이 진행되었다. 재단법인 충령현창회(忠靈顯彰會)는 여순(旅順), 대련(大連), 안동(安東), 봉천(奉天), 신경(新京), 하얼빈, 차차하르, 승덕(承德) 등 각지에 충령탑을 봉안하였다. 그리고 1939년에 만몽(滿蒙) 국경지대인 노몬한에서 일본군과 몽고·소련군 간에 충돌한 '노몬한사건'에서 사망한 병사들의 영령을 위로하기 위해

---

92) 「敵兵에게도 御仁慈, 忠靈塔과 함께 供養塔도 建立」, 『滿鮮日報』, 1940.3.6.
93) 「神前에서 매저질 百年偕老의 佳約」, 『滿鮮日報』, 1940.3.8.
94) 「靖國神社新合祀英靈 一萬二千七百餘柱」, 『滿鮮日報』, 1940.3.27.
95) 위의 글 참조.
96) 진자사이(鎭座祭): 제신이 진좌(신령이 일정한 장소에 머무는 것)할 때 행하는 마츠리.
97) 「殉職警官三千餘柱 警察英靈詞에 合祀, 來十七日에 鎭座祭執行」, 『滿鮮日報』, 1940.4.15.

북만 해랍이(海拉爾)에 충령탑을 건립하였다. 관동군를 비롯한 기타 부대가 후원한 이 일은 노몬한 사건을 북만에서 "성전(聖戰)이 되게 하야 후세에 기리기리 감사의 념을 환긔하고 인심을 고무작흥(鼓舞作興)하기" 위해서 만들어진 것이었다.[98] 일제와 만주국정부는 노몬한 사건을 빌미로 충령탑을 만들어 일종의 모범을 만들어내는 작업을 실시한 것이었다.

넷째, 일본 국내의 신전(神殿)에서 거행되는 여러 의례 관련 내용이 만주국 국민들에게 끊임없이 보도되었다. 1940년 3월에는 동월 21일에 궁중의 황령전과 신전에서 춘계 황령제(皇靈祭)를 거행했다는 보도가 있었다.[99] 1940년 4월 20일에는 정국신사의 임시대제(臨時大祭)에 관련된 내용이 보도되었다.[100] 이는 만주국과 일본의 관계를 신도를 통해 우호적으로 형성하려는 의도였다.

다섯째, 만주국에서도 일본의 제전일에 맞추어 의례를 동시에 거행하는 작업이 실시되었다. 1940년 3월에는 동년 4월 3일의 신무천황제(神武天皇祭) 당일에 신경에서 전만재향군인대회를 열고 대동대가 협화회관 앞에서 열병분열(閱兵分列)을 행한 후 충령탑 경내에서 식전을 거행하기로 하였는데, 그 이유는 "향군정신을 진기하고 걸핏하면 느추어지려는 민심(民心)을 고무작흥(鼓舞作興)하기 위"한 것이었다.[101] 실제로 1940년 4월 3일 오전에 만주국의 국무원(國務院)에서는 전원이 강당에 모여 신무천황제의 식전(式典)을 엄숙하게 거행한 후 휴업하였고, 전만 각부국 지방 관공서(全滿各部局地方官公署)와 우정총국(郵政總局)에서도 휴업하였다. 그리고 일반 협화회 각급 본부 등의 단체에서

---

98) 「노몬한事件의 英靈을 奉安할 忠靈塔을 建立, 北滿聖地海拉爾에」, 『滿鮮日報』, 1940.3.21.
99) 「春季皇靈祭 嚴肅히 執行」, 『滿鮮日報』, 1940.3.23.
100) 「迫頭하는 靖國神社臨時大祭 諸般準備 着着進捗」, 『滿鮮日報』, 1940.4.20.
101) 「神武天皇祭 當日에 全滿鄕軍大會擧行」, 『滿鮮日報』, 1940.3.28.

는 오전 九시에 싸이렌, 기적, 종 등을 신호로 요배식을 거행하였다.102)
재향군인회의 만주연합지부(滿洲聯合支部)에서는 20,000명의 향군 부대를 동원하여 거리를 행군한 후 충령탑 경내에 집결하여 향군만주대회를 개최하였다.103) 이런 신무천황제의 봉축행사는 신경중앙방송국의 경축 프로그램을 통해 강원신궁(橿原神宮)을 비롯한 신사 순방 등의 내용이 하루 종일 만주국 구성원들에게 울려 퍼졌다.104)

위에 제시한 여러 작업들은 관동군사령부가 일종의 모범 만들기라는 작업을 통해 만주국을 황도낙토로 만들려는 의도에서 비롯된 것이었다. 일제가 1940년에 4월 15일부로 만주에서 내각총리대신과 외무대신의 이원적 관할 하에서 일본인 교육과 신사행정을 담당해오던 대사관 교무부를 관동국(關東局)의 외국(外局)으로서 재만교무부로 승격시키고 인원과 예산을 두 배 이상 확장한 것은 만주국에서 교육과 더불어 신사행정을 더욱 확충하고 강화하기 위한 것이었다.105) 만주국 정부에서도 1940년 7월 「국본전정조서(國本奠定詔書)」를 발포하고 건국신묘를 세워 아마테라스 오오미카미를 받들고 국본(國本)을 '유신(惟神)의 도(道)'라고 정하며, 국강(國綱)을 '충효(忠孝)'로 정했다. 1940년을 기점으로 만주국은 일제에 전적으로 동화되었다고 할 수 있다.106)

1940년 시점에서 만주국과 일본이 내부적으로 병합된 것은 1940년 4월 3일에 보도된 "神武天皇 御聖德"이라는 사설을 통해 알 수 있다. 이 사설에서는 "滿洲國의 建國精神이 大日本帝國을 ○國하압신 八宏一

---

102) 「今日神武天皇祭 午前九時는 一般遙拜時間, 全滿에서 嚴肅한 式典擧行」,『滿鮮日報』, 1940.4.3.
103) 「二萬餘鄕軍大行進 銃後의 意氣를 昻揚!, 國都에 展開될 鄕軍大會」,『滿鮮日報』, 1940.4.3.
104) 「橿原神宮의 森嚴함을 全滿에 中繼放送, 神武天皇慶祝 '푸로'」,『滿鮮日報』, 1940.4.3.
105) 「日本人敎育・神社行政의 擴充強化에 邁進!, 十五日移管하 在滿敎務部」,『滿鮮日報』, 1940.4.16.
106) 保坂裕二,「일제의 만주국 동화정책」,『민족연구』, 3집(서울: 한국민족연구원, 1999), 114–7쪽.

宇의 大理想과 一體"가 된다는 점이 강조되었다.107) 또한 신무천황제
에서도 "만주건국정신(滿洲建國精神)과 일본조국(日本肇國)의 대이상
의 일체(一體)"가 강조되었다.108) 그러나 이는 만주국의 건국이상과 일
본의 이상(理想)이 동일하다는 의미가 아니었다. 만주국은 "日本의 皇
道를 全東洋의 精神的 中心으로써 一層 빗나게"하는 국가에 불과하였
다.109) 만주국은 일본과 대등한 독립국이 아니라 일제에 동화된 국가
(Japan – Manchukuo)110)가 되었던 것이다.

3. 재만 종단의 민족운동과 황도화

  만주국 건국 이후에도 조선인들의 이주가 지속되어 1930년대 후반
에 간도는 "第二의 朝鮮이라고 할 만한 朝鮮人中心地"로 인식되었
다.111) 만주국 시기에도 일부 지식인에게는 '만주가 조선 민족의 발상
지로서 조선 민족의 통제와 지배를 받아왔던 곳이었고, 현재에도 개척
중인 공간이기 때문에 조선의 연장 지역으로서 주목해야 한다'는 이주
논리가 있었다.112) "조선 민족이 만주에서 발상하고 이 벌판에서 생장
하였으매 저의 선조가 오랫동안 이곳을 통제 지배하였던 사실"에 바탕
을 둔 발상이었다.113) 이러한 사유들은 만주국 시기에도 민족운동의 흐
름이 되어왔다.

---

107) 「神武天皇 御聖德」, 『滿鮮日報』, 1940.4.3.
108) 「今日神武天皇祭 午前九時는 一般遙拜時間, 全滿에서 嚴肅한 式典擧行」, 『滿鮮日報』,
    1940.4.3.
109) 「神武天皇 御聖德」, 『滿鮮日報』, 1940.4.3.
110) F. C. Jones, Manchuria since 1931(N.Y.: Oxford University Press, 1949), p.191.
111) 朴文翼, 「圖們聖潔教會開拓報」, 『활천』, 제15권 10호(경성: 활천사, 1937.9), 46쪽.
112) 이종정, 「滿蒙踏査 旅行記(1927)」, 『間島流浪40년』(서울: 조선일보출판국, 1989), 72쪽.
113) 신영우, 「滿洲紀行(1932)」, 『間島流浪40년』(서울: 조선일보출판국, 1989), 131쪽.

반면 만주국 건립 이후 정치 이데올로기의 창출과 함께 선만일체와 내선일체, 곧 내선만일체가 주창되는 상황에서 일제에게 협력하는 양상도 나타났다. 예컨대 『한성일보』의 편집국장이었던 함대훈(咸大勳)은 신경을 방문하며 '신경 건설의 주인은 일본인이고, 그만큼 일본인의 위력이 크다'고[114], 건국대학 교수 겸 『만선일보』의 고문이었던 최남선도 조선인에게 자립적, 자치적 정신이 없지만, 만주국을 건설한 '일본인의 참된 집단적 건설 정신은 위대하다'고 감탄할 정도였다.[115] 『만선일보』 등의 신문 보도가 만주국 홍보 협회의 통제를 받으며 한인에게 "만주국에 대한 정신을 선양, 지도하는 데 중대한 임무를 수행"하고 있었다는 점을 고려할 때[116], 이러한 모습들은 한인 가운데 주로 지식인들이 황도화의 노선에 들어섰음을 짐작하게 한다.

1) 재만 종단의 민족운동

만주국 건국 직후에도 대다수의 한인은 경제적인 어려움과 함께 비적들의 습격에 시달려야 했다. 만주국 농촌의 한인은 소작인으로서 지주에게 직접 작권(作權)을 얻는 것이 아니라 대다수 중간인이 만인 지주에게 소작권을 빌려서 분배받는 형태의 반작농(半作農)들이었다.[117] 그렇지만 생활 곤란보다 더 심각한 것은 비적들의 공격에 대한 공포였다. 성결교측 자료에 의하면, 1933년 7월경 봉천성 요중현(遼中縣)에 속했던 포하교회 도중의 마을에는 비적의 위험 때문에 "洞里마다 擔銃한 軍人들이 把守하"고 있었다. 그리고 모두 농장에 종사하던 포하의

114) 함대훈, 「南北滿洲遍踏記(1939)」, 『間島流浪40년』(서울: 조선일보출판국, 1989), 267쪽.
115) 위의 글, 268쪽.
116) 위의 글, 268쪽.
117) 이기영, 「大地의 아들을 처저(1939)」, 『間島流浪40년』(서울: 조선일보출판국, 1989), 297－310쪽.

농민들도 비적의 위험 때문에 "官憲의 承諾을 얻어 銃器들도 準備하여 놓고" 살고 있었다.118) 농촌의 한인은 비적들의 습격에 밤마다 공포에 떠는 생활을 하며 스스로 자위단(自衛團)을 조직해야 했다.119) 이런 상황 때문에 1936년에도 농촌의 한인들은 '안전지대인 도시'를 찾아 '기아선상에서 방황하는 걸객(乞客)'이 되었고, 당시 간도의 중심지였던 연길에서조차 "絶糧者가 七萬餘 名의 數字를 기록"할 정도였다.120)

만주국 시기에 농촌의 한인을 공포에 떨게 했던 비적들 가운데는 항일반만(抗日反滿)의 기치를 내걸고 무장활동을 전개한 단체들도 포함되어 있었다. 일제는 이 단체들을 공산주의단체와 종교단체 등으로 구분하였고, 그 활동이 만주국 건국 직후인 1932년 9월에 가장 왕성하였으며, 당시 활동 인구가 약 25만여 명에 달하였다고 조사하였다.121) 일제와 만주국정부는 치안확보를 위해 직접적인 무력의 행사[治標工作], 공산주의와 항일반만 사상의 진압과 만주국 건국 정신의 보급[思想工作], 그리고 집단부락 건설과 민간인의 총기 회수 등을 통한 민중 장악[治本工作]을 정책으로 내세웠다. 이에 따라 대규모의 만주국군으로 흑룡강성 일대의 길림자위군을 토벌하고, 간도파견대[조선군 제19사단] 등 일본 군대로 동만의 항일세력을 공격하는 등 만주 전역에 무력 행사를 진행하였다.122)

만주사변 직후부터 한인들은 생계를 유지하기 위해 봉천과 철도연선(沿線)의 피난민수용소에 몰려들었다. 그러나 봉천 피난민수용소의 한

---

118) 小羊生, 「暑中의 滿洲巡廻記(後)」, 『활천』, 제11권 12호(경성: 활천사, 1933.11.), 55쪽.

119) 梁英鍵, 「滿洲農村의 一夜」, 『카톨릭靑年』, 제17호(1934.10.), 58-9쪽.

120) 「延吉聖潔數會開拓報」, 『활천』, 제14권 9호(경성: 활천사, 1936.9), 49쪽. '數會'는 '敎會'의 誤記로 보임.

121) 「關東局施政槪觀」, 『間島新報』, 1936년 10월 16일자.

122) 신주백, 『만주지역 한인의 민족운동사(1920-45)』(서울: 아세아문화사, 2000), 297-302쪽.

인은 영양부족과 기타 병고(病苦)에 시달려야 했고[123], 철도연선의 각 수용소의 상황도 비슷하였다.[124] 봉천에서는 "날마다 피란동포 七八百 명식 몰녀드러서는 늙은 부모 어린 쳐자를 끌고 거리[를] 류리하며 문 전마다 주저 안저 곱혼 배를 움켜잡고 부르짓는 중 설상가상으로 역병 까지 류행하야 매일 죽어나가는 참상"이 지속되었다.[125] 무순(撫順) 지 역에도 한인은 수용소와 피난소에서 마적들에게 납치되거나 살해당하 는 일을 겪어야 했고[126], 개원(開原) 수용소에서도 힘겨운 상황에 놓여 있었다.[127] 하얼빈의 각 수용소에 있던 한인도 1932년 8월 7일부터 일 주일간 계속된 대홍수 이후 노숙자 신세를 면치 못했고, 창궐한 호열자 (虎烈刺) 때문에 "매일 三四명씩 수十명의 慘死者"가 발생되는 상황을 겪어야 했다.[128] 이러한 상황의 지속은 만주국에 치안 불안의 위험이 있다는 것을 의미했다.

일제와 만주국정부는 치안의 불안 요소를 방지하고자 1935년까지 항일운동의 중심지였던 동만과 남만, 1936년부터 특히 남만지방인 길 림성과 안동성 등지에 1939년까지 13,451개의 집단부락을 결성하였 다. 또한 1932년부터 1936년까지 약 728개의 농무계를 조직하였고, 만 주사변으로 인해 많은 피난민들이 몰려있던 철도연선과 치안상 문제가 있었던 오지(奧地) 등에 집단부락의 다른 이름인 안전농촌을 건설하였 다.[129] 예컨대, 1932년 가을부터 1936년 초반까지 동만의 항일유격근 거지와 집단부락의 분포 상황은 <그림8>과 같다.[130]

---

123) 崔錫模, 「滿洲傳道에 對하야」, 앞의 책(1932.2), 7쪽.
124) 위의 책, 8쪽.
125) 崔錫模, 「滿洲宣敎의 急先務」, 앞의 책(1932.7.), 50쪽.
126) 신영우, 「滿洲紀行(1932)」, 『間島流浪40년』(서울: 조선일보출판국, 1989), 139-140쪽.
127) 위의 책, 142-3쪽.
128) 黃聖擇, 「朝鮮에게신 父母兄弟들에게」, 『활천』, 제10권 10호(경성: 활천사, 1932.9.), 51-2쪽.
129) 신주백, 앞의 책, 302-8쪽.

일제와 만주국정부는 치안확보 과정에서 각종 항일단체들과 충돌해
야 했다. 만주사변 이후 1936년 6월까지 무장단체들을 대상으로 일제
와 만주국 군경이 출동한 회수와 교전을 벌인 회수는 각각 1,806회와
1,041회였다.

<그림8> 동만지방 항일유격근거지와 집단부락의 분포

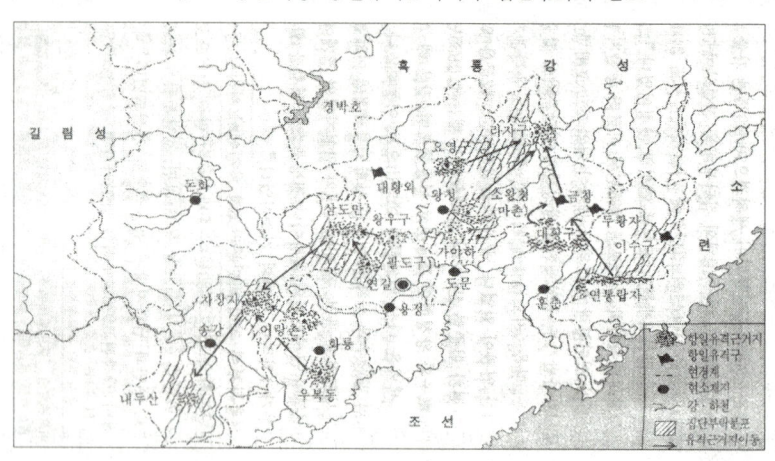

그리고 이 과정에서 일만(日滿) 군경의 손상 내용은 전사자 39명, 부
상자 126명이었고, 종교비(宗敎匪)를 포함한 각종 비적(匪賊)의 손상
내용은 전사자 2,106명, 부상자 1,033명, 체포자 276명이었다.[131] 비록
일제가 '일만군경의 부단한 토벌과 선무공작(宣撫工作)으로 매년 감소
하여 1936년 6월말에 약 2만여 명으로 축소되었다'고 밝히고 있지
만[132], 이러한 보고는 오히려 1930년대 중반 이후에도 종교인을 포함
한 한인의 민족운동이 지속되었음을 의미하는 것이다.

130) 위의 책, 304쪽에서 재인용.
131) 「關東局施政槪觀」, 『間島新報』, 1936년 10월 16일자.
132) 위의 글 참조.

만주국 시기에 재만 기독교가 종단 차원에서 무장활동을 벌인 기록은 찾기 어렵다. 만주국 건국 이후, 천주교 신자들이 중심이 되었던 무장투쟁단체는 존재하지 않았고, 천주교 신자임을 표방하면서 무장 투쟁에 참여한 경우도 흔치 않았다. 이는 교회의 선교 정책과 독립 운동에 대한 소극적 태도에서 비롯된 것이었다.[133] 개신교의 경우도 신자들로 구성된 무장투쟁단체가 없었고, 개신교 신자임을 표방하면서 무장 투쟁에 참여한 경우도 흔치 않았다. 개신교는 만주국 건국 이후에도 종단 차원에서 민족운동보다 교세 확장 활동에 치중하였기 때문에 일제와 만주국에 다소 순응적인 태도를 보일 수밖에 없었다.

재만 신종교는 재만 기독교와 달리 만주국 건국 이후에도 민족운동에 참여하는 모습을 보였다. 1920년대 말까지 15개 군(郡) 단위 종리원과 10개의 면(面) 단위 종리원을 가지고 있었던 재만 천도교는 교조인 정문제로 분규를 겪던 조선 천도교가 1931년 1월 합동함에 따라 역시 합동하였다. 그러나 1932년 6월 신구 양파가 다시 분리되자 재만 천도교도 신구 양파로 분리되었고, 관전현 종리원을 천도교 구파측, 그 외 종리원을 신파측이 관할하였다.[134] 1930년대 재만 천도교는 1928년 12월 31일 북간도 용정에서 결성된 임강통일당부(林江統一黨部)와 조선농민사의 만주 지부를 중심으로 신문화운동과 농민의 이익옹호운동을 전개하였다.[135] 그리고 교육활동을 전개하면서 교세 확장을 위해 노력하였다.[136]

재만 천도교의 활동 가운데 1930년대에 민족운동과 관련하여 지적

---

133) 조광, 앞의 글, 176쪽.
134) 성주현, 「1930년대 만주지역 천도교와 그 활동」, 『동학연구』 16집(경북: 한국동학학회, 2004), 7쪽, 10쪽.
135) 위의 글, 16－36쪽.
136) 성주현, 「만주 천도교인의 교육운동」, 『문명연지』 3권 3호(서울: 한국문명학회, 2002).

할 수 있는 것은 조국광복회 지지와 혜산사건이다. 재만 천도교는 1936년 5월 동북항일연군 제2군 제3사가 동만의 항일 유격 근거지를 떠나 장백현을 중심으로 백두산 항일 유격 근거지를 창설하면서 코민테른 제7차 회의의 결의에 따라 한인의 항일 통일 전선체인 '조국광복회'를 조직할 때 적극적인 지지와 호응을 보여 주었다.137) 장백현의 종리원장 이진화는 천도교도들이 항일연군에 참가하는 것을 지지하였고, 평안남도의 갑산·삼수·풍산 3군의 종리원을 감독하던 박인진도 동북항일연군 제2군 제6사 사장 김일성의 권유로 조국광복회에 가입하였다.138) 비록 1937년 10월 10일부터 12월 중순에 걸쳐 혜산사건 당시 많은 교도들이 검거되었지만, 이는 만주국 시기에 독립운동에 대한 천도교의 태도를 보여주는 사건이었다.

조국광복회와 혜산사건은 재만 천도교와 조선 천도교의 차이를 보여준다는 점에서 주목된다. 조선 천도교, 특히 천도교 신파는 1930년대 중반 시운시변(時運時變)을 이유로 대동방주의(大東方主義)와 신앙보국주의(信仰報國主義)를 내세웠고, 중일전쟁이 발발하자 중앙교단 내에 총후군사후원(銃後軍事後援) 사무를 전문적으로 취급하는 시국대처부(時局對處部)를 설치하였다. 그리고 1940년 신파와 구파의 합동 이후 천도교총동원기구로서 국민정신총동원천도교연맹·국민총력천도교연맹을 결성하여 일제에 협력하는 태도를 보였다.139) 그러나 이와 달리 재만 천도교는 신문화운동을 통한 교세 확장 이외에도 항일운동에 참여하였다. 그 이유는 재만 천도교 신자들의 민족의식 이외에도 재

---

137) 최봉룡, 「만주국의 종교 정책과 재만 조선인의 종교 활동」, 『민족과 문화』, 12집(서울: 한양대 민족학연구소, 2003), 100쪽.
138) 위의 글, 100-101쪽.
139) 김정인, 「일제강점 후반기(1931-1945) 천도교 세력의 친일문제」, 『동학연구』, 9·10 합집(서울: 한국동학학회, 2001), 217-8쪽.

만 공산주의자들과의 지속적인 연계성에서 찾을 수 있다.

대종교는 만주국 건국 이후에도 일제에게 경계를 받았던 종단이다. 만주국 건국 이후, 대종교의 민족운동과 관련하여 주목되는 것은 1942년 조선 국내의 조선어학회 간부 검거사건과 때를 같이 하여 동년 11월 19일에 발생한 임오교변(壬午敎變)이다. 윤세복은 1932년에 만주국에서 잠행징치반도법(暫行懲治叛徒法)이 시행된 후 1934년에 '대종교재만주 시교권인허신청서'를 내고 만주국의 승인 하에 포교활동을 벌였다.[140] 대종교가 만주국에서 포교활동을 재개한 것은 조선의 옛 강역(彊域) 인식과도 관련된다. 윤세복은 조선의 옛 강역에 대해 "東으로 滄海를 窮하고 西으로 興安嶺을 挾하며 沙漠에 亘하고 南으로 瀛海(濟州道)에 至하고 北으로 黑水를 越하여 小海에 抵"한다는, 그리고 "西南은 占有 朔易(支那東北地名)"에 까지 걸쳐있다고 보았다.[141] 윤세복은 만주를 조선의 옛 강역으로 인식하였고, 이러한 인식을 바탕으로 만주국에서 대종교의 교세를 확장하려고 했던 것이다.

만주국에서 포교허가를 받아 1934년 3월 하얼빈에 선도회를 설치한 대종교는 동년 6월 총본사를 북만의 밀산현에서 영안현 동경성으로 이전하면서 교적 간행과 교육활동을 통해 교세를 확장하고 있었다. 1936년 3월에는 대종학원(大倧學園)을 개원하여 1938년 3월에 특별과로 중등부를 설치하였고, 1939년 10월에는 서적간행회를 발족하여 『삼일신고』·『신단실기』·『종례초략』·『종지강연』 등을 간행하였으며, 1942년 10월에는 천전(天殿) 건축을 위한 모임을 발족하기도 하였다.[142]

그러나 1942년 11월 임오교변으로 대종교는 만주국에서 더 이상 교

---

140) 박영석, 「대종교의 민족의식과 항일민족독립운동 - 임오교변을 중심으로」, 『건대사학』 6집(서울: 건국대 사학회, 1982), 51쪽.
141) 윤세복, 「檀君考」, 『學術誌』 2권 1호(서울: 건국대학교출판부, 1959), 45쪽.
142) 大倧敎倧經倧史編修委員會, 앞의 책, 1,070-1쪽.

세 확장 활동을 전개할 수 없게 되었다. 임오교변의 발단은 1942년 9월 조선어학회의 대종교 신도인 이극로(李克魯)가 윤세복에게 보낸「널리 펴는 말」원고에 대한 일제의 해석에 있었다. 일제는 이 원고를 검열하면서 원고의 마지막 부분인 "일어나라 움직이라!(한배검이 도우신다)"를 "봉기하자 폭동하자"로 '날조'하고 이를 '조선독립선언서'라 하여 검거의 빌미로 삼았다.[143] 그리고 '잠행징치반도법 위반'이라는 죄목 하에 윤세복·이용태(李容兌)·안희제(安熙濟) 등을 비롯한 대종교 간부 25명을 체포하였고, 총본사 비품인 신간교적(新刊敎籍) 20,000여 권과 구재서적(舊在書籍) 3,000여 권 등을 포함한 각종 도서를 압수하였다.[144]

대종교 간부들에 대한 일제의 주된 심리(審理) 내용은 대종교가 "檀君文化를 다시 發展한다는 標榜下에 朝鮮民衆에게 朝鮮精神을 培養하고 民族自決의 意識을 宣傳하는 敎化團體인만큼 朝鮮獨立이 그 最終目的"이라는 것이었다.[145] 비록 대종교 간부들이 대종교의 "究竟은 化成天國이다. 그런데 朝鮮獨立은 國民運動에 屬조할 것이오 倍達國 再建은 곧 天國建設이니 大倧敎人의 理念이다"라는 항변으로 일관하였지만, 일제는 1944년 4월 22일(양 5월 13일)과 5월 7일에 윤세복과 다른 간부 6명에게 '치안유지법 위반'으로 구형하였다.[146] 무기징역으로 구형받은 윤세복은 1945년 8·15해방 시기까지 감옥에 있었고, 다른 간부들은 각각 5년, 7년, 10년, 15년 등을 구형받았으며, 오근태(吳根泰)와 안희제 등 주요 간부 10명은 감옥 또는 병원 등에서 죽음을 당하였다.[147]

---

143) 위의 책, 457-461쪽.
144) 위의 책, 462-4쪽, 490쪽.
145) 위의 책, 498쪽.
146) 위의 책, 498-500쪽.

임오교변은 직접 민족운동을 전개하는 과정에서 발생된 사건이 아니었지만, 대종교가 만주국 건국 이후에도 일제에게 민족운동단체라고 인식되었음을 보여준 사건이었다. 일제는 1924년 1월 도사교 취임 이후에도 윤세복을 민족운동과 연관된 불령선인의 범주에서 파악하고 있었고[148], 만주국 시기에도 대종교 간부들의 언동을 끊임없이 감시하고 있었다.[149] 특히 임오교변 당시 목단강고등검찰청에서 목단강고등법원에 제기한 기소장에서 대종교를 '국체변혁을 목적으로 한 단체'로 규정한 것은 대종교와 민족운동의 관련성을 보여준다.[150]

2) 만주국의 황도 교육과 종교정책

일제와 만주국의 황도 교육은 단순히 조선인의 '일본인화'가 아니라 '천황의 신민', 즉 '전쟁에서 어떠한 사심도 없이 천황을 위해 죽을 수 있는 인간'을 만드는 '황민화'였다.[151] 조선인의 황민화를 위한 일제의 정책은 신사참배, 궁성요배(宮城遙拜), 국기게양, '황국신민서사' 제창, 가미가요(君が代) 보급, 일본어 보급, 지원병제도의 실시, 제3차 조선교육령 개정, 창씨개명 등으로 이루어졌는데, 그 가운데 1938년 2월에 공포된 육군특별지원병령과 동년 3월의 조선교육령 개정, 그리고 1940년 2월부터 시행된 창씨개명이 '황민화 정책의 세 기둥'이라고 불릴 만큼 중시되었다.[152]

1941년에 이미 재만 조선인의 19% 정도인 214,522호구가 창씨개명

---

147) 위의 책, 464-89쪽. 대종교에서는 임오교변 과정에서 순교한 10명의 간부를 '임오십현'(壬午十賢) 또는 '순교십현(殉敎十賢)'이라고 부른다.
148) 韓國史料硏究所, 앞의 책(1986), 194面.
149) 최봉룡, 앞의 글(2003), 93쪽.
150) 大倧敎倧經倧史編修委員會, 앞의 책, 501-27쪽.
151) 宮田節子 저, 이영랑 역, 『조선민중과 '황민화' 정책』(서울: 일조각, 1997), 97-8쪽.
152) 위의 책, 107쪽.

을 하여 황민화 정책에 부응하였지만[153], 만주국의 황민화 정책은 무엇보다 교육 분야를 통해 확인할 수 있다. 만주국의 황도 교육은 국체명징(國體明徵)·내선일체·인고단련(忍苦鍛鍊)의 교육방침을 구현한다는 명분을 내세우며 위에서 황국신민의 달성을 목표로 시행된 제3차 조선교육령 개정 이전부터 시행되었다. 특히 북간도는 교육시설이 집중되어 있었기 때문에 황도 교육의 대상이 되었다.

만주국 시기의 조선인교육기관은 조선인이 설립한 학교, 일본측 설립 학교, 일본인 경영 사립학교, 만주국측 설립 학교, 외국인(주로 선교사) 경영 학교로 구분된다. 1935년 5월 만주국의 민정부(民政府) 총무사(總務司)의 조사에 따르면, 북간도의 일본측 설립 학교 총 40교(校)에서 조선인 학생과 교사의 비율은 각각 93%와 75%, 일본인 경영 사립학교 9교에서 조선인 학생과 교사의 비율은 각각 97%와 68%를 차지했다.[154] 그리고 만주국측 설립 학교 총 172교(校)에서 조선인 학생과 교사의 비율은 각각 16%와 10%였다.[155] 이에 비해 북간도에서 조선인이 경영하던 사립학교 현황은 <표20>과 같다.[156]

---

153) 위의 책, 78쪽, 101쪽. 창씨개명은 1940년 즉 '황기(皇紀) 2600년'의 기원절(2월 1일)에 '천황의 따뜻한 존의'에 의해 조선인에게도 일본인식의 씨를 붙이도록 한 것이었다.

154) 民政府總務司調查科, 『在滿朝鮮人事情』(新京: 民政府總務司調查科, 1935), 216面. 당시 일본측 설립학교는 연길현 19교, 화룡현 11교, 왕청현 4교, 훈춘현 6교가 있었고, 그 가운데 5교가 휴교중이었다. 학생수는 일본인이 482명, 조선인이 6,588명, 만주인이 13명으로 총 7,083명 가운데 조선인 학생이 차지하는 비율은 93%이었다. 그리고 교사수는 일본인이 36명, 조선인이 110명, 만주인이 1명으로 총 147명 가운데 조선인 교사가 차지하는 비율은 75%이었으며, 생도 49명당 교사 1인의 비율이었다. 한편 일본인경영사립학교는 연길현에 9교가 있었고, 학생수는 일본인이 47명, 조선인이 1,400명으로 조선인 학생이 전체에서 차지하는 비율은 97%이었다. 그리고 교사수는 일본인이 15명, 조선인이 39명, 만주인이 3명으로 총 57명 가운데 조선인 교사가 차지하는 비율은 68%이었다.

155) 위의 책, 217-8面. 만주국측 설립학교는 연길현 30교, 화룡현 39교, 왕청현 42교, 훈춘현 61교로 총 172교(校)였는데 이 가운데 141교가 휴교중이었다. 학생수는 조선인이 683명, 만주인이 3,569명으로 총 4,252명 가운데 조선인 학생이 차지하는 비율은 16%이었다. 그리고 교사수는 조선인이 14명, 만주인이 131명으로 총 145명 가운데 조선인 교사가 차지하는 비율은 10%이었으며, 생도 29명당 교사 1인의 비율이었다.

만주국 시기의 조선인 교육기관을 살펴보면 조선인 경영 사립학교를 제외하고도, 일본측 설립 학교, 일본인 경영 사립학교, 만주국측 설립 학교에서 조선인 학생 수와 교사 수의 비율이 상당히 높다는 것을 알 수 있다. 이런 상황은 외국인(주로 선교사) 경영 사립학교의 경우에도 마찬가지였다. <표21>의 내용은 1935년 5월 북간도에 있는 외국인 경영 사립학교를 대상으로 조사한 것이다.[157)

<표20> 북간도 조선인경영사립학교조사(1935년 5월)

		延吉縣		和龍縣		汪淸縣		琿春縣		計	
		校數	生徒數	校數	生徒數	校數	生徒數	校數	生徒數	校數	生徒數
야소교	장로파	12	221	7	185	—	—	—	—	19	406
	감리교파	3	254	—	—	1	127	2	125	6	506
	안식교파	1	133	1	160	—	—	—	—	2	293
	천주교파	5	265	1	無記載	—	—	—	—	6	265
	계	21	873	9	345	1	127	2	125	33	1,470
기타종교	시천교	2	172	—	—	—	—	—	—	2	172
	천도교	4	280	—	—	—	—	—	—	4	280
	원종교	2	無記載	—	—	—	—	—	—	2	無記載
	계	8	452	—	—	—	—	—	—	8	452

156) 위의 책, 217-8面. 본 표는 '비고' 부분만 제외하고 그대로 옮긴 것임. 비고 부분에는 '1935년 당시 만주인 교사 2명(나머지는 조선인), 만주인 생도 15명으로, 1934년에 비해 학교 28교, 생도 1,546명, 교사 111명이 감소했고, 77교가 휴교중이며, 생도 약35명당 교사 1명의 비율'이라는 내용이 있다.
157) 위의 책, 219面. 본 표는 '비고' 부분만 제외하고 그대로 옮긴 것임. 비고 부분에는 '1935년 당시 만주인 생도 2명으로 1934년에 비해 생도 204명이 증가하였고, 현재 6교가 휴교중이며, 생도 32명당 교사 1인이 배치'되었다는 내용이 있다.

기타 학교	56	1,198	10	486	1	183	1	53	68	1,920
합계	85	2,523	19	831	2	310	3	178	109	3,842
교사수	–	79	–	19	–	7	–	7 –		112

<표21> 북간도 외국인경영사립학교조사(1935년 5월)

	學校數	生徒數	敎師數		
			外國人	朝鮮人	計
耶蘇敎加奈陀長老派	3	415	–	21	21
耶蘇敎南監理派	1	50	–	2	2
天主敎	12	1,265	2	29	31
計	16	1,730	2	52	54

　북간도의 학교에 조선인이 많았다는 것은 일제와 만주국정부가 조선인에게 황도 교육을 수행할 수밖에 없었다는 것을 시사한다. 만주국정부의 황도 교육은 1937년 이전과 이후, 그리고 1943년 이후에 각각 변화된 초등교육과정을 통해 파악될 수 있다. 예컨대 일본어 과목과 국사 과목의 경우, 1937년 이전에는 별도의 과목이었는데, 1937년 이후에는 '국민과(國民科)' 1943년 이후에는 '건국정신(建國精神)'이라는 과목으로 편입되었다.[158] 1934년과 1935년에 발행된 고급소학교의 역사 교과서는 국사(만주국사), 일본국사, 동아사의 세 부분으로 구성되었고, 중국사를 만주국사와 절연시켜 동아사에 포함시켰다.[159]

　1935년 5월을 기준으로 했을 때, 일본측이 설립했거나 일본인이 경

---

[158] 大江志乃夫 外 7人, 『近代日本と植民地 4 = 統合と支配の論理』(東京: 岩波書店, 1995), 126面.

[159] 위의 책, 126-7쪽. 만주국사는 건국 이전과 이후를 구분하여, 건국 전사(前史)를 '고대 제민족, 고구려, 발해, 요, 금' 등 중국본토와 격리된 동북부를 중심으로 기술하였다.

영하는 학교와 생도 수는 1934년에 배해 증가했다. 일본측 설립학교의 경우는 2교, 생도 1,029명이 증가했고, 일본인 경영 사립학교의 경우는 3교, 교사 14명, 생도 548명이 증가했다. 또한 외국인이 경영하는 학교의 경우도 1934년에 비해 생도 204명이 증가했다. 그러나 조선인 경영 사립학교의 경우는 학교 28교, 생도 1,546명, 교사 111명이 감소했고, 전체 109교 가운데 71%에 달하는 77교가 휴교한 상태였다. 만주국측 설립 학교도 학교 30교, 생도 7,163명, 교사 238명이 감소했을 뿐 아니라, 전체 171교 가운데 82%에 달하는 141교가 휴교한 상태였다.[160] 이러한 사실은 일제의 황도 교육의 정도가 강해지고 있다는 점을 반증하는 것이다.

만주국의 교육 기관에서 황도 교육이 좀 더 강도있게 진행된 것은 1937년에 성립된 신학제 이후였다. 만주국정부는 신학제 교과과정에서 국사, 수신(修身), 국어 등 여러 과목을 '국민과'에 포함시켰고, 국민 우급학교(國民優級學校, 이전의 고급소학교)의 경우 주 33시간 가운데 절반 분량인 16시간을 국민과의 수업에 할당하였다. 16시간 가운데 절반 가량은 실질적으로 일본어 학습이 차지하였다. 그리고 역사 부분에서 만주국사와 일본국사를 강조하였으며, 만주국 건국 이전의 내용을 삭제하고 건국 이후의 역사에 비중을 두었다.[161] 나아가 만주국정부는 1943년에 학제를 개편하면서 일본어를 포함한 국어 과목을 국민과에서 별도로 분리시켜 강조하였고, '일만일심일체'(日滿一心一體)를 강조하기 위해 지리와 역사(국사)를 '건국정신'이라는 별도의 과목에 통합시켰다.[162] 이러한 일련의 과정은 만주국 건국의 당위성, 그리고 만

---

160) 民政府總務司調査科, 앞의 책, 215 – 9面.
161) 大江志乃夫 外 7人, 앞의 책, 127面.
162) 위의 책, 127 – 8쪽.

주국와 일제의 동질성을 강조하는 황도 교육의 일환이었다.

일제와 만주국은 교육 영역뿐만 아니라 종교 영역을 통해서도 황도화를 추구하였다. 만주국정부는 건국 초기부터 오족협화와 함께 유교적인 왕도낙토를 정치원리로 내세웠지만, 결코 유교 관련 종단의 교세확대를 추구했던 것은 아니었다. 일제가 순수신도와 비순수신도를 구분하고 황도를 순수신도와 동일시하였듯이, 만주국정부도 왕도를 '순수유교'와 동일시하였다. 만주국정부는 교화 차원에서 유교의 확산을 통해 반정부적인 사상을 완화시키고 국민들에게 사상의 구심점을 제공하려고 했던 것이다. 일제와 만주국정부는 종단들의 교세가 작지 않음을 알고 있었고, 공산주의 등의 반일·반만 사상 속에서 종교의 교화 능력을 인지하고 있었기 때문에 표면적으로 종교를 탄압하는 정책을 시행할 필요가 없었다.

일본정부도 국가 이데올로기에 종속된 종교의 장점을 인식하고 있었고, 이 점을 이용하려고 하였다. 예컨대 1940년 3월 12일에 개최된 중의원예산총회(衆議院豫算總會)에서 "日支提携를 爲하야는 宗敎家의 活動을 기다리지 안흐면 안되는데", "最近은 宗敎家의 活躍이 刮目한 바가 잇다", 그리고 "新政部와 日本이 條約을 締結하게 되면 日本人은 支那內地에 入이하야 寺院을 所有하고 宗敎를 公布하게 될 수 잇게 된다"[163] 등의 발언은 일본이 재만 종단과 황도주의의 확산을 관련지어 인식했음을 말해준다. 이러한 인식은 만주국에서 종단들의 활동을 통제하는 한편, 유교와 신도를 이용하여 다른 종단의 '보국'(報國)을 유도하는 것으로 나타났다.

만주국정부는 종교행정기관으로 중앙에 민생부사회사(民生部社會

---

[163] 「締約後 日支提携는 宗敎家活動에 期待, 有田外相, 衆院豫算總會서 答辯」, 『滿鮮日報』, 1940.3.13.

司), 지방에 민생청사회과(民生廳社會科)를 두었고[164], 근대국가처럼 국민신앙자유의 보장을 법률상으로 내세웠다. '인권보장법 제3조'에 의거하여 종교의 종류를 막론하고 '국가의 평등한 보호를 향유한다'는 내용은 법률상으로 국민신앙자유를 보장한다는 것이었다.[165] 만주국은 만·한·몽·일·선(滿·漢·蒙·日·鮮) 등 각 민족을 민족협화의 원리에 따라 법적으로 차별하지 않듯이, 종교도 종별(種別)에 따라 법적으로 차별 대우를 하지 않는다는 점을 내세웠던 것이다.[166]

그러나 만주국정부는 이슬람교와 기독교를 제외하면 종교적 계통이 결여되었다고 판단했고, 당시의 종교 관련 상황을 '일반 민중이 미신과 사교에 미혹되고 있는 상황'으로 정리했다.[167] 따라서 만주국의 건국 정신에 배치되는 교리를 내세우거나, 미신과 사교로 판단되거나, 사상교란(思想攪亂)을 일으키는 등 사회에 해독을 끼친다고 판단되는 종교에 대해서는 엄중한 취제(取締) 방침을 채택하였다.[168]

만주국정부는 철저한 종교 관리를 위해서 1938년 9월 24일 민생부령 제93호로 '잠행사묘급포교자취체'(暫行寺廟及布教者取締)를 발표하였다. 그 주요 내용은 해당 종교와 관련하여 '사유, 명칭, 설립지, 종파계통, 의례 명칭, 포교 방법, 유지 방법, 대표자 등'에 관한 자료를, 그리고 변경할 때 그에 대한 자료를 민생부에 자세하게 신고해야 한다는 것이었다. 이러한 철저한 관리가 필요했던 것은 만주국정부가 '사상공작에서 가중 중요'한 영역을 종교라고 인식했기 때문이다.[169]

만주국정부는 반만항일 사상과 공산주의 사상에 동조하지 않았던 만

---

164) 滿洲日日新聞社, 『滿洲年鑑』(大連 : 滿洲日日新聞社, 1941), 384面.
165) 尾上正男, 앞의 책, 125-6面.
166) 위의 책, 125-6面.
167) 國務院總務廳統計處 編纂, 앞의 책, 477面.
168) 滿洲日日新聞社, 앞의 책, 384面.
169) 위의 책, 384面, 387-8面.

주국의 종단들을 후원하는 태도를 보였다. 그 이유는 만주국이 정치이데올로기를 창출하는 과정에서 종교가 만주국 국민들의 교화사업에 유용했기 때문이다. <표22>의 내용처럼 1935년 당시 만주국의 종교 가운데 한인과 상대적으로 관련이 적었던 종단들의 상황을 살펴보면[170], 이들 종단들이 만주국정부의 시책에 부응하여 황도화의 노선에 들어섰음을 알 수 있다.

<표22> 만주국의 종교현황(1935: 불교, 도교, 회교, 라마교)

	佛教			道教			回教			喇嘛教		
	신도수	사원수	포교자수	신도수	사원수	포교자수	신도수	사원수	포교자수	신도수	사원수	포교자수
吉林省	1,386	50	195	24,581	138	571	23,315	17	170	—	—	—
龍江省	17,692	44	106	15,858	57	76	6,877	13	28	7,011	6	90
黑河省	—	—	—	1	1	1	—	—	1			
三江省	3	2	4	31,485	10	16	548	3	3			
濱江省	8,558	66	461	28,024	86	205	8,379	17	139			
間島省	21,658	15	22	829	13	30	384	4	4			
安東省	6,582	80	100	4,664	54	66	15,037	30	32			
奉天省	187,915	322	809	31,551	241	611	50,613	38	54	1,729	19	261
錦州省	146,202	227	464	249	178	354	7,515	9	12	—	4	26
熱河省	122,374	97	219	1,512	39	107	14,868	26	46	10,998	42	484
新京特別市	400	11	463	900	6	20	5,000	1	28	—	—	—
哈爾濱特別市	1,122	5	180	65	3	39	3,000	2	117	—	—	—
總數	513,892	519	3023	109,719	826	2096	153,536	160	632	19,738	71	861

170) 國務院總務廳統計處 編纂, 앞의 책, 480-2面. 본 표는 만주국의 국무원 총무청에서 1935년 2월에 조사한 내용을 바탕으로 작성한 것인데, 필자가 불교, 도교, 회교, 라마교 관련 내용만을 추출하여 재구성함.

만주국의 종단들이 정부의 시책에 적극 협력했다는 것은 이슬람의 이사란협회(伊斯蘭協會), 도교의 세계홍만자회(世界紅卍字會), 불교의 세계대동불교회(世界大同佛敎會) 등이 1935년 말경에 만주국 국민들을 대상으로 교화사업을 벌인 사례에서 확인할 수 있다.[171] 특히 '신흥불교운동'을 벌여온 하얼빈의 극락사(極樂寺), 영구(營口)의 능엄사(楞嚴寺), 신경(新京)의 반야사(般若寺), 봉천의 자은사(慈恩寺) 등의 승려들은 선강소(宣講所)와 유통소(流通所; 佛敎頒布所)를 설립하거나 불교회(佛敎會)와 거사림(居士林) 등과 같은 지식계급을 위해 수양 도량을 경영하였다. 뿐만 아니라 일본불교와 제휴 차원에서 만주불도교(滿洲佛道敎)의 대표자 10명을 일본에 파견하였다. 1934년 7월에는 일본에서 개최된 범태평양불교회의에 하얼빈 극락사의 여광법사(如光法師)를 단장으로 24명이 참석하였다. 또한 교환유학승제도를 마련하여 하얼빈의 극락사와 일본의 천태사(天台寺) 사이에 상호 교환 수업을 실시하기도 하였다.[172]

만주국정부는 건국 이래 티벳 불교의 지도 및 취체 방법 때문에 고심해왔다. 몽고인 전체가 '라마교'에 대한 절대적인 신앙을 가지고 있었기 때문이다. 만주국정부는 라마교인의 수가 점차 감소되고 있는 추세라고 판단했지만, 1935년 말경 홍안각성(興安各省)과 성외몽기(省外蒙旗)의 경우에만 사원 662곳, 승려 28,985명이 있었고, 나아가 만주국에 거주하는 몽고인 남자 1,000명 가운데 58명이 라마교의 승려였다.[173] 그러나 1939년 만·일·몽·화북 대표 2,000천명이 참가한 가운데 수

---

171) 國務院總務廳統計處 編纂, 앞의 책, 476面. 가장 활발한 활동을 벌였던 동자단봉천성 지방연맹을 포함하여 총 동자단 지방연맹의 단체 수는 178개, 단장 이하 간부지도자의 수는 198명, 그리고 단원의 수는 15,855명이었다.
172) 위의 책, 477-8面. 1936년 당시 일본의 비예산(比叡山)에 만주국 승려 8명이, 하얼빈의 극락사에 일본 청년 승려 7명이 교환수업을 받고 있었다.
173) 위의 책, 478面.

도 신경에서 만주국 불교총회의 결성식이 거행되었을 때, 티벳 불교인들도 참여하였다. 이는 티벳 불교를 믿던 몽고인들도 만주국정부의 시책에 부응했음을 말해준다.[174]

만주국에서 민간신앙[俗間信仰]의 중심에 있었던 도교의 교세는 불교와 비슷했다. 만주국의 대표적인 궁(宮)·관(觀)·묘(廟)로는 봉천의 태청궁(太淸宮), 천산(千山)의 무량관(無量觀), 그리고 낭랑묘(朗朗廟), 재신(財神), 약왕(藥王), 관제묘(關帝廟) 등이 있었다.[175] 만주국정부는 주군에 대한 충성을 모범화 하기 위하여 관제묘에서 관우 제사를 지냈고, 1937년부터 같은 날에 송대의 순교자인 악비(岳飛)의 제사를 지냈다.[176] 이에 대해 도교측에서도 정부 주최의 반공대회에 동참하거나 종교시설을 각종 국가 주도 행사에 제공하는 등 만주국정부에 협조하는 모습을 보였다.

청진사(淸眞寺)를 중심으로 조직된 만주국의 이슬람은 무슬림들의 상호 친목, 사회복리 증진, 교의(敎義) 선양, 교육 보급 등을 표방하면서 1933년 2월 신경에서 신경이사란협회(新京伊斯蘭協會)를 결성하였다. 나아가 점차 다른 지역과 통일을 기하기 위해 1934년 8월 통일 조직체인 이사란협회(伊斯蘭協會)를 조직하였다.[177] 통일 조직체는 만주국정부가 유도한 것이었고, 곧 재만 이슬람이 만주국정부의 시책에 부응할 준비가 되었다는 것을 의미하는 것이었다.

만주국정부는 사원과 교회당을 소유 정도가 적어 외부에서 인식하지 못하지만 상당한 세력을 가진 종교들도 존재한다고 판단했다. 만주 민족의 고유종교로서 촌락마다 한 가족에 무인(巫人)을 두고 고유의 정신

---

174) 『성경』, 1939.5.27. 한석정, 앞의 논문, 131쪽에서 재인용.
175) 國務院總務廳統計處 編纂, 앞의 책, 479面.
176) 한석정·임성모, 앞의 논문, 178쪽.
177) 國務院總務廳統計處 編纂, 앞의 책, 479面.

문화를 표현하는 살만교(薩滿教), 도교의 지파로서 재산균분주의를 주장하는 백련교(白蓮教), 백련교의 일파로서 관세음보살 신앙을 중심으로 불법(佛法)을 받들고 유교의 예(禮)를 지키며 음주·흡연을 금지하고 의기(義氣)를 중시하고 비밀을 엄수하는 재리교(在理教)[178], 공미(貢米)운반업자의 동업조합에서 배태되어 공업도시인 하얼빈, 대련, 영구, 안동(安東) 등의 많은 노동자와 수공업자들이 소속된 비밀결사체인 재가리(在家裡), 1920년에 산동성에서 시작된 득도(得度)수양기관인 도원(道院)의 별동분원(別働分院)으로서 세계 평화의 촉진, 재환(災患) 중에 있는 인류의 구제, 광명한 세계의 건설 등을 내세우며 기독교의 이상으로 자선·박애 사업을 집행하고 있는 세계홍만자회(世界紅卍字會), 그리고 하얼빈에 교회를 설립하여 주로 유태인 계통과 소련인들이 신앙하고 있는 유태교 등이 그것이었다.[179] 이 가운데는 비밀결사체로 인식된 종교도 있었지만, 대체로 많은 종교들의 활동이 만주국정부의 이상과 이질적이지 않았고, 기본적으로 종교를 이용하려고 했던 만주국정부도 이러한 종교들을 제재하지 않았다.

3) 재만 종단의 황도화

재만 종단은 만주국 건국 이후에도 교세 확장에 주력하면서 그 기반을 확장시키고 있었다. 정치 이데올로기의 창출과 확산 과정에서 종교의 역할을 인지했던 만주국정부는 각 종단에게 만주국의 반공 시책에 대한 부응과 종교보국(宗教報國)을 주문하였다. <표23>의 내용은 만주국의 국무원 총무청에서 1935년 2월에 조사한 것으로 만주국의 종교현황을 보여준다.[180]

---

178) 위의 책, 479面.
179) 國務院總務廳統計處 編纂, 앞의 책, 480面.

<표23> 만주국의 종교현황(1935: 개신교와 기타 종교)

	天主教			基督教			其他		
	신도수	사원수	포교자수	신도수	사원수	포교자수	신도수	사원수	포교자수
吉林省	8255	16	53	3161	20	86	12521	10	104
龍江省	7,505	17	29	1311	20	42	4727	7	85
黑河省	−	−	−	−	−	−	−	−	−
三江省	75	1	1	137	3	4	−	−	−
濱江省	2602	20	30	3441	63	248	5957	8	4
間島省	3461	31	53	5194	72	144	3856	31	7
安東省	792	7	50	2871	7	2	1852	2	2
奉天省	28008	46	109	14633	93	184	140	3	10
錦州省	576	4	9	1423	14	16	40	2	4
熱河省	18861	29	92	3458	11	36	−	−	−
新京特別市	398	2	12	50	3	16	−	−	−
哈爾濱特別市	970	2	3	22774	22	811	1180	2	4
總數	71513	175	403	89453	347	1007	30273	65	220

<표23>은 만주국정부가 당시 만주국에 존재했던 대종교, 천도교, 시천교 등 많은 신종교를 '기타'로 처리하고 기독교 위주로 한인의 종교 상황을 파악했음을 보여준다. 만주국정부는 반공 시책과 정치 이데올로기 창출을 위해 다른 종교보다 큰 교세를 지녔던 기독교의 역할에 주목하였던 것이다.

일제와 공산주의자들의 관계가 부정적이었듯이, 만주국정부와 공산

---

180) 위의 책, 480-2面. 본 표는 만주국의 국무원 총무청에서 1935년 2월에 조사한 내용을 바탕으로 작성한 것인데, 필자가 '천주교, 개신교, 기타'의 내용만을 추출하여 재구성.

주의자들의 관계도 부정적이었다. 특히 일제와 만주국정부가 러시아와 대치 상황에 있었기 때문이다. 『간도신보』의 경우, 1931년 7월경에 러시아에서 발포된 전세계의 종교박멸책에 대한 선언문을 게재하는 등 만주국 건국 직전부터 이미 재만 종단에게 공산주의에 대한 부정적 인식을 각인시켜왔다. 특히 다음의 인용문에서 확인할 수 있듯이 반종교운동의 구체적이고 강력한 행동 방식도 언급되어 있었다.[181]

> 1. 전세계에서 종교를 반대하여 박멸하려는 반종교소비에트는 그 선봉대가 된 共靑會員과 熱誠者 鬪士 등이 지휘하여 직접행동에 나선다. 2. 소비에트 국내에서 종교를 신봉하는 미신을 행하거나 조상숭배를 행하는 것을 反소비에트자로 간주하여 국외에 추방하거나 강제노동을 시켜 소비에트국민이 향유할 수 있는 소유권리를 박탈한다. 3. 해외 여러 나라에서 종교박멸은 당해 국가의 공산단체 및 무산계급과 연락을 취하여 교회 소거, 主敎者 살해 등을 행한다. 4. 해외 여러 나라에서 종교박멸을 기도하기 위해 각 요지에서 반종교단체를 조직하고 그 지도는 소비에트동맹에서 한다.

이 선언문에 나타난 반종교운동의 명분은 1920년대의 경우와 다른 것이었다. 1920년대 반종교운동의 명분은 종교가 반과학적인 미신으로 지배층의 자본주의적 입장을 옹호하고 피지배층의 혁명을 잠재우는 아편이라는 것이었다.[182] 그러나 선언문에 나타난 명분은 '종교가 과학적 증명을 저지하여 암흑시대를 출현하게 하는', 나아가 '제국주의를 옹호하는 것으로서 무산계급에게 소위 신불(神佛)로 기만'하고 있기 때문에 박멸해야 한다는 것이었다.[183] 즉 1920년대 반종교운동의 '종교

---

181) 「反宗敎の直接行動」, 『間島新報』, 1931년 7월 9일자.
182) 「注目に値すべき 反基敎の運動と基敎復興會との關係」, 『間島新報』, 1926년 2월 23일자.
183) 「反宗敎の直接行動」, 『間島新報』, 1931년 7월 9일자.

=반과학적 미신=자본주의의 주구'라는 명분에 비해 '제국주의의 옹호자로서 무산자 독재(獨裁)를 방해한다'는 명분이 강조된 것이었다.

만주국정부는 '일만일여'(日滿一如)를 주장하는 입장에서 공산주의자들이 반제국적인 차원에서 전개하는 반종교운동에 찬동할 수 없었다. 만주국정부는 제국주의를 옹호하면서 반공 시책을 전개해야하는 입장이었다. 만주국정부는 건국 초기부터 각종 반공 시책을 전개하였고, 1940년대에도 공산주의자들을 철저하게 취체하기 위해 사법부의 검찰진(檢察陳) 역할을 강화하였다.[184] 만주국정부의 반공 시책으로 인해 1930년대 중반에는 재만 반종교운동이 소강 상태를 보이기도 하였다. 1937년에는 재만 공산주의자 내부에서 "반종교 선전에 대한 지도를 전혀 잊어바린"[185], 따라서 "반종교 선전에 주목을 돌리자"[186]는 자성의 목소리가 나왔을 정도였다.

만주국정부는 공산주의자들이 반종교운동을 전개하며 종교박멸책을 제시하는 상황에서 각종 종교를 후원하였다.[187] 당시 러시아와 대치했던 상황에서 종교에 대한 만주국정부의 후원은 공산주의에 대한 일종의 방어선을 형성하는 작업이기도 하였다. 재만 종단은 1920년대에 이미 공산주의자들의 반종교운동을 경험했고, 만주국 건국 직후인 1932~3년만 해도 동만노회 구역에서만 공산주의자들에게 25명이 참살되는 상황을 경험했기 때문에 기본적으로 만주국정부의 반공 시책에 동조하는 태도를 보였다.[188] 실제로 만주국정부의 후원 하에 관우 사당, 문묘, 그리스정교 교회, 이슬람 사원 등 여러 기관에서 반공대회가

---

184) 「思想運動對策樹立, 日滿支를 一丸化 五,六月頃 三個國會議開催」, 『滿鮮日報』, 1940.3.20.
185) 「반종교 사업의 전선을 넓이자」, 『선봉』(1937.6.11), 1면.
186) 「반종교 선전에 주목을 돌리자」, 『선봉』(1937.6.11), 2-3면.
187) 한석정, 앞의 논문, 131-2쪽.
188) 한국교회백주년준비위원회 사료분과위원회, 『대한예수교 장로회 백년사』(서울: 대한예수교장로회총회, 1984), 488쪽.

개최되었다.[189] 각 종단들이 만주국정부의 후원 또는 묵인 하에 여러 차례의 반공대회를 개최한 것은 만주국정부가 반공 담론 속에서 재만 종단에게 영향력을 행사했음을 보여주는 것이다.

한편, 외국인 선교사들을 걸림돌로 간주했던 일제와 만주국정부는 외국인 선교사들을 축출하기 위해 반공 담론을 이용하기도 하였다. 만주국정부는 1912년 간도 용정에 선교기지를 설치 한 후 은진(恩眞)국민고등학교, 명신(明信)여자국민고등학교, 그리고 제창병원을 운영하여 간도의 한인들에게 호감을 주었던[190] 캐나다장로회 선교부 소속 선교사가 공산주의의 간첩 행위를 하였다는 소문을 퍼뜨렸다. 1939년 12월 17일 밤에 용정홍중국민고등학교(龍井弘中國民高等學校)에서 동만신문사 주체로 개최된 방공방첩대회에서 간도성 특무대장과 연길현 병분대장의 연설을 듣고 관련 영화를 시청한 군중들은 대회가 끝난 후 간첩 행위를 이유로 영로교회(英老敎會) 타도집회도 가졌다.[191] 이 집회는 영로교회가 동만지역 선교를 관장한 캐나다장로회(1925년 이후엔 캐나다연합교회) 선교부 소속이었기 때문에 발생한 것이었다.

일제와 만주국정부는 캐나다 선교사들이 "명치말기 간도방면의 사상혼란상태를 기회로 공교롭게 종교라는 간판에 숨어서 '스파이' 행동을 오랫동안 계속하야 그 사이 만세사건 시배리야 출병 후의 토벌을 비롯하야 모든 사건과 정세에 관한 훼조사신(毁造邪信)을 작성 허구의 선전을 하는 외 기밀첩보(機密諜報)에 암약하야 우리 관민을 기만해 온" 간첩이라고 비판하였다.[192] 당시 캐나다장로회 선교사들이 공산주의

189) 『성경』, 1937.1.12; 1937.2.9. 한석정, 앞의 논문, 132쪽에서 재인용.
190) 한국기독교역사연구소, 앞의 책(1990), 120-1쪽.
191) 「宗敎의 그늘에 숨은 魔手, 英老敎會 間諜行爲가 暴露」, 『滿鮮日報』, 1939.12.20.
192) 「醜態를 暴露하고잇는 英老敎會의 政體! 明治末期부터 間諜行爲繼續」, 『滿鮮日報』, 1939.12.20.

와 관련하여 일제와 만주국정부에게 비판을 받은 것은 영미 장로회보다 진보적인 신학으로 피선교지 중심의 선교 활동을 하였고, 이 과정에서 피선교지를 침략한 일제를 비판했기 때문으로 보인다.[193]

만주국정부는 종교 정책과 관련하여 근대국가처럼 정교분리와 종교의 자유를 법제화했다. 그러나 공산주의와 관련해서 종교 영역을 후원하였고, 종교의 황도화를 이루는 과정에서 장애가 되었던 종교 영역을 공격하기도 하였다. 즉 일제와 만주국정부는 반공 시책에 동조하는 종교의 후원자가 되었고, 다시 서양 선교사를 축출하고자 공산주의를 도구로 이용하는 이중적인 태도를 보였던 것이다. 이는 일제와 만주국정부가 종교의 황도화를 위해 실질적으로 종교 영역을 활용하였음을 의미하는 것이다.

만주국정부가 종교의 황도화를 유도하는 과정에서 주된 대상으로 설정한 것은 비교적 교세가 컸던 기독교였다. 천주교의 경우, 연길교구는 교세 확장으로, 1937년에 감목교구에서 연길종좌대목구(延吉宗座代牧區)가 되었다. 그리고 간도성 4현(연길현, 왕청현, 훈춘현, 화룡현), 길림성 2현(돈화현, 액목현), 목단강성 2현(영안현, 동령현), 북만 부속지(附屬地)를 관할하였고, 14,838명의 신자수를 보유하게 되었다.[194] 1940년 당시에도 천주교는 만주를 봉천교구, 무순감목교구, 사평가교구, 임동(林東)감목교구, 길림교구, 차차하르감목교구, 연길교구, 가목사(佳木斯)교구, 열하교구, 적봉(赤峯)감목교구 등 10개 교구로 나누어 관리하고 있었다.[195]

1934년 4월 18일 로마 교황청이 만주국의 성립을 승인한 이후, 재만

---

193) 김승태, 「한말 캐나다장로회 선교사들의 선교활동과 일제와의 갈등, 1898–1910」, 『한국기독교와 역사』 12집(서울: 한국기독교역사연구소, 2000), 173–4쪽.
194) 河村巖, 앞의 책, 57面.
195) 河村巖, 앞의 책, 2面, 42–67面. 하얼빈은 주교직위(主敎職位)로 별도로 관리되었다.

천주교는 만주국과 친선(親善) 관계를 유지하였다. 예컨대, 천주교가 1936년 교황의 지시에 따라 신사참배에 대해 허용하는 입장을 취한 후196), 동년 8월 24일에 주만교황사절대리가 만주국을 방문할 수 있었다.197) 각 국 천주교와 로마교황청의 관계를 고려한다면, 재만 천주교가 조선 천주교처럼 1936년 이후 중일전쟁과 태평양전쟁을 '성전'(聖戰)으로 인정하고 각 모임에서 신사참배 허용에 동조한 것은 예상 될 수 있다.198) 일제는 천주교에 대해 '현재 만주국에 그 신도가 약 20만으로 각지에 건전한 가톨릭 부락을 형성하거나 혹은 도시에도 그 신앙단체가 근강(根强)하게 발달하고 있다'는 호의적인 평가를 하고 있었다.199)

만주국정부는 1935년 말 당시 300여명의 외국인선교사와 10여 만 명의 신자들을 지닌 기독교가 의료, 농업, 소학교 등 여러 면에서 문화개발에 공헌하고 있다는 판단 하에200), '종교보국'이라는 명분으로 개신교의 황도화를 유도하였다. 만주국정부는 1939년 12월 14일 협화회 안동시 본부에 민족협화·일덕일심·황도낙토 건설을 위해 안동시 내의 일·선·만 계통 8교회 대표 22명(조선인 9명)을 초청하여 안동시 기독교연합회(安東市基督教聯合會)를 결성하게 하였다. 이 모임에서 연합회 회장에 만주인, 부회장에 만주인 1인과 조선인 김세진(金世鎭)이 임명되었고, 이들은 동월 25일에 협화회관에서 일·선·만의 각 교인들을 참석하게 하여 결성식을 갖기로 하였다. 연합회는 총회를 매년 12월에 개최하고 연락소를 일본기독교회 내에 설치하기로 합의하였는데, 그 목적이 '내선만의 각 기독교회의 연락을 긴밀히 하여 기독교 복

---

196) 「天主教側에선 自進參拜를 聲明」, 『朝鮮中央日報』, 1936년 8월 2일자.
197) 「駐滿教皇使節(代理) 龍井教會에 到着. 信徒의 盛んなる歡迎」, 『間島新報』, 1936년 8월 25일자.
198) 「天主教聯盟總會」, 『每日申報』, 1941년 5월 18일자. 장정란, 앞의 글, 244쪽.
199) 千田萬三 編, 『滿洲事典』(大連: 滿鐵社員會, 1939), 195面.
200) 國務院總務廳統計處 編纂, 앞의 책, 479面.

음을 전파하고, 협화회와 연락을 긴밀히 하며, 만주국의 이상인 민족협회, 일덕일심, 왕도낙토의 건설에 최선의 힘을 다함'이었다.[201]

만주국정부는 『만선일보』 1939년 12월 19일자 사설을 통해 안동시기독교연합회의 결성을 종교보국(宗敎報國)의 모범으로 칭송하였다. 민중을 고해(苦海)에서 구출하여 안심입명(安心立命)하게 하는 종교의 근본 의의를 잘 보여줄 뿐만 아니라 민족별 교회만을 고집하던 소승적 태도를 버리고 오족(五族)이 대동단결하여 종교보국의 열매를 맺고 있다는 것이 그 논리였다. 그리고 각 종교는 안동시기독교연합회를 타산지석(他山之石)으로 삼아 교파를 초월하고 민족을 뛰어넘는 새로운 종교기관을 만들어 종교보국에 매진해야 한다는 주장이 그 뒤를 이었다.[202]

동년 12월에는 신경조선야소장로교회(新京耶蘇長老敎會)의 교인들도 종교보국에 참여하였다. 이들은 간도조선인특설부대의 노고를 위로하는 의미에서 위문금 30원을 모았고, 김창덕(金昌德) 목사가 위문금을 협화회의 계림분회(鷄林分會)에 기탁하였다.[203] 또한 동년 12월 25일에 길림시 팔(八)경로 조선기독교회에서도 성탄기념일에 헌금된 105원 가운데 30원을 황군(皇軍)에게 위문금으로 송금하였다.[204]

재만 개신교는 조선 개신교의 관할을 받았기 때문에 재만 개신교의 황도화는 조선 개신교에서 진행되었던 황도화와 밀접하게 연관되어 있었다. 1938년 YMCA 총무를 담당했던 윤치영은 논설을 통해 "황국신

---

201) 「內鮮滿各敎派統合 基督敎聯合會結成, 宗敎를 通하야 民族協和具現」, 『滿鮮日報』, 1939.12.19. 이 과정에서 평북총회에 속해있던 조선인기독교회는 자연 이탈할 것이라는 보도가 있었다.
202) 「基督敎聯合會結成에 際하야」, 『滿鮮日報』, 1939.12.19.
203) 「朝鮮長老敎會人이 慰問金三十圓을 鷄林分會에 寄託」, 『滿鮮日報』, 1939.12.28.
204) 「X마쓰 聖金모아 南朝鮮旱害地同胞와 皇軍慰問金으로 送金, 吉林朝鮮基督敎會美擧」, 『滿鮮日報』, 1939.12.29.

민된 우리들은 심신을 다하여 총후(銃後)에 책임과 의무를 다하는 동시에 신동아 건설에 성전(聖戰)을 위하여 지나대륙에서 활약하는 충용무비(忠勇無比)에 무훈이 혁혁한 우리 황군의 대성안강(大成安康)을 쉬임없이 빌고 축도"하였다.205) 윤치영에게 중일전쟁은 '성전'(聖戰)이 되었고, 조선인들은 '황국신민'이 되었고, 이 모든 것은 신의 섭리였다. 윤치호도 논설을 통해 황국신민의 서사 가운데 '우리 황국신민은 서로 신애협력하여 단결을 공고히 한다'는 내용의 제2조에 근거하여 내선일체의 완성을 주장하였다.206) 홍병선도 중일전쟁을 '동양에서 백인의 세력을 구축하고 동양인의 동양을 건설하자는 대이상의 성전(聖戰)'으로 찬양하면서 조선인이 '국민정신총동원의 일원이 되어야' 한다고 강조했다.207) 또한 황국신민의 의무와 행사를 하는 것과 종교를 신앙하는 신심(信心)은 충돌되는 것이 아니며, '조선기독교도, 조선교회는 황국신민의 책임을 충성스럽게 완전히 하여 시국에 대하여 제일선에 서서 나아'갈 것을 강조했다.208)

'일본적 기독교'라는 용어가 1938년 5월 약 2,000여 명이 모인 기독교연합회 결성식에서 주창된 이후209), 『매일신보』에는 "「外國人의 羈絆을 離脫 日本的基督教創建」"(1940.10.3), "「日本的基督教創建을 要望」"(1940.10.4), "「日本敵基督教로 發足」"(1940.11.10), "「外人依存에서 完全脫却 日本的基督教確立」"(1940.12.29) 등 '일본적 기독교'라는 용어가 일상화되었다. 조선장로회 교육총무였던 정인과도 1941년 9월 3일부터 5일까지 『매일신보』에 「일본적 기독교로서」라는 글을 게

---

205) 윤치영, 「皇軍의 武運長久를 축도함」, 『청년』 19호(1940.1.).
206) 윤치호, 「내선일체에 대한 私見」, 『청년』 19호(1940.1.).
207) 홍병선, 「국민정신총동원과 銃後後援」, 『청년』 6호(1938.10.).
208) 홍병선, 「기독교도와 시국」, 『청년』 7호(1938.11.).
209) 「內鮮敎徒의 心的握手 日本的基督敎確立」, 『每日申報』, 1938년 5월 9일자.

재하여 개신교에게 '전시하 국책에 순응 취향(趣向)'할 것을 당부하였다. 감리교에서 감리사를 담당했던 양주삼은 1941월 3월 경성 정동제일예배당에서 개최된 국민총력 기독교 조선감리회연맹 시국대응 신도대회에서 종교보국의 필요성을 역설하였다. 양주삼은 중일전쟁을 '중국와 구미 각국인들의 불법행동에 대한 일본의 의분(義憤)', 만주국을 '3,000여 만의 민중이 안락 생활을 하고 있는 왕도낙토'로 표현하면서 '교회도 국가를 위하여 존재하고 신앙도 국가를 중심으로 하여 종교보국을 실행'하자고 강조하였다.210)

종교의 황도화에 대한 논리는 1939년 4월호부터 『활천』에 천황 사진과 황국신민서사 등을 게재하면서 종교보국의 길을 걸었던 성결교회의 경우를 통해서도 확인할 수 있다. 당시 성결교회의 논리에 따르면, 국가의 총동원은 '비상시국에 국민의 일치단결을 도모하는 운동'이며, 신민(臣民)인 조선인은 군인이 되거나 금동원령(金動員令)에 따라 금을 헌납하고 저축을 해야 하고, 이도 저도 아닌 사람은 국가에 정신을 협조해야 한다는 것이었다.211) 또한 "基督信者도 國民의 一分子"이며, "敎會도 國民範圍內에서 敎會이니 信敎自由 以外에 다른 特典이 있을 줄로 生覺지 말고 더욱 힘써 誤謬됨이 없기를 바란다"는, 따라서 "祈禱로나 傳道로나 情神總動員에 合致하야 大收穫"을 거두어야 한다는 논리를 전개하였다.212)

성결교회는 팔굉일우(八宏一宇)의 정신에 대해서도 "널리 全世界를 和하여 一家로 만든다"는 것으로 '신무천황(神武天皇)이 즉위할 때 내린 일본제국의 건국정신'이며, "日靑 · 日露 兩戰爭도… 滿洲事變도…

---

210) 양주삼, 「신동아 건설과 반도인 기독교도의 책임」, 『장로회보』, 1941년 5월 21일, 28일자.
211) 「國家總動員과 基督敎會」, 『활천』, 제198호(경성: 활천사, 1939.4), 2–3쪽.
212) 위의 글, 3쪽.

支那事變도… 南總督의 슬로강인 內鮮一體의 슬로강도 이 精神을 高調하는 것"이라는 주장을 펼쳤다.[213] 그리고 에베소 3장 14절을 근거로 "聖書는 이미 이 精神을 가르치었고 또 基督敎는 이 精神을 實現하는 過程에 있기 때문"에 "八宏一宇의 大理想과 內鮮一體의 슬로강을 볼 때에 우리 聖書信仰에 矛盾될 것이 없"다고 단언하였다.[214] 따라서 "皇軍은 밖에서… 우리 基督者는 안에 있어 內鮮一體의 實을 擧하여 傳道報國의 赤誠을 다하는 것이 國民으로서의 忠義를 다하는 것이고 또는 基督者로서의 使命을 遂行하는 것"이라고 주장하였다.[215]

1941년 성결교회 이사회의 이사장이었던 이명직은 동경에서 동년 6월 24일에 일본기독교 창립총회가 집행되어 20여 교파의 합동으로 '일본기독교'라는 단체가 만들어졌고, 만주국에서도 각 교파의 합동문제가 대두되는 이면에 준비작업이 진행되고 있다는 사실을 언급하면서, 교회합동의 이상이 "新體制下에 基督敎도 統一되여 宗敎報國의 任에 當하고저 하는 것"이라고 밝혔다.[216] 실제로 재만 장로교·감리교·성결교 3교파는 공동 기관지로『기독신보』를 발간하였고, 성결교회의 김영균(金永均) 목사가 1939년 2월 29일부터 3월 20일까지 동만 도문교회의 장감성(長監聖)연합부흥회, 그리고 3월 2일부터 27일까지 동만 두도구의 장감(長監)교회에서 집회를 가질 정도로 각 교파의 합동 분위기가 조성되었다.[217]

재만 기독교의 각 교파 대표들은 민생부 협화회중앙본부, 간도성 연길현 용정가(龍井街)의 각 관공서와 유지의 후원과 격려를 받아 1939년

---

213) 「八宏一宇의 大理想」,『활천』, 제18권 1호(경성: 활천사, 1939.12), 1쪽.
214) 위의 글, 1쪽.
215) 위의 글, 1쪽.
216) 이명직, 「敎會合同에 對하야」,『활천』, 제19권 8·9호 합집(경성: 활천사, 1941.7), 2-3쪽.
217) 「鮮滿巡廻傳道報告」,『활천』, 제199호(경성: 활천사, 1939.5), 50쪽.

7월 21일에 회집하여 간도기독교연합회 결성 발기회를 개최하고 연합회 결성을 위한 준비를 진행하였다. 이들은 계속해서 1940년 4월 2일에 용정가 은진학교 강당에서 '간도기독교연합회' 결성식을 거행하기로 결정하였다. 발기인은 배형식(裵亨湜), 이기연(李基淵), 문재린(文在麟), 조승각(趙承珏), 청수정리(淸水正利), 장윤좌(張允佐), 이정원(李禎源), 김용락(金龍洛)외 2인으로 총 10명이었다.[218] 간도기독교연합회는 선언문을 통해 "建國精神을 體하고 民族協和를 爲하야 國運繁昌을 圖"하는 것이 현 시국에서 가장 중요하다는 점을 밝히면서 기독교인이 일치 단결하여 국민의 본분을 다하고 "帝國臣民으로서 報國의 誠을 致할 것"을 다짐하였다.[219] 그리고 "信仰報國, 民族協和, 民衆敎化, 宣撫防共, 自力更生"을 간도기독교연합회의 강령으로 정하고, 기독교당국자들의 단결을 통해 전도를 강화하며, 다시 이를 통해 "皇國臣民으로서의 報國의 誠을 致함"을 목적으로 설정하였다.[220]

1940년 4월 2일에는 용정은진학교 대강당에서 이기연(李基淵) 목사의 사회로 감리교 2교회, 장로교 15교회, 성결교 6교회 등 총 23교회가 모여 간도기독교연합회의 결성식을 진행하였다. 이 결성식에는 민생부 후생사장, 간도성장 대리, 협화회성본부장 대리, 연길현장 대리 외에도 용정헌병분대장 등이 참석하여 축사를 하였다. 간도기독교연합회는 "宗敎報國)의 적성(赤誠)을 다하기 위하야" 결성된 재만 기독교의 모임이었던 것이다.[221]

한편, 1940년 4월 19일에는 협회화중앙본부 내에 있는 협화회관에서 신경장로교회의 담임 목사인 김창덕(金昌德)을 초대회장으로 하는

218)「宗敎報國의 赤誠披瀝, 基督敎徒 大同團結」,『滿鮮日報』, 1940.3.16.
219) 위의 글 참조.
220) 위의 글 참조.
221)「宗敎報國을 宣言, 間島基督敎聯合會 結成式을 盛大히 擧行」,『滿鮮日報』, 1940.4.17.

'전만조선기독교연맹'(全滿基督敎聯盟聯合會)이 결성되었다. 이 연맹에는 총 11명의 목사와 신경장로교회, 용정장로교회(文在麟), 봉천장로교회(鄭尙仁) 외에 2곳의 장로교회, 신경감리교회(李炯在), 하얼빈감리교회, 봉천성결교회(金光俊), 길림조선기독교회(邊成玉), 신경조선기독교회(金東哲) 등 총 10개의 교회가 참여하였다. 연맹 결성에 참여한 교회들은 "일선만 각게 기독교회를 총망라한 전만기독교련맹련합회의 결성에 향하야 一로 매진"할 의도를 지니고 있었다. 연맹의 결성은 선언문을 통해 확인할 수 있듯이, "建國精神을 體하야 民族協和을 爲하야 全滿朝鮮基督敎聯盟을 結成하야 一致協力으로써 傳道報國의 誠意를 다 할 것을 盟誓"하면서 "종교보국을 하고저 결성된 것"이었다.[222] 재만 개신교는 주로 협화회와 밀접한 관련 하에 황도화의 경향을 보였던 것이다.

---

222) 「宗教報國을 하고저 結成한 것입니다', 初代會長 金昌德牧師談」, 『滿鮮日報』, 1940.4.23.

Ⅵ. 결론

만주는 한국사에서 중요한 연구 공간이다. 일제시기의 민족운동을 종합적으로 연구하려면 재만한인의 활동을 한국사에 포함시켜야 한다는 역사학계의 주장들이 이를 반증한다. 마찬가지로 만주는 한국종교사에서도 중요한 연구 공간이다. 한국종교사에서 일제시기의 종교운동을 종합적으로 연구하고 서술하려면 그 시기에 재만한인이 전개했던 종교운동도 포함해야만 한다. 일제시기에 만주에는 수많은 조선 종교인들이 활동하였고, 나아가 종교운동이 조선 국내와 밀접한 연관 속에서 진행되었기 때문이다. 또한 한국종교사에서 재만한인의 종교운동 연구는 해외한인의 종교운동 연구에 대한 공백을 메워준다는 측면에서도 주목되어야 한다. 해외한인의 종교운동에 대한 연구는 한국종교사의 종합적인 서술을 위해 필요한 요인이기 때문이다. 그러나 역사학계와 달리, 한국 종교학계에서는 아직까지 재만한인의 종교운동 연구, 나아가 해외한인의 종교운동 연구에 별다른 관심을 보이고 있지 않다.

본 연구는 이러한 맥락에서 간도참변과 만주국 건국을 기준으로 재만한인이 전개했던 종교운동의 양상과 성격 그리고 그 변화에 대해 해명하고자 하였다. 종교운동의 제1기는 1900년대부터 간도참변까지, 제2기는 간도참변 이후부터 만주국 건국 이전까지, 제3기는 만주국 건국 이후부터 광복 이전까지이다.

제1기 종교운동에 해당하는 II장에서는 조선의 종교인들이 만주로 이주하게 된 동기와 과정, 그리고 종교인들 민족운동에 대해 검토하였다. 이 과정에서 확인할 수 있었던 것은 첫째, 종교인들이 토지 소유권의 인정 여부 때문에 대개 북간도를 이주 지역으로 선택하였지만 기독교와 신종교의 경우에 차별적인 이주 동기가 있었다는 점이다. 조선인들의 이주 동기를 크게 경제적인 측면과 정치적인 측면으로 구분한다면 기독교인의 경우는 전자에, 신종교의 경우는 후자에 해당된다. 한편, 종교인들의 이주가 북간도로 집중되었다는 점은 제1기의 종교운동이 북간도의 한인사회를 중심으로 전개될 수밖에 없었다는 것을 의미한다.

둘째, 재만 종교인은 귀화를 정착 수단으로 선택하였지만, 서간도보다 북간도로 이주한 종교인, 신종교인보다 기독교인이 귀화에 적극성을 보였다는 점이다. 북간도 한인사회에서 기독교인들을 중심으로 활발하게 진행된 귀화입적이 이를 반증한다. 이에 비해 신종교인은 상대적으로 귀화를 정착 수단으로 선택하지 않았다.

셋째, 기독교와 신종교는 국권 상실 과정에서 적극적으로 민족운동을 전개하였다는 유사성을 나타냈지만, 참여 주체라는 측면에서 차이를 보였다는 점이다. 기독교는 신자 개개인이 특정 단체에 참여하여 민족운동을 전개하였지만, 신종교는 종단 차원에서 민족운동을 전개하는 사례가 많았다. 그 이유는 특히 조선에서 기독교와 신종교에 부여되었던 위상에서 찾아볼 수 있다. 기독교와 달리, 조선에서 유사종교로 취급되었던 신종교는 종단 차원에서 만주 이주를 선택하였고, 따라서 민족운동도 종단 차원에서 전개할 수가 있었던 것이다. 결과적으로 제1기의 종교운동은 민족주의적인 성격을 지니고 있었다고 할 수 있다.

제2기 종교운동에 해당하는 Ⅲ장에서는 종교운동과 민족운동을 병행했던 종교인들이 간도참변을 계기로 종교운동에 강조점을 두면서 자신들의 종교문화를 토착화하였다는 점을 지적하였다. 이 과정에서 해명된 것은 첫째, 만주에서 종교운동이 활발해진 계기가 간도참변이었다는 점이다. 즉 간도참변은 민족운동을 약화시킨 요인이었지만 다른 한편으로는 종교인에게 일제의 군사력 앞에서 약화된 민족운동보다 종교운동을 지향하게 만든 사건이었던 것이다.

둘째, 간도참변 이후 재만 종단은 조직을 정비하고 종교교육의 영역을 확대하는 등 교세 확장 방식에 유사성을 보였다는 점이다. 간도출병 시기에 천주교는 교구 담당 주체를 파리외방전교회에서 베네딕투스회로 교체하면서, 개신교는 선교지 분할협정을 통해 종파별로 만주의 각 지역을 할당하면서 선교 활동을 진행하였다. 천도교는 북간도의 각지에 청년회 지회를 설치하면서, 대종교는 밀산현으로 이전한 총본사에서 계명과 교구분리조례 등을 공포하면서, 그리고 원종교는 만주 각지에 포교소를 설치하면서 각각 교세 확장 활동을 전개하였다. 이와 함께 각 종단은 교육활동도 병행하였다. 예컨대, 기독교는 각지에 종립학교를 설립하였고, 천도교는 협성종학강습소를 동흥학교로 확대 개편하였으며, 원종교도 학교 건립을 통해 교육활동을 전개하였다. 간도참변을 계기로 기독교와 신종교는 교세 확장을 시도하였고, 내부 조직 정비와 교육활동 전개라는 방식에서 상호 유사성을 지녔던 것이다.

그러나 신종교는 교세 확장 과정에서 기독교에 비해 일제의 견제를 받아야만 했다. 예컨대, 천도교는 일본영사관의 간섭으로 인한 강연회 무산, 대종교는 삼시협정으로 인한 포교금지령(1926년), 그리고 원종교는 김중건의 중국 재류 금지 처분 등으로 교세 확장 과정에서 곤란을 겪어야만 했다. 특히 대종교와 원종교가 일제의 견제를 받았던 이유는 민족운동에 대한 혐의 때문이었다. 이는 간도참변 이후에도 신종교와 민족운동 사이의 연계성을 확인해주는 부분이다.

셋째, 간도참변 이후 한인의 종교문화 이면에 정교분리 담론과 탈정치화경향이 있었다는 점이다. 신자들의 공동생활을 위해 각종 조합과 금융기관을 설립했던 천주교에서는 우상숭배 금지의 차원에서 조상 제사를 하지 않았고, 장례의식도 비신자와 다르게 진행하였으며, 아편 흡입을 금지하였다. 개신교에서는 각종 부흥회를 통해 '구령운동'을 전개하였다. 이 과정에서 특히 성결교와 안식교가 '말세의 시급함'을 강조하면서 종말론적 종교문화를 조성하였다. 이러한 종교문화는 집단촌 때문에 가능했지만, 그 이면에는 정교분리 원칙과 연관된 탈정치화 논리가 있었다. 집단촌을 형성하면서 생활했던 대종교와 원종교의 경우에도 정교분리 원칙을 준수하려는 경향들이 나타나고 있었다.

Ⅳ장에서는 간도참변 이후 재만 종단이 공산주의자들의 반종교운동에 대해 어떤 인식과 반응을 보였는지를 고찰하고 있다. 재만 공산주의자들은 종교가 '반과학적인 미신'으로서 '자본주의의 주구'이며, '아편 흡연자와 같이 인류에게 해독을 끼치는 존재'라고 인식하였다. 공산주의자들은 이러한 논리에 입각하여 만주에서 교세가 컸던 기독교를 주된 대상으로 삼아 반종교운동을 전개하였고, 그 실천 양상은 종교 조직의 파괴와 종립학교의 접수로 나타났다. 공산주의자들은 종교 조직 정비와 종립학교의 확장이라는 종교운동의 실천 양상에 대해 전략적인 공격을 시도했던 것이다. 이에 대한 반응으로 천도교를 제외한 재만 종단 내에서는 대체로 반공 담론이 형성되었다.

천도교를 제외하면, 재만 종단은 공산주의자들에게 직접 피해를 입고 있었기 때문에 대부분 반공 담론에 참여하였다. 특히 개신교는 교세가 컸던 만큼 공격을 많이 받았기 때문에 강한 반공 의식이 형성될 수밖에 없었다. 개신교는 공산주의의 본거지인 러시아정부조차도 종교운동을 박멸하지 못했다는 내용, 그리고 반종교운동이 말세의 징조라는 내용 등을 신자들에게 유포하면서 반공 담론을 확산시켰다. 조선의 개신교 지식인 사이에서는 사회주의와 종교의 유사성을 강조하는 흐름도 있었지만, 직접적인 피해 당사자였던 만주에서는 상대적으로 이러한 주장들이 나타나지 않았다. 반공 담론의 확산으로 재만 종단, 특히 기독교 신자들은 강한 '반공 의식'을 지니게 되었다.

전반적으로 간도참변 이후 전개된 제2기 종교운동의 양상은 종교 조직의 정비, 교육활동 영역의 확대, 종교문화의 형성, 반공 담론의 강화 등으로 나타났다. 그리고 정교분리 원칙의 준수를 표방하고 반공의식을 강화하는 과정에서 대외적으로 '순수종교' 지향적인, 그리고 반공산주의적인 성격을 지니게 되었다. 이는 종교운동과 민족운동을 병행하면서 민족주의적 성격을 나타냈던 제1기 종교운동과 차이를 보이는 부분이다.

마지막으로 Ⅴ장에서는 만주국정부가 정치 이데올로기를 창출하는 과정과 그 속에서 재만한인의 종교운동이 어떤 양상과 성격을 나타냈는지에 대해 고찰하고 있다. 만주국정부는 건국 초기와 중일전쟁 직전에 각각 유교적 왕도낙토론과 신도적 황도낙토론을 정치 이데올로기로 선택하였다. 일제도 1940년 4월 15일부로 내각총리대신과 외무대신의 이원적 관할 체제로서 교육과 신사행정을 담당했던 대사관 교무부를 내각 직속의 재만교무부로 승격시켰고, 종래 23인의 전임(專任)을 55인으로 확충하고 예산을 종래의 두 배로 책정하였다. 이는 기존의 신사행정을 더욱 강화하여 만주국에서 황도낙토론을 강화하기 위한 일제의 의도로 해석된다.

재만 종단은 만주국정부가 근대 국가를 표방하면서 정교분리와 종교 자유를 법적으로 인정하였기 때문에 교세 확장 활동을 계속 진행할 수 있었다. 그러나 만주국정부의 정치 이데올로기 창출에 대한 기독교와 신종교의 대응 양상은 다르게 나타났다. 천도교와 대종교는 조국광복회와 관련된 혜산사건과 임오교변을 통해 짐작할 수 있듯이, 만주국 시기에도 민족운동과 연관된 모습을 보여주었다. 그러나 기독교는 대체로 만주국정부의 정치 이데올로기에 침윤(浸潤)되는 모습을 보여주었다. 예컨대, 만주국정부는 '종교보국'의 명분으로 재만 종단에게 종교연합체 구성을 주문하였을 때 재만 기독교는 만주국정부의 관리들과 일본 관동군과 총독부 관리들을 대동(帶同)하여 종교연합체를 구성하였다. 그리고 종교보국 또는 신앙보국을 주창(主唱)하였으며, 수시로 국방헌금을 모아 조선총독부에 헌납하는 양상을 보였다.

전반적으로 제3기 종교운동의 양상은 만주국정부의 정치 이데올로기 창출 과정에서 반공 관련 대회 개최, 종교연합체 구성, 국방 헌금의 헌납, 그리고 민족운동의 전개 등으로 나타났다. 기독교는 만주국정부의 시책에 적극 동참하는 과정에서 주로 정치체제에 순응적인 성격을 나타냈지만, 신종교는 민족주의적인 성격을 보이기도 하였다. 이러한 차이는 '공인종교'로 취급되었던 기독교의 위상과 '유사종교'로 취급되었던 신종교의 위상에서 비롯된 것으로 보인다.

본 연구는 일제시기에 재만한인이 전개한 종교운동의 양상과 성격이 어떠하였는지, 그리고 그 양상과 성격은 어떤 계기로 왜 변화하였는지에 관해 지역별·종교별로 구분하여 서술한 것이다. 좀 더 넓은 의미에서, 이 연구는 한국종교사의 종합적 연구와 서술을 위해 해외한인의 종교운동 연구에 천착할 필요가 있다는 문제의식을 제기한다.

참고문헌

1. 1차 사료

≪독립신문≫, ≪동아일보≫, ≪대한매일신보』≫, ≪조선일보≫

≪간도신보≫, ≪만선일보≫, ≪조선중앙일보≫

≪盛京時報≫(奉天: 盛京時報社, 1932－6)

『신앙생활』(1931~1941)

『신학지남』(1918~1940)

『십자군』

『활천』(1922~1941)

『개벽』

『경향잡지』(1911~1945)

『가톨릭靑年』(1933.6~1934.3. 1935.12~1936.12.)

『불교』(1914~1933, 1937~)

『만세보』(1906.6.~1907.6.)

『천도교회월보』, 천도교중앙총회(1910－1937).

『선봉』

『시조』, 시조사.

『뮈텔주교일기』(1집－6집)

『南監理敎會 西比利亞 朝鮮人宣敎年會會錄』

『南監理敎會 西比利亞宣敎處 朝鮮人敎育事業部年會會錄』

『南監理教會 西比利亞宣敎處年會會錄』

『南監理教會 西比利亞朝鮮人宣敎年會地會錄』

『朝鮮耶蘇敎長老會總會會錄』

『朝鮮耶蘇敎東洋宣敎會聖潔敎會 總會會議錄』, 동양선교회성결교회출판부.

『朝鮮耶蘇敎東洋宣敎會聖潔敎會 年會議事錄』, 동양선교회성결교회출판부.

강　우, 『호석선생문집』, 1977(『독립운동사자료집』 12집 포함).

계봉우, 『과학의 원수』, 학민사, 1999.

대종교종경종사편수위원회, 『대종교중광육십년사』, 대종교총본사, 1970.

소래선생기념사업회, 『소래의 철학과 사상』上, 소래선생기념사업회, 1968.

유광렬, 『間島小史』, 太華書館, 1933.

윤세복, 「檀君考」, 『學術誌』, 제2권 1호, 건국대학교출판부, 1959.

이명직, 『朝鮮耶蘇敎東洋宣敎會 聖潔敎會略史』, 조선야소교동양선교회 성결교회이사회, 1929.

이상룡, 『石洲遺稿』, 고려대학교출판부, 1973.

조선일보출판국, 『간도유랑40년』, 1989.

조선총독부, 「국경지방시찰부명서」, 『백산학보』, 11호, 백산학회, 1971..

차재명, 『조선예수교장로회사기』, 新門內敎會, 1928.

한국교회사연구소 역편, 『함경도 선교사 서한집Ⅰ』, 한국교회사연구소, 1995.

한국독립운동사연구소 편, 『북우 계봉우 자료집』, 제1권, 한국독립운동사연구소, 1996.

『연변문사자료』 제5집, 8집(종교자료전집)

『滿洲及西比利亞地方に於ける朝鮮人事情』, 朝鮮總督府內務局社會課, 1927.

『在滿朝鮮人事情』, 民政府總務司調査科, 1935.

『在滿朝鮮人通信』, 興亞協會, 1936－1937.

『朝鮮總督府施政年報』, 朝鮮總督府, 1911.

姜德相 編, 『現代史資料』26, みすず書房, 1967.

＿＿＿＿＿＿，『現代史資料』27, みすず書房, 1977.

＿＿＿＿＿＿，『現代史資料』28, みすず書房, 1977.

＿＿＿＿＿＿，『現代史資料』29, みすず書房, 1977.

國務院總務廳統計處 編纂, 『滿洲國年報』, 國務院統計處, 1936.

宮川善造 著, 『(人口統計より見たる)滿洲國の緣族複合狀態』, 滿洲事
　　　情案內所, 1941.

近藤喜博, 『海外神社の史的研究』, 明世堂, 1943.

金正明 編, 『朝鮮獨立運動』 1－4권, 原書房, 1967.

內田良平, 『日本の亞細亞』, 黑龍會出版部, 1932.

渡邊彰, 『天道敎と侍天敎』(京城: 大阪屋號書店, 1919.

東洋拓植株式會社京城支店 編, 『間島事情』, 東洋拓植株式會社京城支
　　　店, 1918.

滿州國文敎部 編, 『普及建國精神之敎育資料』, 滿州國文敎部, 1932－34.

滿洲日日新聞社, 『滿洲年鑑』, 滿洲日日新聞社, 1941.

尾上正男, 『滿洲國基本法大綱』, 郁文社, 1940.

小笠原省三, 『海外の神社』, 神道評論社, 1933.

小山貞知 編, 「新國家組織大綱」, 『大業・滿洲國の建設』, 滿洲評論社,
　　　1932.

外務省情報部 編, 『滿洲建國諸法令』, 外務省情報部, 1932.

友枝英三郎, 『東亞之新勢力』, 朝鮮通信社, 1913.

田崎仁義, 『皇道日本と王道滿洲』, 斯文書院, 1933.

朝鮮總督府, 「國境地方視察復命書」, 『白山學報』, 11號, 백산학회, 1971.

＿＿＿＿＿＿，『吉林省東部地方の狀況』, 朝鮮總督府, 1928.

千田萬三 編, 『滿洲事典』, 滿鐵社員會, 1939.

村山智順, 『朝鮮の類似宗敎』, 朝鮮總督府, 1935.(최길성・장상언 공역,
　　　『조선의 유사종교』, 계명대학교출판부, 1991)

樋山光四郎, 『新興滿洲國の實相』, 偕行社編纂部, 1932.

河村巖, 『在滿基督敎現勢槪況』, 民生部厚生司, 1940.

韓國史料研究所, 「間島出兵史」上, 『日帝統治史料』, 혜성문화사, 1970.

_____, 『朝鮮統治史料』8권, 혜성문화사, 1986.

R. A. Hardie, "Report of Wonsan District, Wonsan and Yong-Dong Circuits and Kando Mission", MAMK, 1909.

M. C. Fenwick, Church of Christ in Corea, New York: Hodder & Stoughton.(이길상 역, 『한국에 뿌려진 복음의 씨앗』, 예영커뮤니케이션, 2004.)

The Annual Report, Presbyterian Church, North, for 1910.

2. 2차 사료

1) 연구 저서

강돈구, 『한국 근대종교와 민족주의』, 집문당, 1992.

금장태, 『유교의 사상과 의례』, 예문서원, 2000.

기독교한국침례회 총회 역사편찬위원회 편저, 『한국침례교회사』, 침례회출판사, 1990.

김경일 외 3인, 『동아시아의 민족이산과 도시』, 역사비평사, 2004.

김 영, 『근대 만주 벼농사 발달과 이주 조선인』, 국학자료원, 2004.

김수진, 『중국 개신교회사』, 홍성사, 1999.

김승태, 『한국기독교의 역사적 반성』, 다산글방, 1994.

김양선, 『한국기독교사』, 교문사, 1978.

김인수, 『한국기독교회사』, 한국장로교출판사, 1997.

김지용 편저, 『소래 김중건 선생 전기』, 명문당, 2003.

김폴린, 『한국기독교 교육의 역사』, 대한기독교서회, 1992.

김택·김인철, 『길림조선족』, 연변인민출판사, 1995.

대한예수교장로회총회역사연구회 편, 『대한예수교장로회백년사』, 대한예수교장로회총회교육부, 1984.

대한예수교장로회한국교회백주년준비위원회 편, 『대한예수교장로교회사(상, 하)』, 한국장로교출판사, 2003.

민경배,『한국기독교 사회운동사』, 한국기독교출판사, 1983.

박　환,『만주한인민족운동사연구』, 일조각, 1991.

박영석,『일제하 독립운동사연구 ― 만주·노령지역을 중심으로』, 일조각, 1984.

_____,『재만한인독립운동사연구』, 일조각, 1988.

_____,『한민족독립운동사연구 ― 만주지역을 중심으로』, 일조각, 1982.

박주신,『간도한인의 민족교육운동사』, 아세아문화사, 2000.

保坂祐二,『일본제국주의의 민족동화정책 분석』, J&C, 2002.

서굉일·김재홍,『규암 김약연 선생』, 고려글방, 1997.

서굉일·동암 편저,『간도사 신론』, 우리들의 편지사, 1993.

신재홍·김후경 공저,『大韓民國 獨立運動 功勳史』, 발행자불명, 1971.

신주백,『만주지역 한인의 민족운동사(1920 ― 45)』, 아세아문화사, 2000.

오만규,『재림교회사』, 시조사, 1997.

오세도·오세종 공저,『만주 감리교회사』, 삼필문화사, 1997.

오재식,『항일순국의열사전』, 행정신문사출판국. 1958.

오지영,『동학사』, 아세아문화사, 1973.

윤병석,『국외 한인사회와 민족운동』, 일조각, 1990.

윤병석·김창순,『한국독립운동사: 만주·노령에서의 투쟁』, 한국일보사, 1987.

윤선자,『일제의 종교정책과 천주교회』, 경인문화사, 2002.

_____,『한국근대사와 종교』, 국학자료원, 2002.

윤인진,『코리안 디아스포라』, 고려대학교출판부, 2004.

윤휘탁,『일제하 '만주국' 연구』, 일조각, 1996.

이영린,『한국재림교회사』, 시조사, 1965.

이응호,『한국 성결교회의 역사』, 제3집, 성결문화사, 2000.

_____,『한국 성결교회의 역사』, 제7집, 성결문화사, 2004.

이호운,『그의 나라와 생애』, 감리교대전신학대학출판부, 1965.

이훈구,『만주와 조선인』, 숭실전문학교경제학연구실, 1932.

임경석,『한국 사회주의의 기원』, 역사비평사, 2003.

임형진, 『동학의 정치사상-천도교 청우당을 중심으로』, 모시는 사람들, 2004.

장규식, 『일제하 한국 기독교민족주의 연구』, 혜안, 2001.

정상운, 『성결교회와 역사연구(Ⅰ)』, 이레서원, 1997.

채근식, 『무장독립운동비사』, 대한민국공보처, 1949.

최성일 편역, 『존 로스의 중국선교방법론』, 한신대학교출판부, 2003.

평북노회사 편찬위원회, 『평북노회사(1912-1996)』, 대한예수교장로회 평북노회, 1996.

한국교회사연구소편, 『서울교구연보Ⅰ』, 천주교명동교회, 1984.

_____, 『서울교구연보Ⅱ』, 천주교명동교회, 1987.

한국기독교역사연구소, 『한국 기독교의 역사Ⅰ』, 기독교문사, 1997.

_____, 『한국 기독교의 역사Ⅱ』, 기독교문사, 1990.

한국민족운동연구소, 『대한민국독립운동공훈사』, 한국민족운동연구소, 1971.

한석정, 『만주국 건국의 재해석』, 동아대학교출판부, 1999.

현규환, 『한국류이민사』, 어문각, 1967.

홍상표, 『간도 독립운동 소사』, 한광중학교, 1966.

_____, 『간도 독립운동 비화』, 선경도서출판사, 1990.

강기주, 『중국조선민족 항일투쟁사연구』, 민족출판사, 1998.

연변정협문사자료위원회 편, 『연변문사자료』, 제8집, 연변정협문사자료위원회, 1997.

『연변조선족자치주개황』, 연변인민출판사, 1984.

중국조선족교육사편찬위, 『중국조선족교육사』, 동북조선민족교육출판사, 1994.

越澤 明 著, 張俊鎬 編譯, 『中國의 都市計劃: 滿洲의 都市論』, 태림문화사, 2000.

宮田節子 著, 李熒娘 譯, 『朝鮮民衆과 '皇民化' 政策』, 一潮閣, 1997.

駒込武, 『植民地帝國日本の文化統治』, 岩波書店, 1996.

大江志乃夫 外 7人, 『近代日本と植民地 4 = 統合と支配の論理』, 岩波書店, 1995.

滿洲國史編纂刊行會, 『滿洲國史』, 謙光社, 1973.

Chong−Sik, Lee, Revolutionary Struggle in Manchuria: Chinese Communism and Soviet Interest 1922−1945. Berkeley and Los Angeles: University of California Press. 1983.

Jones, F. C., Manchuria since 1931, N.Y.: Oxford University Press, 1949.

Moffett, S. A., The Christians in Korea, Friendship Press, 1962.

Smith, S. R., The Manchurian Crisis 1931−1932: A Tragedy in International Relations. N.Y.: Columbia University Press, 1948.

Young, C. W., Japan's Special Position in Manchuria: Its Assertion, Legal Interpretation and Present Meaning. Baltimore: Johns Hopkins University Press, 1971.

_____, Japanese Jurisdiction in the South Manchuria Railway Areas. N.Y.: Arno Press, 1979.

2) 연구 논문

강돈구, 「침례교의 특징과 전개」, 『한국 개신교 주요교파 연구(Ⅰ)』, 한국 정신문화연구원, 1998.

_____, 「동아시아의 종교와 민족주의」, 『종교와 민족』, 한국정신문화연구원, 2001.

강돈구·고병철, 「대종교의 종교민족주의」, 『단군학회』, 제6호, 단군학회, 2002.

강원돈, 「일제하 사회주의 운동과 한국 기독교」, 『일제하 한국기독교와 사회주의』(김홍수 엮음), 한국기독교역사연구소, 1992.

강은해, 「국외저항시가 '소래노래'에 나타난 인식과 행동」, 『국어국문학』, 제87권, 국어국문학회, 1982.

강인철, 「식민지 정권과 교회: 토착화의 종교 정치학」, 『한국 천주교회사의 성찰과 전망』, 한국천주교중앙협의회, 2000.

강창일, 「일진회의 '합방' 운동과 흑룡회」, 『역사비평』, 역사문제연구소, 2000.

권영준, 「근대 중국의 국적법과 조선인 귀화정책」, 『한일민족문제연구』, 제 5집, 한일민족문제학회, 2003.

김권정, 「1920－30년대 기독교인들의 사회주의 인식」, 『한국기독교와 역 사』, 5호, 한국기독교역사연구소, 1996.

김경일, 「한국 유교와 민족주의」, 『종교와 민족』, 한국정신문화연구원, 2001.

김동환, 「대종교 항일운동의 정신적 배경」, 『국학연구』, 6집, 국학연구소, 2001.

_____, 「백산 안희제와 대종교」, 『국학연구』, 5집, 국학연구소, 2000.

김승태, 「한말 캐나다장로회 선교사들의 선교활동과 일제와의 갈등, 1898－ 1910」, 『한국기독교와 역사』, 제12집, 한국기독교역사연구소, 2000.

김용국, 「대종교와 독립운동」, 『노산 이은상박사 고희기념 논문집』, 노산이 은상박사고희기념논문집간행위원회, 1973.

김의환, 「만주에 있어서 초기독립전쟁의 고찰」, 『한국학논총(霞城李瑄根 博士 古稀紀念論文集)』, 형설출판사, 1974.

김정인, 「일제강점 후반기(1931~1945) 천도교 세력의 친일문제」, 『동학연 구』, 9・10합집, 한국동학학회, 2001.

김지용, 「김중건의 생애와 업적」, 『나라사랑』, 제24집, 외솔회, 1976.

김진형, 「한국교회의 만주 선교」, 『기독교사상』, 413호, 대한기독교서회, 1993.

김태국, 「청산리전쟁 전후 북간도지역 일본영사관의 동향과 그 성격」, 『한 국사연구』, 제111집, 한국사연구회, 2000.

_____, 「북간도지역 조선인거류민회(1917－1929)의 설립과 조직」, 『역사 문제연구』, 제4집, 역사문제연구소, 2000.

김태식, "재만 동아기독교 선교활동에 관한 연구", 침례신학대 석사논문, 1986.

김해종, 「한족의 만주(특히 간도)이주에 대하여」, 『동아연구』, 제26집, 1992.

류성민, 「일제 강점기의 한국종교와 민족주의」, 『한국종교』, 제24집, 1999.

박금해, "북간도 민족교육에 관한 일연구: 1905－1920년대를 중심으로", 명지대 석사논문, 1996.

박영석, 「대종교의 독립운동에 관한 연구 - 김교헌 교주 시기를 중심으로」, 『사총』, 제21·22합집, 고려대 사학회, 1977.

_____, 「대종교의 민족의식과 항일민족독립운동(상)」, 『한국학보』, 제31집, 일지사, 1983.

_____, 「대종교의 민족의식과 항일민족독립운동(하)」, 『한국학보』, 제32집, 일지사, 1983.

_____, 「대종교의 민족의식과 항일민족독립운동: 임오교변을 중심으로」, 『건대사학』, 제6집, 건국대 사학회, 1982.

_____, 「일제하 재만한국인 기독교도의 항일민족독립운동 - 1910년대의 서간도지역을 중심으로」, 『한국사연구』, 49호, 한국사연구회, 1985.

박용규, 「초기 한국장로교 해외선교」, 『신학지남』, 신학지남사, 2004.

박 환, 「서로군정서의 성립과 그 활동」, 『한국학보』, 제15집, 일지사, 1989.

保坂裕二, 「일제의 만주국 동화정책」, 『민족연구』, 3집, 한국민족연구원, 1999.

서굉일, 「1910년대 북간도의 민족주의 교육운동(1) - 기독교 학교의 교육을 중심으로」, 『백산학보』, 제29호, 백산학회, 1984.

_____, 「1910년대 북간도의 민족주의 교육운동(2) - 기독교 학교의 교육을 중심으로」, 『백산학보』, 제30·31호, 백산학회, 1985.

_____, 「북간도 기독교 민족운동가 정재면」, 『한민족독립운동사논총』, 수촌박영석교수화갑기념논총간행위원회, 1992.

_____, 「북간도 기독교인들의 민족운동연구(II)」, 『신학사상』, 제34집, 한국신학연구소, 1981.

_____, 「북간도 기독교인들의 민족운동연구(III)」, 『신학사상』, 제35집, 한국신학연구소, 1981.

_____, 「북간도 기독교인들의 민족운동연구: 1906 - 1921」, 『한국기독교와 민족운동』, 보성, 1986.

_____, 「일제하 북간도 기독교인들의 민족교회 형성에 관한 연구(1906 - 1921)」, 『국사관논총』, 제84집, 국사편찬위원회, 1999.

_____, 「일제하 서북간도에서의 민족해방을 위한 역사교육」, 『한신논문집』,

제8권, 한신대, 1991.

_____, 「일제하 서북간도지역 종교운동에 나타난 민족주의적 성격에 관한 연구」, 『한신논문집』, 제11권, 한신대, 1994.

성주현, 「만주 천도교인의 교육운동」, 『문명연지』, 제3권 3호, 한국문명학 회, 2002.

_____, 「1930년대 만주지역 천도교와 그 활동」, 『동학연구』, 제16집, 한 국동학학회, 2004.

신용하, 「신민회의 독립군기지 창건운동」, 『한국문화』, 제4집, 서울대 한국 문화연구소, 1983.

신재홍, 「식민지 시대 천주교의 항일 독립 운동」, 『민족사와 교회사 – 최석 우 신부 수품 50주년 기념 논총』, 제1집, 한국교회사연구소, 2000.

신주백, 「만주 지역 사회주의운동」, 『한국공산주의운동사연구』(역사학연구 소 편), 아세아문화사, 1997.

오세창, "재만한인의 항일독립운동사연구 – 1910 – 1920년의 독립운동을 중 심으로", 성균관대 박사논문, 1988.

유병호, 「규암 김약연의 생애와 민족운동」, 『코리아학연구』, 제7집, 북경대 학조선문화연구소, 1999.

_____, 「북우 계봉우 연구」, 『코리아학 연구』, 제8집, 북경대학조선문화연 구소, 2000.

윤경로, 「신민회에 대한 일제의 인식」, 『한국기독교사연구회소식』, 제5호, 한국기독교역사연구소, 1985.

_____, 「신민회의 창립과정」, 『사총』, 제30집, 역사학연구회, 1986.

윤병석, 「국외 항일민족운동 연구의 제문제」, 『아시아문화』, 제13집, 한림 대 아시아문화연구소, 1997.

윤선자, 「간도 천주교회의 민족운동」, 『한국민족운동사연구』, 우송조동걸 선생정년기념논총간행위원회, 1997.

윤정란, 「일제시대 청림교의 활동과 성격」, 『한국민족운동사연구』, 29집, 한국민족운동사학회, 2001.

이강훈, 「만주의 독립 활동과 김중건」, 『나라사랑』, 제24집, 외솔회, 1976.

이만열, 「1880년대 서간도 한인촌 기독교 공동체에 관한 연구」, 『숭실사학』, 6호, 숭실대 사학회, 1990.

이명화, 「북간도지방에서의 민족주의교육과 식민주의교육」, 『실학사상연구』, 제1집, 무학실학회, 1990.

이성환, 「서간도 독립운동 기지 형성의 정치역학」, 『일본어문학』, 제20권, 일본어문학회, 2003.

_____, 「'미쓰야(三矢)협정'에 관한 연구」, 『일본어문학』 24권(서울: 일본어문학회, 2004.2), 442쪽.

이종철, 「독립혁명가 김중건의 사회사상에 대한 고찰」, 『논문집』, 19−1호, 서울여대, 1990.

이평림 외 3인, 「소래 선생의 참모습」, 『나라사랑』, 제24집, 외솔회, 1976.

이현희, 「대종교의 광복투쟁과 임정주석 이동녕」, 『여산류병덕박사화갑기념 한국철학종교사상사』, 동기념논문집간행위원회, 1990.

이호운, 「감리회의 시베리아 만주선교 소고」, 『기독교사상』, 78호, 대한기독교서회, 1964.

임성모, 「만주국 분단지배와 국민동원의 견인차」, 『민족문제연구』, 13권, 민족문제연구소, 1996.

_____, 「일본−만주국」, 『역사비평』, 역사문제연구소, 1995.

장정란, 「외국 선교회의 한국 선교−독일 베네딕도회의 원산교구 시대−」, 『인간연구』, 7집, 가톨릭대 인간학연구소, 2004.

장창진, "일제하 민족문제 논쟁과 반종교운동", 서울대 석사 논문, 1994.

장형진, "일제강점기 재만한인 종교인의 민족정체성과 민족운동의 성격에 관한 연구", 서울대 석사논문, 1997.

정영훈, 「한국사 속에서의 '단군민족주의'와 그 정치적 성격」, 한국정치학회, 1994.

_____, 「단군과 근대 한국민족운동」, 『한국의 정치와 경제』 8집, 한국정신문화연구원, 1995.

_____, 「홍암 나철의 종교민족주의」, 『정신문화연구』, 제88호, 한국정신문화연구원, 2002.

_____, 「'단군민족주의'의 前史」, 『단군학회』, 제8호, 단군학회, 2003.

_____, 「대종교와 '단군민족주의'」, 『단군학회』, 제10호, 단군학회, 2004.

조 광, 「일제하 무장독립투쟁과 조선 천주교회」, 『교회사연구』, 11집, 한국 교회사연구소, 1996.

조경한, 「재만 독립군과 김중건」, 『나라사랑』, 제24집, 외솔회, 1976.

조동걸, 「1920년 간도참변의 실상」, 『역사비평』, 역사문제연구소, 1998.

_____, 「滿洲에서 전개된 한국독립운동의 역사적 의의」, 『한국사연구』 111집, 한국사연구회, 2000.

조성윤, 「소래 김중건의 사회사상과 독립운동」, 『정신문화연구』, 한국정신 문화연구원, 1990.

_____, 「일제하의 신흥 종교와 독립 운동 - 만주 지방의 원종을 중심으 로」, 『한국의 종교와 사회 변동』, 문학과 지성사, 1987.

조항래, 「대종교를 통해 본 대한독립선언서의 이념 연구」, 『숙명한국사론』, 창간호, 숙명여대 문과대학 한국사학회, 1993.

채현석, "일제하 재만한인 기독교회에 관한 연구", 단국대 석사논문, 1983.

_____, 「만주지역의 한국인 교회사」, 『한국 기독교와 역사』, 제3호, 한국 기독교역사연구소, 1994.

천경화, 「대종교의 민족교육운동에 관한 연구: 중국 동북지방(만주)를 중심 으로」, 『백산학보』, 제27호, 백산학회, 1983.

최봉룡, 「만주국의 종교 정책과 재만 조선인의 종교 활동」, 『민족과 문화』, 12집, 한양대 민족학연구소, 2003.

_____, 「일제하 재만한인의 종교운동 - 1910~20년대 북간도를 중심으로」, 『종교연구』, 31호, 한국종교학회, 2003.

_____, 「재만조선인 반일민족운동에서의 종교의 역사적 지위에 대하여 - 1910~1920년대를 중심으로」, 『한민족독립운동사연구』, 탐구당, 1992.

_____, 「소래선생의 원종사상과 종교관」, 『개혁의 이론과 독립운동』, 제5 집, 소래선생기념사업회, 2005.

_____, 「민주국의 종교정책과 재만 조선인 신종교의 대응」, 한국학중앙연

　　　　　구원 박사논문, 2006.

최정간, 「비운의 혁명가로 살다 간 동학 교주의 아들」, 『사회평론』, 사회평
　　　　론사, 1992.3.

최홍빈, 「북간도독립운동기지 연구 - 한인사회와의 상관성을 중심으로」,
　　　　『한국사연구』, 제111권, 한국사연구회, 2000.

추월망, 「통감부 간도파출소의 설치 동기」, 『사총』, 제26집, 역사학연구회,
　　　　1982.

한규무, 「상동청년회에 대한 연구, 1897 - 1914」, 『역사학보』, 제126집, 역
　　　　사학회, 1990.

한석정, 「동아시아 국가 만들기의 연결 고리: 만주국, 1932 - 1940」, 『중국
　　　　사연구』, 16권, 중국사학회, 2001.

한석정・임성모, 「쌍방향으로서의 국가와 문화: 만주국판 전통의 창조,
　　　　1932 - 1938」, 『한국사회학』, 제35집 3호, 한국사회학회, 2001.

홍종필, 「만주 조선인 종교문제 소고」, 『백산학보』, 제33호, 백산학회,
　　　　1986.

_____, 「만주(동북지방) 조선인이민의 전개과정 소고」, 『명지사론』, 제5
　　　　집, 명지사학회, 1993.

_____, 「재만 조선인 사회단체 소고」, 『인문과학연구논총』, 제10집, 명지
　　　　대 인문과학연구소, 1993.

_____, 「만주사변 이전 재만조선인의 교육에 대하여」, 『명지사론』, 제6집,
　　　　명지사학회, 1994.

_____, 「간도지방 조선인 이민의 교육에 대한 중・일의 압박에 대하여」,
　　　　『실학사상연구』, 15・116집, 무악실학회, 2000.

고 ㅣ 병 ㅣ 철

■ 학력
   · 강남대학교 학사(전공: 교육학/부전공: 신학)
   · 한국학중앙연구원 석사 · 박사

■ 경력
   · 강남대, 장안대, 한국학중앙연구원, 한성대, 한신대 등 강사
   · 現 한국학중앙연구원 선임연구원

■ 최근 4년간(2005~8년) 주요 저서와 논문
□ 논문
   · 「일제하 기독교인들의 만주 이주와 민족운동」, 『종교문화비평』 8호, 2005.
   · 「한국 종교교육의 정황과 방향 - 종립 고등학교의 경우를 중심으로」, 『종교교육학
      연구』 21권, 2005.
   · 「만주국의 정치 이데올로기 창출과 종교」, 『한신인문학연구』 6집, 2005.
   · 「한국 개신교와 민간신앙」, 『인문과학논집』 15집, 2006.
   · 「이호빈의 생애와 사상을 통해 본 한국 개신교」, 『우원사상논총』 15집, 2007.
   · 「한국의 종교교육」, 『종교연구』 26집, 2007.
   · The Religion of the Heavenly Way's Sunday Service in Korea: Its Meaning and
      Structure, The Review of Korean Studies, vol.10. num.1. 2007.
   · 「만주국의 '황도낙토' 구상과 종교」, 『한국민족운동사연구』 50집, 2007.
   · 「종교수업에서 동기유발의 필요성과 전략」, 『종교연구』 47집, 2007. - 2인 공저
   · 「천도교 의례의 변용과 특성」, 『종교교육학연구』 24권, 2007.
   · 「종교 정체성과 민족/국민 정체성의 관계 모색 - 한국 개신교를 중심으로」, 『한민
      족연구』 4호, 2007.
   · 「중등학교 종교 교과의 교수 · 학습 방식」, 『교육연구』 43집, 2008.
   · 「현대 한국 개신교의 양상과 훈육」, 『한민족연구』 5호, 2008.
   · 「한국 종무행정의 역사적 경향과 전망」, 『종교문화비평』 14호, 2008.

□ 저서
   · 『한국종교교단 연구 II』, 한국학중앙연구원 문화와종교연구소, 2007. - 5인 공저
   · 『한국 종교교단 연구 IV』, 한국학중앙연구원, 2008.5 - 5인 공저

일제하 재만 한인의 종교운동

지은이 | 고병철

인쇄일 | 초판1쇄 2009년 04월 06일
발행일 | 초판1쇄 2009년 04월 09일
펴낸이 | 정구형
편집 | 박지연 강정수 이원석
디자인 | 김숙희
마케팅 | 정찬용
관리 | 한미애 이은미
펴낸곳 | **국학자료원**
　　　　 등록일 2006 11 02 제324-2006-0041호
　　　　 서울시 강동구 성내동 447-11 현영빌딩 2층
　　　　 Tel 442-4623 Fax 442-4625
　　　　 www.kookhak.co.kr
　　　　 kookhak2001@hanmail.net

　ISBN | 978-89-6137-437-8 *93900

　가격 | 22,000원

＊ 저자와의 협의하에 인지는 생략합니다.
　잘못된 책은 구입하신 곳에서 교환하여 드립니다.